680

bonnes adresses
autour du métro

Catalogage avant publication de Bibliothèque et Archives nationales du Québec et Bibliothèque et Archives Canada

Messier, Louis-Philippe, 1977-

680 bonnes adresses autour du métro : restaurants, boutiques et curiosités à découvrir à Montréal

ISBN 978-2-89761-007-4

1. Montréal (Québec) - Guides. 2. Stations de métro - Québec (Province) - Montréal - Guides. I. Harvey, Véronique, 1984- . II. Titre. III. Titre : Six cent quatre-vingt bonnes adresses autour du métro.

FC2947.18.M47 2015 917.14'28045 C2015-941388-5

ÉDITRICE : Marie Labrecque
RÉVISION : Fleur Neesham
CORRECTION D'ÉPREUVES : Marylène Kirouac
COORDINATION DE LA PRODUCTION : Marylène Kirouac
PHOTOS : Louis-Philippe Messier, Véronique Harvey

Les éditions du Journal
Groupe Ville-Marie Littérature inc.*
Une société de Québecor Média
1055, boul René-Lévesque Est, bureau 300
Montréal (Québec) H2L 4S5
Tél. : 514 523-7993, poste 4201
Téléc. : 514 282-7530
Courriel : info@leseditionsdujournal.com
Vice-président à l'édition : Martin Balthazar

Distributeur
Les Messageries ADP *
2315, rue de la Province
Longueuil (Québec) J4G 1G4
Télé. : 450 640-1234
Téléc. : 450 674-6937
*filiale du groupe Sogides inc.
filiale de Québecor Média inc.

Les éditions du Journal bénéficient du soutien de la Société de développement des entreprises culturelles du Québec (SODEC) pour leur programme d'édition.
Gouvernement du Québec – Programme de crédit d'impôt pour l'édition de livres – Gestion SODEC.
Nous remercions le Conseil des arts du Canada et la Société de développement des entreprises culturelles du Québec (SODEC) du soutien accordé à notre programme de publication.

Financé par le gouvernement du Canada
Funded by the Government of Canada | Canada

Dépôt légal : 2e trimestre 2016

LOUIS-PHILIPPE MESSIER VÉRONIQUE HARVEY
ET LES JOURNALISTES DU QUOTIDIEN *24 H*

680 bonnes adresses autour du métro

Restaurants, boutiques et curiosités
à découvrir à Montréal

ANGRIGNON	13
MONK	17
JOLICOEUR	21
VERDUN	25
DE L'ÉGLISE	29
LASALLE	33
CHARLEVOIX	37
LIONEL-GROULX	41
ATWATER	45
GUY-CONCORDIA	49
PEEL	53
MCGILL	57
PLACE-DES-ARTS	61
SAINT-LAURENT	65
BERRI-UQAM	69
BEAUDRY	73
PAPINEAU	77
FRONTENAC	81
PRÉFONTAINE	85
JOLIETTE	89
PIE-IX	93
VIAU	97
ASSOMPTION	101
CADILLAC	105
LANGELIER	109
RADISSON	113
HONORÉ-BEAUGRAND	119
CÔTE-VERTU	125
DU COLLÈGE	129
DE LA SAVANE	135
NAMUR	141
PLAMONDON	147
CÔTE-SAINTE-CATHERINE	153
VILLA-MARIA	159
VENDÔME	163
PLACE-SAINT-HENRI	169
GEORGES-VANIER	173
LUCIEN-L'ALLIER	177
BONAVENTURE	183
SQUARE-VICTORIA–OACI	189
PLACE-D'ARMES	193
CHAMP-DE-MARS	197
SHERBROOKE	201
MONT-ROYAL	205
LAURIER	211
ROSEMONT	217
BEAUBIEN	221
JARRY	227
CRÉMAZIE	231
SAUVÉ	235
HENRI-BOURASSA	241
CARTIER	245
DE LA CONCORDE	251
MONTMORENCY	257

LONGUEUIL 265
JEAN-DRAPEAU 269

SNOWDON 277
CÔTE-DES-NEIGES 283
UNIVERSITÉ-DE-MONTRÉAL 289
ÉDOUARD-MONTPETIT 295
OUTREMONT 301
ACADIE 307
PARC 313
DE CASTELNAU 317
JEAN-TALON 323
FABRE 327
D'IBERVILLE 333
SAINT-MICHEL 337

Vous sortez d'une station de métro pour la première fois dans un quartier qui vous est étranger, et vous voilà désorienté comme un touriste. Combien de Montréalais connaissent vraiment leur ville ? Un citadin n'est pas très différent d'un villageois : son bout de quartier lui tient lieu de paroisse, avec son supermarché, ses dépanneurs, ses boutiques, ses cafés, ses lieux habituels, ses repères, etc. Il en sort assez rarement, sauf pour le travail ou les passe-temps. Autour du bureau ou près du gymnase, c'est la même routine, le même « village » familier qui se crée : on fréquente toujours les mêmes restaurants, les mêmes cafés, on en vient à reconnaître les commerçants, préposés, baristas… et à se faire reconnaître d'eux. À la manière des chats qui peuplent nos ruelles et qui refont constamment le même trajet nuit après nuit, le même itinéraire, nous sortons rarement de nos sentiers battus.

Un commerçant interrogé pour ce guide, qui tient boutique à environ cent mètres du boulevard Rosemont, m'avouait n'avoir jamais vu les nouvelles constructions qui ont métamorphosé ladite rue au cours des dernières années : « Je passe toujours par un autre chemin pour rentrer chez moi », m'expliquait-il, peu désireux de marcher deux minutes de plus pour aller se rendre compte des changements en question. Je prends là un cas extrême, mais, tout de même, typique : chaque Montréalais évolue dans une « bulle » d'habitudes et de points de repère. Le reste de Montréal ? C'est un peu comme une autre ville.

Il y a 68 stations de métro : 63 sur l'île de Montréal, une sur l'île Sainte-Hélène, trois à Laval et une à Longueuil. Pour chacune des stations dont j'ai exploré les abords, j'ai essayé de dénicher des endroits diversifiés, un mélange de bonnes adresses « classiques », d'institutions comme les hamburgers DiLallo (station Monk) ou l'orange Julep (station Namur), de lieux charmants ou typiques du quartier (la rue-jardin de la place Campden, près de la station Côte-Sainte-Catherine, par exemple), de cafés ou de restaurants, mais aussi de boutiques, voire de cliniques, etc. Pour ce qui est des secteurs plus fréquentés et renommés pour leurs commerces (les alentours du métro Mont-Royal, par exemple), j'ai fait exprès de chercher des adresses moins connues. Certaines stations, comme Jolicœur ou Georges-Vanier, au contraire, sont plantées dans des quartiers tellement résidentiels que c'est un grand événement de tomber sur un dépanneur…

Même si vous n'allez pas sur place et que vous ne faites que lire ces chroniques, ce guide vous aidera à connaître un peu mieux Montréal, en dehors du « village » que vous vous y êtes créé avec vos habitudes.

Merci à tous ceux qui, en personne ou par l'entremise des réseaux sociaux, m'ont suggéré de bonnes adresses dans les quartiers qui m'étaient moins familiers, tout spécialement à Marc Desjardins (dont la connaissance de Montréal n'a jamais cessé de m'étonner), à Julie Bélanger, à Raphaël Côté-Bernier et à Rachel Hyppolite.

Louis-Philippe Messier

Angrignon

INAUGURATION septembre **1978**

Sise à même le parc Angrignon, la station de métro du même nom semble laisser entrer la nature sur ses quais tellement la fenestration est importante. Contrairement aux autres stations, souvent plongées dans la noirceur, la station Angrignon est baignée de lumière, d'un bout à l'autre des quais. Dernier arrêt de la ligne verte dans l'ouest de l'île, elle comprend également un grand terminus pour les autobus desservant le sud-ouest, l'ouest, et la Rive-Sud de Montréal. Ainsi, rares sont les commerces situés à distance de marche de l'édicule, mais en quelques minutes d'autobus, il est possible de faire de belles découvertes.

FRÉQUENTATION

4 730 525

3500, boulevard des Trinitaires

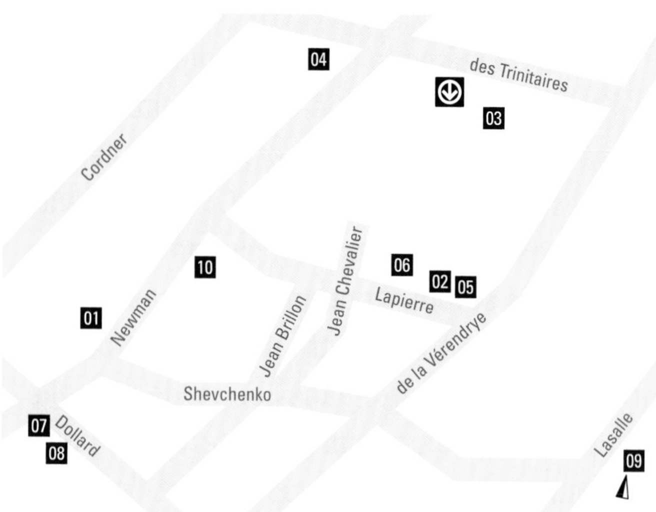

01 - PÂTISSERIE LASALLE

L'Italie s'est transportée à LaSalle il y a 35 ans alors que la famille Bevita y ouvrait sa pâtisserie-boulangerie. Depuis, les croissants chauds et moelleux ont fait la réputation du commerce, tout comme ses nombreux gâteaux personnalisés disponibles pour chaque grande occasion.
Grâce à un service amical et courtois, ainsi que des produits de haute qualité offerts à des prix compétitifs, Pâtisserie LaSalle s'est taillé une place de choix dans le quartier.
On aime aussi son large assortiment de pains, de pizza et de petites gourmandises.

8170, boulevard Newman 🚌 106 O

02 - CENTRE D'ESCALADE VERTICAL

Avec des voies sur plus de 30 murs (allant jusqu'à 12 mètres de haut), son bloc géant (le plus grand au Québec !), son trampoline et son échelle hélicoptère, le Centre d'escalade Vertical propose une foule d'activités amusantes et sportives, de quoi passer une journée bien remplie. Fondé il y a 20 ans, ce centre d'escalade intérieur est l'un des premiers à avoir vu le jour à Montréal. Plusieurs grands athlètes de cette discipline s'y sont d'ailleurs entraînés. À noter que des laissez-passer de 10 et de 20 entrées, ainsi que des abonnements annuels, sont disponibles.

1111, rue Lapierre 🚌 113 O

03 - PARC ANGRIGNON

Que ce soit pour pratiquer des sports ou encore pour relaxer, le parc Angrignon est un havre de paix en milieu urbain. Avec ses sentiers, ses installations récréatives pour enfants et ses bancs favorisant la détente, ce grand parc est une véritable oasis pour décrocher du quotidien. Chaque saison nous réserve son lot de surprises et de panoramas dignes des plus belles cartes postales.
3400, boulevard des Trinitaires (à l'angle du boulevard de La Vérendrye)

04 - CARREFOUR ANGRIGNON

Envie d'une séance de magasinage mais pas de l'achalandage du centre-ville ? Le carrefour Angrignon est une belle option pour les amoureux de shopping en quête de tranquillité. Ce centre commercial regroupe un vaste éventail de boutiques qui saura plaire à tous les types de clientèle. En effet, avec plus de 200 magasins, vous pouvez être certain de dénicher ce dont vous avez besoin. On y retrouve même un cinéma.
7077, boulevard Newman 🚌 106 O

05 - THÉÂTRE DESJARDINS

S'il est la référence des résidents du coin, le Théâtre Desjardins est une salle de spectacle qui gagnerait à être davantage connue des Montréalais. À quelques minutes du métro, cette salle de 811 places (la plus grande de l'ouest de l'île de Montréal) voit défiler sous son toit les vedettes de l'heure en théâtre, danse, musique, chanson, humour, variétés et spectacles jeunesse. À noter que la salle est également disponible en location pour vos événements privés.
1111, rue Lapierre 🚌 113 O

06 - AQUADÔME

Été comme hiver, le meilleur moyen de passer des heures de plaisir au bord de la piscine est de se rendre à l'Aquadôme, pour une journée d'activités en famille. Avec son bassin familial, qui comprend un espace tourbillon et une grande glissade, le plaisir est garanti. Deux autres bassins, dont un profond, sont aussi disponibles pour les plus grands. Des bains libres, des cours de natation et des formations diverses sont offerts toute l'année.
1411, rue Lapierre 🚌 113 O

07 - CHOCO-LATTÉ

Petit café à l'ambiance feutrée, le Choco-Latté est le meilleur endroit (du moins, à LaSalle) pour se retrouver autour d'une bonne boisson chaude avant une séance d'étude ou tout simplement pour refaire le monde autour d'un bon morceau de tarte un soir de semaine. L'endroit est aussi reconnu pour ses variétés de nachos, dont celui aux fruits de mer.
1870, rue Dollard 🚌 106 O

08 - BOCCI RESTO – CAFÉ

Pour un dîner entre collègues ou un souper en famille, le Bocci offre une cuisine typiquement italienne (oui, oui, une vraie trattoria !) où pâtes, pizzas et fruits de mer tapissent le menu. L'ambiance y est conviviale et l'endroit est très fréquenté par les résidents et travailleurs du quartier. On aime la salle de réception pour les partys privés et le live band les samedis soir.
1756, rue Dollard 🚌 106 O

09 - PARC DES RAPIDES

Pour les citadins amoureux de plein air, le parc des Rapides est l'endroit idéal. Avec sa piste cyclable et son sentier pour piéton qui longe le fleuve, il fait le pont entre la ville et la nature. Profitez de la vue que vous offre l'endroit, ainsi que des ateliers de sensibilisation à l'environnement, de développement durable et d'agriculture urbaine. Si vous êtes chanceux, vous réussirez peut-être à apercevoir l'une des 225 espèces d'oiseaux migrateurs qui y nichent. À l'angle de la 7e avenue et du boulevard LaSalle
110 O

10 - KYOMI

Une fois les portes de ce magnifique restaurant franchies, vous oublierez que vous vous trouvez sur un boulevard passant. Avec son immense bassin d'eau où l'on retrouve des poissons rouges et ses statues asiatiques, le Kyomi ne fait pas qu'épater par son décor. Ce restaurant de cuisine fusion et fraîche offre une variété de plats, allant du général Tao aux makis... et vous pouvez apporter votre propre vin ! Une expérience empreinte de plaisir pour tous vos sens.
7660, boulevard Newman 106 O

09

Monk

INAUGURATION septembre **1978**

Près de la station Monk, il y a tout ce dont un Montréalais a besoin pour vivre : supermarchés, pharmacies, quincailleries, fruiteries, boulangeries, centres médicaux, bibliothèque, SAQ, etc. Le boulevard Monk est effervescent ; de nouveaux commerces prometteurs remplacent ceux qui ferment et connaissent un succès instantané. Ici se retrouve le meilleur du vieux et du nouveau Ville-Émard.

FRÉQUENTATION
1 411 281

6750, boulevard Monk

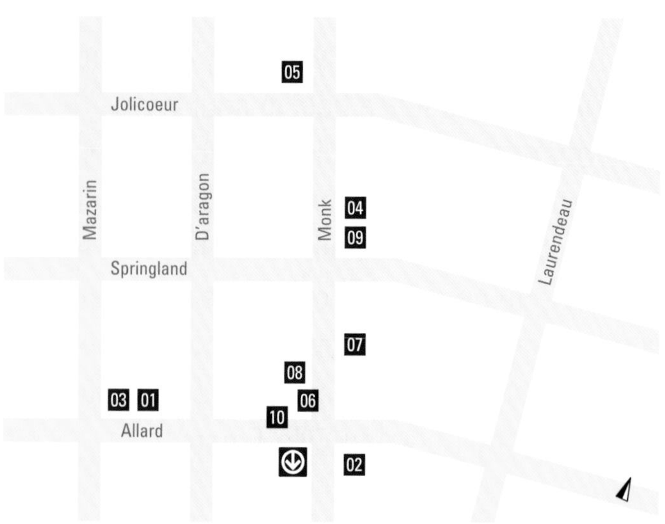

01 - DILALLO BURGER

La construction de la station Monk en 1978 a chassé Dilallo de l'intersection Allard et Monk où la « hamburgererie » avait pignon sur rue depuis 1929. L'actuel propriétaire, Louis Di Lallo, est le fils de l'ancien propriétaire, également nommé Louis, lui-même fils du fondateur aussi appelé Louis. Quand les Di Lallo ont un garçon, ils savent quel prénom lui donner. Ce restaurant sert ses hamburgers inversés (comme sur la photo) avec la tranche de pain épaisse et bombée en dessous pour absorber les sucs et les jus. N'est-ce pas logique que ce soit plutôt la tranche la plus mince qui repose sur le dessus ? Capicollo et piment fort rehaussent le goût. Parmi les habitués : Yvon Deschamps, Gilles Proulx, Scotty Bowman et Ken Dryden.
2851, rue Allard

02 - LA FABRIQUE O'MARI

Pourquoi acheter un paquet de nouilles sèches au supermarché quand on peut se présenter à la fabrique O'Mari du maître ès pâtes alimentaires, Daniel Saint-Pierre, et y commander des pâtes fraîches du jour que le préposé découpe devant nos yeux ? 6784, boulevard Monk

03 - LA GALERIE DU NETTOYEUR CHINOIS

Le nettoyeur-couturier Zhigang Liu s'entoure d'œuvres d'art à vendre, notamment des sculptures de fer forgé et des photographies. « Tu as de l'espace et une grande vitrine, alors pourquoi ne pas exposer des œuvres d'art », lui avait fait remarquer Alain Cadieux, un artiste du voisinage. Des planches de bois de grange recouvrent les murs. Même dans l'arrière-boutique où retentit la musique classique qu'affectionne M. Liu, des cadres ornent les murs autour des vêtements lavés à sec qui attendent dans leurs sacs de plastique. 2955, rue Allard

04 - LE CAFÉ GÂTERIES MONK

Depuis septembre 2014, ce café déborde d'étudiants et de professeurs pêle-mêle, notamment ceux du cégep André-Laurendeau. Il y a les périodes où la salle est remplie d'étudiants découragés qui se bourrent le crâne en prévision de leurs examens, suivies de celles où leurs professeurs viennent à leur tour pour corriger de vertigineuses piles de copies. Clairement, Gâteries Monk répond à un besoin : ça manquait cruellement de cafés dignes de ce nom par ici. (Sur la photo, le patron : Le Mi) 6396, boulevard Monk

05 -
LE GREEN STOP

Un panneau d'arrêt vert sert de logo à ce fameux restaurant delicatessen où l'on mange une nourriture peu susceptible de vous aider à garder la ligne… mais c'est si bon ! 6150, boulevard Monk

06 -
LA FABRIQUE DE BIJOUX JAVO

Javo fabrique, répare et vend des bijoux depuis 1981. La clientèle bien établie provient parfois des Laurentides ou des Cantons-de-l'Est. Si vous l'entendez travailler dans son antre de bijoutier dans l'arrière-boutique, demandez donc à serrer la pince du vétéran orfèvre Robert Arbour, qui a le caprice d'artiste de s'asseoir ridiculement bas sur son vieux siège (à environ un pied du sol) quand il manie le chalumeau pour sculpter l'argent ou l'or. 6735, boulevard Monk

07 -
PIZZA NINO

Ne demandez pas à parler à Nino, il n'existe pas. Jadis, une statue promotionnelle ornant la devanture du restaurant avait ce surnom. Frank Pino est de la famille qui gère cette pizzeria fondée en 1959. Ses livreurs quadrillent intensément le Sud-Ouest. Pizza Nino confectionne ses sous-marins avec sa pâte à pizza au lieu de pain. Malgré l'arrivée de jeunes chefs dans le quartier et la revitalisation gastronomique de la rue Monk, ce fleuron de la vieille garde culinaire de Ville-Émard n'a pas dit son dernier mot. 6588, boulevard Monk

08 -
LE VILLAGE DU CUIR

Gino Maselli fabrique des manteaux de cuir. C'est sa vocation. Il tient boutique ici depuis l'âge de 20 ans, soit depuis 1982. « Je fais autant du sur-mesure que du prêt-à-porter. À l'origine je ne vendais que mes propres créations, mais la concurrence asiatique m'a obligé à offrir aussi des modèles d'importation. » Vous aimez l'odeur du cuir ? Entrez ici et humez. La sympathique dame qui vous accueille au comptoir ? C'est la « mama » de Gino. 6719, boulevard Monk

09 -
LÉGENDAIRE : ÉCOLE DE MAGIE, DE PAPEROLLE ET DE MODÈLES 3D

Charlie Fang enseigne aux enfants des trucs de magie avec des élastiques, des dés et des cartes. Il leur inculque aussi les rudiments de la paperolle, soit l'art de faire des dessins à partir de bandes de papier roulé, et du montage de modèles 3D. M. Fang est également tuteur de mathématiques. C'est sa fille qui s'occupe des ateliers en français. 6418, boulevard Monk

10 -
GOURMET ALDO

Pour les gens qui vivent aux abords de la station Monk, Aldo n'est pas une boutique de souliers. C'est la pâtisserie-confiserie Gourmet Aldo qui se targue d'offrir la meilleure « pizza tomate » en ville. Si vous avez de grandes jambes, une vingtaine de pas vous suffiront pour arriver ici en sortant du métro. 2437, rue Allard

Jolicoeur

INAUGURATION septembre **1978**

La station Jolicoeur est moins une destination qu'un lieu de transit. Située dans un coin dépourvu de commerces, elle est aussi un emplacement stratégique pour les missionnaires mormons qui y abordent les gens qui attendent l'autobus en grand nombre… En hiver, c'est le festival de l'abri Tempo devant les bungalows qui cernent l'édicule de la rue Drake, aux abords du boulevard de La Vérendrye et de la rivière du même nom. Rien d'intéressant dans un rayon de cinq minutes de marche. Il faut aller plus à l'est dans Verdun sur Bannantyne, plus au nord près du canal Lachine ou plus à l'ouest sur le boulevard Laurendeau ou Monk. N'égarez donc pas votre billet; vous aurez besoin d'une correspondance.

FRÉQUENTATION
1 952 798

6200, rue Drake

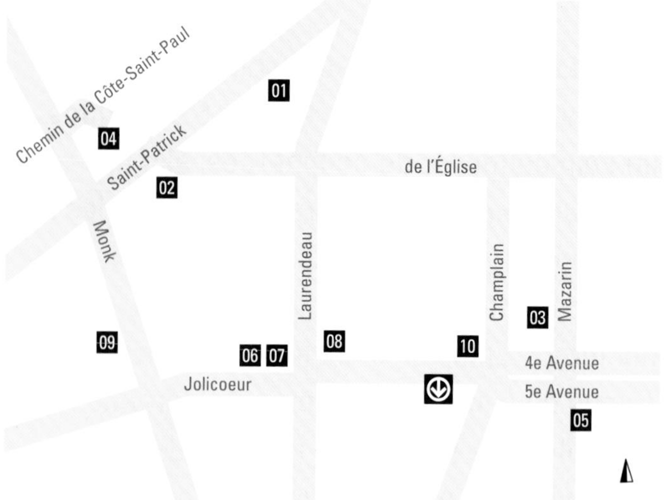

01 - LE SPOT – CENTRE DE PARKOUR ET DE MOUVEMENT

Le *parkour*, c'est la gymnastique du déplacement. On dispose des obstacles inspirés du mobilier urbain que vous contournez, escaladez ou utilisez afin de rebondir par dessus d'autres obstacles, et ainsi de suite. Les adultes qui aimaient à grimper dans les arbres ont l'occasion de retomber en enfance. Quant aux enfants, ils raffolent du bac à charpie de mousse dans lequel ils peuvent plonger. Les moniteurs du Spot offrent des séances d'initiation pour les débutants. Un magnifique terrain de jeu sécuritaire.
5140, rue Saint-Patrick

02 - CENTRE DE CONDITIONNEMENT DU CANAL

Dès 6 heures du matin, des équipes de bateau-dragon utilisent le bac à ramer intérieur du Centre de conditionnement du canal, qui offre aussi un service de gymnase traditionnel complet. Unique au Québec, ce bac à ramer a été fabriqué artisanalement. Vous n'êtes pas assis dans une véritable embarcation ; c'est l'eau dans la cuve adjacente qui offre une résistance aux rames. La soirée, c'est occupé en permanence, jusque tard dans la nuit. Il y en a qui aiment ça, le bateau-dragon !
5524, rue Saint-Patrick

03 - CHEZ JACQUIE ET FRANCE : DÉJEUNERS MADELINOTS

Le pire défaut de ce restaurant de quartier assidûment fréquenté par les gens du voisinage, c'est de déborder de monde pendant les matinées de fin de semaine. Le décor met à l'honneur des éléments associés à la pêche pour souligner le caractère madelinot de l'endroit tenu par des « expatriés » des Îles. Prix abordables.
4609, rue Bananntyne

04 - HÔTEL MUZO – SERVICE DE GARDE POUR CHIENS ET CHATS

À vol d'oiseau, la station Jolicoeur est la plus proche de l'Hôtel Muzo, pourtant situé de l'autre bord du canal de Lachine. Les propriétaires de chats ou de chiens qui partent en voyage peuvent y laisser leur animal. Il y a une salle de jeu pour les chiens. Les chats sortent à côté leur unité d'habitation étagée à tour de rôle (pour éviter les confrontations) pour explorer une pièce commune. L'endroit est impeccablement tenu. C'est le seul hôtel pour chats et chiens à Montréal.
5525, chemin de la Côte-Saint-Paul

05 - QUILLES G PLUS

Qu'est-ce que ce salon de quilles a de spécial ? Rien. Vestige d'une autre époque, il est propre, mais semble ne pas avoir été rénové depuis les années 1980. Reste que les quilles, c'est un jeu très abordable, amusant pour les enfants, et les salons près d'une station de métro sont rares.
5146, avenue Bannantyne

06 - LES ALIMENTS FÉLIX MISH : CHARCUTERIE-SAUCISSERIE POLONAISE

Pas besoin de faire la file pour aller chez Schwartz quand monsieur Mish fait fumer sa propre viande, y compris son bacon, dans sa boutique de la rue Jolicoeur, qui a été fondée par son père il y a plus d'un demi-siècle. Ses *kielbasas* (ou saucisses polonaises) sont aussi volumineuses que savoureuses. 1903, rue Jolicoeur

07 - BAIN PUBLIC ÉMARD

Quand la ville a voulu fermer le Bain Émard en 2001, la population s'y est farouchement opposée ; un organisme, Les Amis du Bain Émard, a été créé et des manifestations ont eu lieu, si bien que ce bâtiment patrimonial, restauré, demeure en activité, et ce, depuis 1914. Le parc Campbell attenant à la piscine comprend des patinoires en hiver et des piscines et des modules de jeu en été. Pour les enfants du quartier, c'est ici le cœur de la ville, là où ils nagent, courent, patinent et jouent. 6071, rue Laurendeau

08 - PIZZA VILLE-ÉMARD

L'endroit n'offre pas un décor renversant, mais c'est une institution. Pizza Ville-Émard livre dans le Sud-Ouest depuis 1973. 6078, rue Laurendeau

09 - THÉÂTRE PARADOXE

En 2013, l'église Notre-Dame-du-Perpétuel-Secours a été transformée en « salle multifonctionnelle » pour spectacles et réceptions. Le théâtre Paradoxe étant lié à des organismes de réinsertion sociale, la vocation communautaire du lieu est préservée. Son acoustique exceptionnelle est mise à profit à des fins, non plus religieuses, mais artistiques. C'est plus réjouissant que des condominiums de luxe. Adresse 5959, rue Monk

10 - AQUEDUC DE CÔTE-SAINT-PAUL

Sous le boulevard de La Vérendrye, tout près du métro Jolicoeur, circule le vieil et magnifique aqueduc de Côte-Saint-Paul. Il fait partie du réseau de rivières enfouies sous Montréal trop souvent oubliées. L'explorateur urbain et photographe Andrew Émond a pris cette magnifique photo de ce qu'il y a sous vos pieds.

Crédit : andrewemond.com

Verdun

INAUGURATION septembre **1978**

Les édicules de la station de Verdun, l'un dans un parc attenant à l'hôtel de Ville, l'autre dans un terne immeuble commercial comportant un salon funéraire et un service de comptabilité, débouchent sur un coin surtout résidentiel, avec de nombreuses écoles et services de garde. Plus à l'ouest, il y a une chaleureuse « bagelerie », l'une des plus accueillantes de Montréal. Plus au sud sur Wellington, le foisonnement de restaurants de qualité surprend.

FRÉQUENTATION
1 727 941

4525, rue Verdun

01 - BLACKSTRAP BBQ

Ce casse-croûte aux airs de chalet rustique et muni de tables de pique-nique (un peu comme si vous étiez à un comptoir en plein air du Tennessee, mais transposé à l'intérieur) cultive l'art culinaire de la boucane. Ici on fume la viande jour et nuit. La poitrine de bœuf (*brisket*), par exemple, nécessite pas moins de 14 heures de fumage. Les côtes levées? Quatre heures. Pas de sauce tomate sucrée dégoulinante; chez Blackstrap, on fume la viande à sec. Les végétariens ont aussi de quoi s'engraisser avec le sandwich Patty Mac qui contient deux portions de macaroni au fromage frit, du chou frisé braisé, de la salade de chou, des oignons et des cornichons.
4436, rue Wellington

02 - LA FROMAGERIE COPETTE + CIE

Le personnel de cette fromagerie est aussi sympathique que la photo le suggère. Ce commerce aurait un succès fou sur l'avenue du Mont-Royal. Les produits locaux sont à l'honneur, même si, bien sûr, les incontournables fromages européens trouvent aussi leur place dans les comptoirs réfrigérés. Le dimanche seulement, les gaufres belges régalent les gens du quartier. Autre délice, qu'on trouvera difficilement ailleurs qu'ici, à Montréal: les extraordinaires saucissons et viandes fumées de l'artisan charcutier de Scotstown, Jean Désilet, auquel certains gastronomes vouent un culte.
4650, rue Wellington

03 - LES ÎLES EN VILLE

Connaissez-vous la bière madelinienne *Corps Mort*? Avec 11 % d'alcool, elle ne passe pas inaperçue dans le gosier ! C'est à ce restaurant entièrement consacré à la cuisine des Îles-de-la-Madeleine, qui existe depuis 2009, qu'on vous la servira. En plus des poissons et fruits de mer, il y a des burgers, du filet et des saucisses de « loup marin » (c'est-à-dire du phoque en patois madelinot). 5335, rue Wellington

04 - HÔTEL DE VILLE DE VERDUN

Cet hôtel de ville magnifiquement kitsch, entièrement fait de marbre, vaut le coup d'œil. Allez-y le soir. Avec le gardien tout au bout du tapis brun dans son kiosque (de marbre, évidemment), vous aurez l'impression d'être dans le film *The Shining* de Stanley Kubrick. 4555, rue de Verdun

05 - BAGELS ST-LO

Eh oui, Verdun a désormais sa propre « bagelerie ». Les bagels de St-Lo n'ont rien à envier à ceux du Mile-End. De plus, le cuisinier prépare et parfume son propre fromage à la crème. Je vous recommande celui au poireau et au bacon. Produits inédits originaux faits à partir des invendus : des croûtons de bagel pour la salade et les croustilles de bagel (au lieu de pommes de terre). 5411, rue de Verdun

06 - LA BOUTIQUE ESPRIT VINTAGE

Chantal Trudel décrit sa boutique comme une brocante expérimentale. Se promener et observer les milliers d'objets anciens ou étranges, parfois rafistolés pour donner des œuvres d'art, parfois restaurés, c'est comme visiter un musée. Magnifique. La boutique offre aussi des ateliers pour ceux qui veulent apprendre à restaurer des meubles. 4835, rue Wellington

02

07 - PAUSE PARENTS-ENFANTS DE VERDUN

Cet organisme communautaire offre un service de garde prolongée de fin de semaine pour procurer un répit aux parents épuisés. Les enfants arrivent à 10 h, dorment sur place, et leurs parents les reprennent le dimanche à 16 h. Le séjour d'un peu plus de 24 heures est rempli d'activités qui tournent autour de diverses thématiques amusantes. Il n'y a que 14places pour ces « répits-dodo » et les parents épuisés doivent y être dirigés par un intervenant.
4901, rue Wellington

08 - LE CHA NOIR

Cha veut dire « thé » en chinois, de là le jeu de mots qui donne son nom à ce salon de thé-boutique qui existe depuis 2003. La propriétaire, Mellanie Thibeault, importe elle-même certains des thés qu'elle vend en vrac sur place ou en ligne. Elle se targue d'offrir des repas très différents de l'ordinaire des cafés : des pâtes farcies à la vapeur chinoises (*dim sum*) ou à la japonaise (*gyoza*) ou encore des pitas moyen-orientaux citronnés (*zaatar*). Ses thés glacés rafraîchissent en été et ses « chocola*thés* » réchauffent en hiver. Les prix sont étonnamment abordables.
4646, rue Wellington *www.cha-noir.com*

09 - LES HABITS GROVER POUR TAILLES FORTES

Fondé en 1925, ce commerce est plus ancien que le métro ; les premiers clients de Grover utilisaient le tramway pour s'y rendre. Autant le joueur de basketball de sept pieds que le lutteur sumo de 500 livres trouvera ici des vêtements à sa mesure. C'est paradoxal, mais la clientèle de Grover est à la fois composée d'athlètes professionnels, dont plusieurs joueurs de football des Alouettes, et de gens souffrant de gigantisme ou d'obésité morbide, dont certains ont du mal à passer par la porte d'entrée.
4741, rue Wellington

10 - LE CASSE-CROÛTE CHEZ NORMAND

Le propriétaire, Martin Chartier, 44 ans, travaille ici depuis 27 ans. Josée et Diane servent aux tables depuis respectivement 28 et 20 ans. En janvier 2015, le *Journal de Montréal* a désigné ce casse-croûte comme celui offrant les meilleurs « steamés » en ville. « C'est loin d'être évident de réussir un hot-dog vapeur puisqu'il faut éviter de trop le mouiller, ce pour quoi nous avons des secrets maison », dit M.Chartier, qui a récemment rénové intégralement son restaurant tout en respectant son cachet « vieux casse-croûte ». Bravo.
4826, rue de Verdun

De l'église

INAUGURATION septembre **1978**

Devinez ce qu'il y a devant la station de l'Église : une église ! Un historien tatillon vous dira que le nom de la station provient plutôt de la *rue* de l'Église. Et que cette rue tire son nom d'une *autre* église, à Côte-Saint-Paul, beaucoup plus loin. Mais c'est l'imposante silhouette de Notre-Dame-des-Sept-Douleurs que l'on aperçoit en sortant de la station de l'Église, dans un coin de Verdun en pleine effervescence.

FRÉQUENTATION
2 593 577

133, avenue de l'Église

01 - AUDITORIUM DE VERDUN

Avec ses innombrables tournois et matchs de hockey, ses milliers de spectacles musicaux et ses grands rassemblements politiques (notamment pour le Parti libéral et le Comité du Non au référendum de 1995), l'Auditorium fait partie du patrimoine québécois. Cet auguste aréna qui date de 1946 est le troisième plus grand amphithéâtre de Montréal après l'aréna Maurice-Richard et, bien sûr, le Centre Bell. 4110, boulevard LaSalle

02 - LES VIANDES MCCORMACK

Je ne sais pas pour vous, mais j'aime mes bouchers un peu fous, extrêmement créatifs, limite hurluberlus et spécialisés dans le haut de gamme ou le marché de niche. Verdun a la chance d'avoir un de ces spécimens rares: Jean-Luc Ouellette. Nommée en l'honneur de sa grand-mère d'origine écossaise, la boutique McCormack arbore une décoration délibérément « bazardesque » et vieillotte. Parmi ses spécialités: le poulet de Cornouaille, le canard, le cerf de Boileau, l'agneau et le bison. Sa viande emblématique est son bœuf de Kobé *Black Label* vieilli sur place.
947, rue de L'Église

03 - BENELUX RUE WELLINGTON

C'est l'une des brasseries artisanales les plus connues de Montréal. Toute la bière produite ici (dans ces cuves en inox que vous voyez sur la photo) est bue ici. C'est la règle pour un établissement de ce genre : la bière doit être consommée à l'adresse même de sa production. Il y a la grande terrasse avec foyer en été, les soirées de hockey, les mardis tacos, les samedis méchoui (une fois par mois en été) et les dimanches Quiz. 4026, rue Wellington

04 - FRIPE-PRIX RENAISSANCE

Située à moins de 30 secondes de marche de l'édicule, voilà certainement l'une des boutiques les plus achalandées des abords de la station de l'Église. Pour habiller sa famille ou trouver des jouets pour ses enfants sans dépenser une fortune, Fripe-Prix Renaissance est dur à battre. 4261, rue Wellington

05 - LA TIENDA, COMPOSTELLE

Voici la seule boutique du Québec, voire du Canada, spécialisée exclusivement dans les pèlerinages à Saint-Jacques-de-Compostelle. Nul ne peut travailler ici à moins d'avoir effectué le mythique trajet de plus de 1000 kilomètres. Non seulement La Tienda vend de l'équipement de marche ultra-léger et des livres au sujet de Compostelle, mais la boutique offre un service de café et une petite salle de conférence. 4329, rue Wellington

06 - ÉGLISE NOTRE-DAME-DES-SEPT-DOULEURS

Cette magnifique église catholique canadienne-française typique du début du XXe siècle contient un orgue Casavant de trois claviers et de 3004 tuyaux. Son enceinte est réputée pour la qualité de son acoustique.
4155, rue Wellington

07 - GAME KEEPER VERDUN

Ironiquement situé en face de la boutique de jeux concurrente appelée Face à Face, le Game Keeper se spécialise dans les jeux de table et les figurines. Son proche rival, lui, a de plus nombreuses tables pour les adeptes du jeu de cartes Magic, the Gathering, qui sont une petite foule et qui restent souvent très tard pour s'adonner à leur passe-temps. Ce tête-à-tête entre boutiques rivales donne peut-être des maux de crâne aux propriétaires, mais ça ne peut que profiter aux clients. 4430, rue Wellington

08 - LIBRAIRIE DE VERDUN

Une belle librairie de quartier indépendante avec des employés sympathiques et qualifiés : que demander de plus ? Tous les quartiers n'ont pas la chance d'en avoir une.
4455, rue Wellington

09 ET 10 - LE CAFÉ SAINT-HENRI ET LA BOULANGERIE RUSTIQUE SWEET LEE'S

Cette boulangerie et ce café sont des commerces siamois. Des entités distinctes qui partagent un même local, magnifiquement restauré, avec son plafond brillant en tôle embossé. Mais chacun a ses produits, ses propres employés et son propre tiroir-caisse. Ce mariage de raison permet aux clients de très bien manger tout en buvant un café de qualité, chaque commerce s'acquittant à merveille de sa spécialité. 4150, rue Wellington

Lasalle

INAUGURATION septembre **1978**

Le Montréalais qui sort de la station LaSalle pour la première fois croit rêver : « Suis-je encore en ville ? » se demande-t-il. Le décor qui environne l'édicule ressemble à un morceau de Repentigny ou de Beloeil. Presque tous les voyageurs ne sont ici que de passage et vont faire la file devant l'un des nombreux arrêts d'autobus pour aller vers L'Île-des-Sœurs, ou plus loin sur Wellington ou Bannantyne. La circulation d'autobus est assez intense aux abords de la station pour que l'essentiel de l'avenue Caisse lui soit réservé.

FRÉQUENTATION
1 710 688

301, avenue Caisse

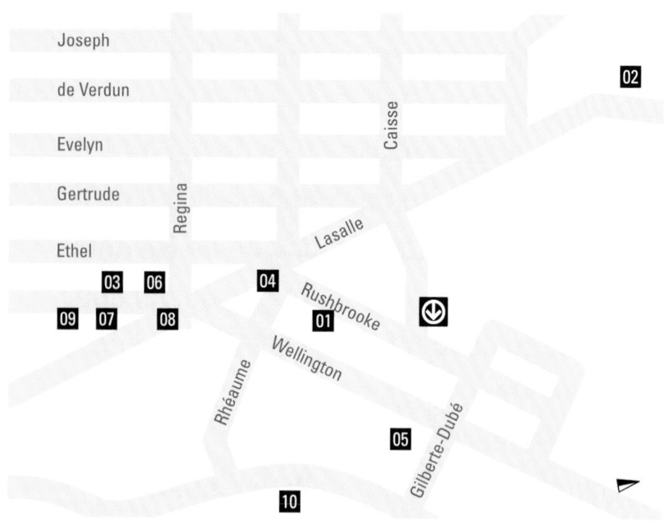

01 - LES PATENTES GRATIS DE VERDUN

Une bizarrerie locale fort sympathique que ce kiosque de « Patentes gratis de Verdun » (traduction du nom d'origine un peu vulgaire de *Free Shit Verdun).* Une grande étagère de bois devant un immeuble de la rue de Rushbrooke offre des choses gratuites. N'importe quoi, surtout des livres, mais aussi des objets divers, dont des outils et des jouets. Vous voulez une chose ? Prenez-la. Vous ne voulez plus d'une chose ? Laissez-la ici. Les Patentes gratis de Verdun, ça marche surtout en été. Sur le terrain devant le 3422, rue de Rushbrooke

02 - LA PÂTISSERIE RUSSE VOVA

La pâtisserie russe Vova (surnom de Vladimir, le propriétaire) a longtemps opéré dans le Mile-End (à l'intersection de Fairmount et Parc) avant de déménager pour se rapprocher de sa clientèle, les ressortissants russes étant nombreux à L'Île-des-Sœurs et dans le West Island. L'arrivée de ce commerce coloré réjouit dans ce bout de ville coincé entre un poste de transformation d'Hydro-Québec et l'autoroute 20. Chez Vova, vous êtes comme en Russie, avec les produits aux emballages en alphabet cyrillique, la bonne soupe Bortch et, surtout, le pain noir rectangulaire Pumpernickel. 3055, boulevard LaSalle

03 - QUEUE DE POISSON

Toutes les poissonneries auraient avantage à être aussi des restaurants dont la cuisine exhale des arômes de fruits de mer grillés qui mettent l'eau à la bouche. Délicieux ! Bémol : la bière offerte n'est pas à la hauteur de la qualité des mets. Le Québec ne manque pourtant pas de bons brasseurs. 3779, rue Wellington

04 - LEFEBVRE ET FILLES BOUCHÉES DE BONHEUR

Julie Lefebvre tient ce café-boutique chaleureux depuis une dizaine d'années et contribue à embellir et à revitaliser son bout de quartier. Elle a une clientèle d'habitués. Sa spécialité : les caramels garnis.
3539, boulevard LaSalle

05 - CANADIAN TIRE

Très commode pour les Montréalais sans auto. Connaissez-vous une autre station de métro aussi proche d'une aussi grosse succursale de Canadian Tire ? Environ trois minutes de marche de la station LaSalle.
3180, rue Wellington

06 - GAMEZONE JEUX VIDÉO

Un antre de consoles et de jeux vidéo (à vendre ou à louer) comme on les aime : plein de figurines grandeur nature ou de toutous de personnages célèbres de jeux avec un bruit de fond de fusillade ou de course automobile et le grésillement des néons. Pittoresque. À noter : Gamezone offre aussi des cartouches de jeux rétro Atari et Coleco (vous vous souvenez ?). 3697, rue Wellington

04

07 - TRIPES ET CAVIAR

Ce restaurant, avec sa jeune équipe de cuisiniers, honore les abats et autres parties de l'animal que la gastronomie a longtemps boudées, notamment les tripes, la langue, la cervelle, les os, etc. Au menu : langue de veau, cervelle popcorn (petits morceaux de cervelle enduits de flocons de maïs et frits), os à la moelle et tacos de queues de porcelet.
3775, rue Wellington

08 - MOUVEMENT SOCIAL MADELINOT

La communauté des exilés des Îles-de-la-Madeleine a son quartier général et son club social ici. Dans cette salle, on organise des spectacles, des soupers, des soirées de jeux (crible et bingo). À surveiller en été : les événements homards.
3690, rue Wellington

09 - STATION W

Beaucoup d'étudiants et de travailleurs autonomes s'installent dans ce confortable café au décor très simple ouvert en 2013 et réputé pour ses grilled cheese haut de gamme.
3852, rue Wellington

10 - LE FLEUVE ACCESSIBLE

Les Verdunois sont fiers de leur quartier, et avec raison. À partir du centre-ville, il est le premier à avoir un accès direct au fleuve Saint-Laurent, dont la berge attire des milliers de promeneurs et de cyclistes.

09

Charlevoix

INAUGURATION septembre **1978**

À Pointe-Saint-Charles, les bâtiments sont urbains, mais l'atmosphère banlieusarde. Quartier-dortoir pendant le jour, ses rues et ruelles se peuplent d'enfants joueurs et piailleurs dès la fin de l'école, pour redevenir tranquilles au coucher du soleil. À un pont seulement de l'effervescent quartier Saint-Henri révolutionné par son embourgeoisement, l'ancien Sud-Ouest, familial et populaire, persiste. Le quartier a perdu sa prépondérance industrielle, mais rien ne peut lui ôter son importance historique ; c'est en effet ici qu'arrivèrent de pleins bateaux de jeunes femmes, les Filles du Roy, à la fin du XVIIe siècle, pour y fonder des familles avec les colons, de sorte que la population de la Nouvelle-France doubla en 10 ans. La maison Saint-Gabriel honore aujourd'hui la mémoire de ces Mères de la nation. À cinq minutes de marche de la station Charlevoix, il y a des kiosques de location de vélos et d'embarcations qui permettent de profiter du canal de Lachine. En réalité, la station Charlevoix est légèrement plus proche du marché Atwater que ne l'est la station Lionel-Groulx.

FRÉQUENTATION
1 768 407

2600, rue Centre

01 - CHEZ BOBBY RATHBONE

La nourriture du petit « gastropub » chez Bobby est réconfortante et souvent enrichie d'une larme de whisky. Le bacon et le sirop d'érable sont aussi des ingrédients à l'honneur et avec lesquels on n'y va pas de main morte. Ça sent la fumée de bois en raison du grill qui fonctionne dans la cour arrière pendant la belle saison. On y prépare le porc effiloché et on y fait le fumage style Tennessee. La décoration popote-bric-à-brac-chalet-rustique est plus savamment étudiée qu'elle ne semble ; le jeune patron est artiste muraliste. Ici, ça fête fort. Il arrive que les réserves de nourriture et d'alcool soient épuisées en fin de soirée, de sorte que l'ouverture du lendemain est un peu retardée pendant que le proprio-cuistot se procure ce dont sa cuisine a besoin. 1980, rue Wellington

02 - LE MUR À GRAFFITIS LÉGAUX

Ce mur le long de la rue Grand Trunk non loin de l'intersection avec Hibernia permet aux graffiteurs de dessiner ce qu'ils veulent sans devoir agir à la sauvette. Il est légal de « graffiter » ici.

03 - VIANDE FUMÉE DU QUÉBEC

Une rumeur veut que la meilleure viande fumée de Montréal, donc du monde, soit préparée ici. Les goûts ne se discutent pas, mais… il n'y a pas de fumée sans feu ! Cette charcuterie ukrainienne prépare ses produits de viande fumée depuis 1950, une tradition familiale. Même si un jour toute la Pointe-Saint-Charles s'embourgeoise, ce commerce pourra survivre et prospérer sans changer quoi que ce soit à sa formule. 1889, rue Centre

04 - AVENTURES H2O : LE CENTRE NAUTIQUE DU CANAL DE LACHINE

Pendant la belle saison, Aventure H2O loue des pédalos (pour deux ou pour quatre), des kayaks (solo ou tandem), des rabaskas et des bateaux électriques. N'oubliez pas votre bouteille d'eau pour vous hydrater et votre chapeau pour vous protéger des rayons du soleil. Deux samedis par mois, de 10 h à 13 h, des excursions guidées présentent l'histoire du canal et de ses lieux emblématiques (les lofts Red Path, les bassins du Havre, Griffintown, le moulin à farine Five Roses, etc.). Il y a également un cours d'initiation au kayak. 2727 B, rue Saint-Patrick *h2oadvendures.ca*

05 - MA BICYCLETTE

Difficile de trouver un meilleur emplacement pour un kiosque de location et de réparation de vélos. Non seulement la boutique Ma Bicyclette est-elle située sur le bord de la piste cyclable du canal de Lachine (en vertu d'un accord avec Parcs Canada qui gère ces lieux), juste en face du marché Atwater, mais la station de métro Charlevoix est toute proche (et la station Lionel-Groulx pas beaucoup plus loin). La plupart des réparations sont faites sur-le-champ tandis que les cyclistes qui passent par-là s'attablent au snack-bar de la boutique en attendant que leur monture soit rafistolée. La « guide-gastronome » Mélissa Simard, fondatrice des Tours de la table, utilise les vélos de Ma Bicyclette pour effectuer sa visite de groupe de six camions de bouffe de rue pendant la belle saison. Il y a aussi des vélos pour les enfants. 2985 C, rue Saint-Patrick *toursdelatable.com*

06 - LES SOTTISES

Chic mais simple pour ce qui est du décor, raffiné mais abordable pour ce qui est du menu, « design » mais confortable pour ce qui est de l'ameublement, Les Sottises offre à Pointe-Saint-Charles un bistro digne du Plateau. Cette adresse représente par son aspect la quintessence du bar à 5 à 7 pour jeunes professionnels. On est loin des casse-croûtes dont ce quartier a déjà regorgé.
1770, rue Centre

07 - MAISON SAINT-GABRIEL

La vieille maison de pierres achetée par Marguerite Bourgeoys en 1668 pour loger les Filles du Roy qui arrivaient à Montréal pour y fonder des familles est longtemps demeurée rattachée à la congrégation des sœurs de Notre-Dame. Maintenant protégée en tant que trésor patrimonial, elle sert de musée. C'est ouvert à longueur d'année. 2146, place Dublin
maisonsaint-gabriel.qc.ca

08 - ALLEZ UP

Le club d'escalade intérieure Allez Up s'est fait chasser de ses locaux par un projet de condominiums, mais ce fut pour le mieux puisque, depuis 2013, ses membres bénéficient d'un magnifique et vaste local conçu spécialement pour accueillir de grands murs de grimpe. Une des qualités d'Allez Up est la lumière naturelle (qui fait cruellement défaut dans certains autres centres) que lui fournissent ses immenses fenêtres. Une sorte de salon de grimpe a été aménagé dans un ancien silo, avec des divans moelleux : un hommage aux mordus d'escalade qui, parfois, dans leur propre salon, aménagent de petits murs pour s'entraîner chez eux.
1555, rue St-Patrick *allezup.com*

09 - BARSERIE CAPRI

C'est l'héritière naturelle de feue la Taverne Magnan qui a fermé ses portes en 2014 après 82 années d'activité. Ce quartier populaire avait besoin d'un grand bar sportif capable d'accueillir plusieurs centaines de clients en même temps et d'offrir de bonnes grillades à un prix raisonnable. Les soirs de hockey, l'ancien joueur Yvon Lambert ou l'animateur de radio Michel Beaudry animent les entractes. Il y a toutes sortes de jeux et la foule semble affectionner particulièrement la chanson *Sweet Caroline.* Bref, la Taverne Magnan est peut-être morte, mais son esprit vit encore.
2172, rue Saint-Patrick LaSalle 🚌 110 O

10 - MA TANTE QUICHE

C'est à ma connaissance le seul établissement qui sert des brunchs sept jours sur sept à Pointe-Saint-Charles. Il y a une terrasse pour la belle saison. C'est bon et abordable, beau, propre et bien éclairé. Pas étonnant que les affaires aillent si bien depuis l'ouverture en 2011. C'est pour honorer sa tante qui lui a transmis sa recette de quiche que Chantal Robert, la proprio, a appelé son commerce ainsi.
2194, rue Centre

Lionel-Groulx

INAUGURATION septembre **1978**

Située dans le quartier Saint-Henri, à quelques pas du canal de Lachine, la station Lionel-Groulx profite grandement de la récente explosion immobilière du quartier Griffintown. Cette affluence a eu pour conséquence d'attirer de nombreux commerces branchés, réclamés par les jeunes professionnels qui viennent s'installer en masse dans le quartier. Que ce soit pour faire ses emplettes ou tout simplement pour y passer du bon temps, les bonnes adresses se comptent par centaines autour du métro. En voici dix qui ont retenu notre attention.

FRÉQUENTATION
5 017 664

620, avenue Atwater

01 - LE VIN PAPILLON

Dernier né de la famille qui compte déjà le réputé Joe Beef et le Liverpool House, le restaurant Vin Papillon ne renie certes pas ses liens de parenté. « Le côté esthétique est très similaire au Joe Beef, le staff est le même, mais ce qu'on boit et ce qu'on mange est différent », explique le chef et copropriétaire Marc-Olivier Frappier. En effet, dans une ambiance ultra-relax, on s'attable dans ce bar à vin pour déguster un menu axé principalement sur les légumes et on y boit des vins nature, ô combien populaires depuis quelque temps. Ouvert de 15 h à minuit, le Vin Papillon ne prend aucune réservation. Premier arrivé, premier servi !

2519, rue Notre-Dame Ouest

02 - EVOO

Sur papier, le restaurant EVOO se targue d'offrir aux Montréalais une « expérience culinaire rafraîchissante et soignée ». Heureusement, cette volonté se matérialise une fois attablé dans ce joli (et fort invitant) petit restaurant de quartier. Des plats recherchés, une carte des vins parfaitement accordée, un service attentionné et une ambiance décontractée. Que ce soit pour un brunch dominical, un lunch d'affaires ou un souper improvisé, le restaurant EVOO saura répondre à vos attentes culinaires.

3426, rue Notre-Dame Ouest

03 - DRINKERIE STE-CUNÉGONDE

Se décrivant à la fois comme une « vieille » et une « nouvelle » taverne, la Drinkerie Ste-Cunégonde est un bar de quartier incontournable. L'ambiance y est très chaleureuse et en plus d'offrir une carte de vins, de cocktails et de bières, on y propose quelques plats dont la plupart des ingrédients proviennent du marché Atwater. 2661, rue Notre-Dame Ouest

04 - ITSI BITSI

Ayant fait du cupcake sa spécialité, la pâtisserie Itsi Bitsi est l'une des premières boutiques de petits gâteaux à avoir ouvert ses portes à Montréal, il y a neuf ans. Encore aujourd'hui, la clientèle y est fidèle. Chaque petite bouchée sucrée est confectionnée sur place, avec du vrai beurre, par l'équipe de pâtissiers maison. Que ce soit pour une occasion spéciale ou tout simplement pour se gâter, vous trouverez assurément le petit gâteau qui convient à vos goûts.
2507, rue Notre-Dame Ouest

05 - THÉÂTRE CORONA

Le Théâtre Corona est une des plus importantes salles de spectacle du sud-ouest de Montréal. Il a vu le jour au début du XXe siècle, en 1912. Après avoir connu une période difficile, le théâtre a repris du service et présente aujourd'hui une programmation surprenante, comprenant des musiciens locaux et internationaux. Son ambiance intimiste le rend unique. C'est une adresse incontournable pour les amateurs de musique en tous genres. 2490, rue Notre-Dame Ouest

06 - HARRICANA

Harricana est la boutique à visiter pour les amoureux de fourrure (recyclée !). En effet, le quartier a la chance d'avoir sur son territoire la boutique d'une des créatrices mode les plus connues du Québec, Mariouche. Grâce à ses créations uniques, soyez certain de trouver l'accessoire parfait pour passer la saison hivernale bien au chaud. 3000, rue Saint-Antoine Ouest

07 - MARCHÉ ATWATER

Été comme hiver, le marché Atwater est bondé. Ouvert depuis 1933, ce marché public permet aux commerçants d'y vendre leurs produits frais, 12 mois par année. Fruits, légumes, viandes et fromages, vous trouverez tous les ingrédients nécessaires pour vous concocter un délicieux repas (sans oublier le dessert !), grâce aux dizaines de kiosques de producteurs locaux. 138, avenue Atwater

08 - LE CANAL DE LACHINE

Parce que chaque saison y révèle un nouveau panorama, le paysage coloré des abords du canal de Lachine est un endroit fort prisé des Montréalais. Situé dans un des lieux historiques de la ville, l'endroit est parfait pour y faire son jogging, se promener à vélo ou tout simplement pour profiter de cette ancienne voie de navigation où l'on peut encore admirer quelques vestiges des débuts de la colonisation. Au coin de l'avenue Atwater et de la rue Saint-Patrick

09 - KARIBU

Karibu est une charmante petite boutique d'articles de voyage provenant des quatre coins de la planète. Sa mission : faire découvrir aux Montréalais des produits équitables et écoresponsables, créés par des artisans du monde. On y retrouve une foule d'objets exotiques, mais la boutique – fondée par trois Français installés à Montréal – est surtout reconnue pour ses hamacs *Ticket to the Moon* en toile de parachute de Bali. Ici, chaque objet porte une histoire, que les propriétaires se feront un plaisir de vous raconter. Une boutique équitable qui fera voyager les globe-trotteurs.
2475, rue Notre-Dame Ouest

10 - ROWNTREE ANTIQUES

Rowntree Antiques se distingue de ses concurrents par la présence d'articles importés d'Europe directement par la propriétaire, Jennifer, qui se consacre au marché des antiquités depuis plus d'une trentaine d'années. La boutique propose entre autres des morceaux champêtres, où le pin est mis en valeur. Si vous êtes à la recherche de véritables petits trésors, rendez-vous immédiatement en magasin pour profiter des quelque 500 items nouvellement arrivés.
780, avenue Atwater

Atwater

INAUGURATION octobre **1966**

À la frontière de Westmount et du centre-ville, la station Atwater est un eldorado commercial : avec ses 2,5 millions de pieds carrés, la Place Alexis-Nihon propose la quasi-totalité des grandes chaînes. De l'autre côté de l'avenue Atwater, faisant face au métro, se trouve un lieu culte qui hante encore la psyché québécoise : le Forum.

FRÉQUENTATION
7 351 106

3015, boulevard de Maisonneuve Ouest
2322, rue Sainte-Catherine Ouest

01 - LE CASSE-CROÛTE DU COIN DE MOE

Certains commerces innovent pour survivre. Pour d'autres, comme le Casse-croûte du coin, c'est le contraire. Sa fondation remonte aux émeutes du Forum de Montréal en mars 1955 et depuis, rien n'a été rénové. Le menu non plus n'a pas évolué. Depuis le déménagement du Canadien, tous les anciens restaurants du secteur ont disparu… sauf Moe's ! Y a-t-il quelque chose d'extraordinaire ou de spécial au menu ? Non. C'est exactement comme c'était en 1955. Ni pire. Ni meilleur. Cet îlot de permanence dans un centre-ville en perpétuel changement a quelque chose de surréaliste et de réjouissant. 1455, rue Lambert-Closse

02 - LE PUB JAPONAIS IMADAKE

Il n'y a pas que le sushi et le wasabi dans la cuisine japonaise ! Grâce à la mode (espagnole) des tapas, des restaurateurs japonais ont saisi l'occasion d'allumer leurs grills et d'ouvrir des *izakayas* (pubs japonais) capables d'embrasser enfin la gastronomie japonaise dans un plus large éventail. Situé sur un tronçon commercial moribond de la rue Sainte-Catherine, le restaurant Imadake a un succès fou. C'est beau, confortable, l'atmosphère est énergique, et ça sent très, très bon. 4006, rue Sainte-Catherine Ouest

03 - LE BAR DES SPORTS DU FORUM

Des écrans géants au bout d'allées fluo, des boules lustrées pour viser les quilles fantomatiques au loin, des banquettes de cuirette d'apparence rétro, de jolis souliers plats qui glissent et un service de bar complet, c'est ce que vous offre le Bar des Sports, dont la salle de quilles est fréquentée autant par des bandes d'ados capuchonnés que par de petites familles ou des couples de personnes âgées.
2313, rue Sainte-Catherine Ouest (4e étage)

04 - BABAR EN VILLE

Cette boutique de jouets de qualité et de beaux livres pour enfants, qui a aussi une succursale à Pointe-Claire, a pignon sur la pittoresque avenue Greene. 1235, avenue Greene

05 - LA PIZZERIA « NUTELLA » BACARO

Attention : lieu de décadence chocolatée ! La pizzeria Bacaro offre une pizza au Nutella ainsi que des *fritters*, soit des boules de pâte à pizza frites et enduites de sucre à la cannelle, puis arrosées de Nutella. La devise italienne de ce resto se comprend facilement : *L'appatito vien mangiando.*
4259, rue Sainte-Catherine Ouest

06 - LE CINÉMA CINÉPLEX FORUM

Cette succursale d'Odéon a l'apparence kitsch propre aux Colossus, Guzzo ou Mathers, mais c'est un lieu incontournable pour les critiques de cinéma en raison des nombreux films de répertoire qui y jouent parfois en exclusivité.
2313, rue Sainte-Catherine Ouest

04

06

07 - L'ÉPICERIE FINE LES 5 SAISONS DE WESTMOUNT

Prenez une épicerie fine, combinez-la à une poissonnerie de qualité, à une boucherie de luxe et à un fromager hors pair, puis agrandissez le tout sur 10 000 pieds carrés, et vous aurez un supermarché haut de gamme à la manière des 5 saisons. Ça sent tellement bon que j'ai du mal à garder mon sang-froid quand j'y déambule. Attention : risque de facture salée.
1280, avenue Greene

08 - LE FORUM DE MONTRÉAL

Pour tout Québécois amoureux du hockey, c'est toujours une expérience douce-amère que de déambuler dans cet édifice qui fut le temple du hockey, où les Canadiens jouèrent de 1924 à 1996, avant de prendre le nom de Pepsi pour devenir un centre commercial. Les architectes ont au moins laissé quelques bancs et le sigle du CH au centre du complexe.
2313, rue Sainte-Catherine Ouest

09 - LE COLLÈGE DAWSON

Le plus grand cégep anglophone du Québec (plus de 11 000 étudiants) est aussi le seul à communiquer directement avec une station de métro, un privilège normalement réservé aux universités. 3040, rue Sherbrooke

10 - LE COMEDY NEST

Cette institution anglo-montréalaise a plus de 35 ans et a accueilli presque tous les grands humoristes des États-Unis et du Canada anglais. Après plusieurs déménagements au fil des décennies, le club a désormais ses locaux dans le Forum, au 3e étage. La tradition continue.
2313, rue Sainte-Catherine Ouest

Guy-Concordia

INAUGURATION octobre **1966**

C'est vraiment l'un des coins les plus vivants du centre-ville. Dédié en parts égales au commercial, au résidentiel et à la vie étudiante, le quartier comprend un nombre hallucinant de restaurants ou de petites épiceries. En sortant de la station, peu importe la direction que vous prendrez, vous aurez l'embarras du choix pour manger. Parce que de nombreuses familles vivent dans les immenses tours d'habitation qui offrent des dizaines de milliers de logements, le quartier ne se vide pas après les heures de bureau ou pendant la fin de semaine.

FRÉQUENTATION
8 121 190

1445, rue Guy
1801, boulevard de Maisonneuve

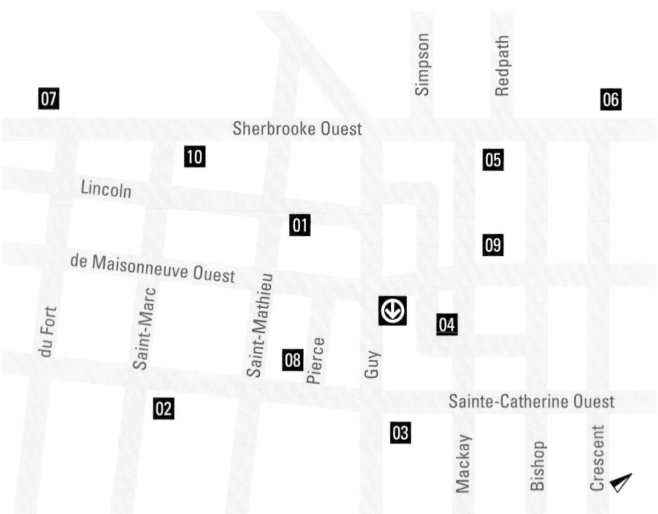

01 - QING HUA DUMPLINGS

Devant le personnel, efforcez-vous de bien paraître en tenant les baguettes, mais ne vous gênez pas pour utiliser vos doigts dès que l'on vous tourne le dos – c'est ce que je fais… Ici les dumplings (ou raviolis chinois) explosent de saveur et de bouillon. L'établissement vous recommande par ailleurs de mordre le dumpling pour y percer un petit trou par lequel boire le « jus » avant de manger la chair et la pâte sans risquer alors de vous étouffer. Ce qu'il y a dans l'assiette est aussi délicieux et abordable que le décor est quelconque. Porc, bœuf, poulet, agneau et fruits de mer composent la chair dont vous choisissez l'épice principale à y être ajoutée, fraîche, juste avant la cuisson. Une adresse à retenir : le Qing Hua est si facile à ne PAS remarquer avec son auvent usé qui ne donne pas envie d'y entrer. 1676, avenue Lincoln

02 - RESTAURANT KAZU : CUISINE JAPONAISE AUTHENTIQUE

Dans un espace ridiculement petit, ce restaurant japonais sert à un nombre ridiculement élevé de clients une nourriture réputée excellente, ce qui cautionne le cliché mélioratif du Japon hyper-organisé, seul pays capable de ce miracle de logistique gastronomique !
1862, rue Sainte-Catherine Ouest

03 - PUTTING EDGE CENTRE-VILLE (MINIGOLF FLUO)

Les beaux jours du minigolf sont derrière lui, disent les pessimistes. Peut-être pensent-ils au mini-putt d'extérieur qui a connu ses heures de gloire à la télé câblée au début des années 1990 avec le champion Carl Carmoni et l'animateur Serge Vlemynckx. La compagnie Putting Edge s'épargne des maux de tête avec la traîtresse météo québécoise en offrant des terrains à l'intérieur. Il fait presque totalement noir, mais les parcours irradient de couleurs fluo. Quant au jeu, il est tout aussi amusant et accessible à longueur d'année. 1259, rue Guy

04 - CAFÉ MYRIADE

Vous avez sans doute entendu parler de la mode dite des cafés du terroir (aussi appelée Troisième vague) qui élève le café à la dignité gastronomique du vin en sélectionnant les « cépages » avec soin et en évitant de surtorréfier les grains afin de ne pas les brûler ? Eh bien, on peut dire que c'est ici, chez Myriade, que cette extraordinaire révolution a commencé à Montréal grâce au barista émérite Anthony Benda, le proprio. 1432, rue Mackay

05 - CRUDESSENCE

Ici on repousse les limites de la fraîcheur et on se targue de ne servir que des aliments vivants, jusqu'au moment de les apprêter pour les déposer dans votre assiette. Crudessence n'est pas que végétarien et végétalien (sans produits laitiers ou œufs), mais répudie aussi la cuisson. Pourquoi ? Pour ne pas dénaturer les aliments par la chaleur. Le pain est donc séché plutôt que cuit. Est-ce que c'est bon ? En tout cas, ce n'est pas gras. Un jour, j'ai suggéré à une représentante de la ville de Memphis au Tennessee, haut lieu du BBQ, de venir manger ici : « C'est exactement le contraire de notre cuisine locale ! » s'est-elle exclamée. Les jus concoctés par Crudessence sont parmi les meilleurs que je connaisse. Le PDG de l'entreprise, David Côté, a coécrit plusieurs beaux livres au sujet de la cuisine « crudivore » et du « jus vivant ». Les affaires vont bien et des succursales ont ouvert sur les rues Rachel et Saint-Viateur. 2157, rue Mackay

06 - LA SALLE DE CONCERT BOURGIE

Fondé en 1860, le Musée des Beaux-Arts est le musée montréalais par excellence. Depuis 2013, une église patrimoniale adjacente a été transformée en auditorium de 444 places. Il s'agit de la salle Bourgie, qui fait également partie du musée. 1339, rue Sherbeooke Ouest

07 -
LE DOMAINE DES MESSIEURS DE SAINT-SULPICE

Le texte de présentation du Domaine est si éloquent que je le cite : « Serti dans un grand parc de verdure où poussent des arbres plus que centenaires, le site englobe le Collège de Montréal (1870), ses bâtiments et sa chapelle, le Grand Séminaire de Montréal (1857), ses bâtiments, ainsi que sa chapelle (1864) dont l'intérieur fut entièrement redessiné au début du XXe siècle. (…) Le domaine contient aussi les derniers vestiges de l'ancien fort de la Mission de la Montagne (1675) et un bassin d'eau dont la forme allongée rappelle celle d'un ancien vivier qui se trouvait sur le terrain de la mission. » Tout Montréalais qui se targue de connaître sa ville doit absolument visiter ce site patrimonial. C'est au pied du fort (qui a donné la rue du Fort) que Marguerite Bourgeoys enseignait aux jeunes amérindiennes. Ce qu'il reste de Nouvelle-France au centre-ville est ici. Le Grand Séminaire organise des visites en été.
2065, rue Sherbrooke Ouest
domainedesmessieursdesaintsulpice.com

08 -
1000000 COMIX : LIBRAIRIE DE BANDES DESSINÉES

À l'angle de deux obscures rues du centre-ville (les rues Pierce et de la Police), cette petite boutique aménagée dans un demi-sous-sol, chargée mur à mur de *comic books* et au plafond noir serti d'étoiles, est comme une caverne d'Ali Baba pour les amoureux de ce genre littéraire. Les habitués abonnés viennent religieusement y recevoir leurs livraisons. 1418, rue Pierce

09 -
L'UNIVERSITÉ CONCORDIA

C'est la plus urbaine des universités québécoises et la seule qui occupe vraiment le cœur du centre-ville. L'auguste McGill avait déjà son campus principal avant l'érection du centre-ville dans ce qui était jadis un champ (celui de James McGill, justement, le légataire) et ses locaux à flanc de montage ressemblent à ceux des vieux collèges. Le campus George-William, au contraire, s'inscrit dans la logique du grand édifice moderne.
1455, boulevard de Maisonneuve Ouest

10 -
LE TEMPLE MAÇONNIQUE DE MONTRÉAL

Les francs-maçons n'ont pas lésiné sur les moyens pour bâtir cet édifice somptueux qui fait un pied de nez à son traditionnel adversaire catholique qui a son Grand Séminaire de l'autre côté de la rue Sherbrooke. De nombreux films d'époque sont tournés ici. Et quand la reine d'Angleterre vient au pays et qu'on lui cherche une sorte de trône, on emprunte la vieille chaise ornée du grand maître de la loge. Des réceptions et des spectacles ont aussi lieu ici. Dommage que ça ne soit pas régulièrement ouvert aux visiteurs. Un si bel édifice patrimonial !
1850, rue Sherbrooke Ouest

Peel

INAUGURATION octobre **1966**

Ici on ne retrouve pas de bouibouis exotiques aux vitrines poussiéreuses comme il y en a autour de la station Guy-Concordia et qui servent de l'excellente nourriture à de très bas prix. Presque exclusivement commerciaux, les abords de la station Peel regorgent de boutiques ou de commerces où l'on n'a aucun complexe à facturer de gros montants pour des biens et des services, il est vrai, souvent pas piqués des vers.

FRÉQUENTATION
7 126 338

1115, boul. de Maisonneuve Ouest
1011, boul. de Maisonneuve Ouest
1008, boul. de Maisonneuve Ouest
1465, rue Stanley

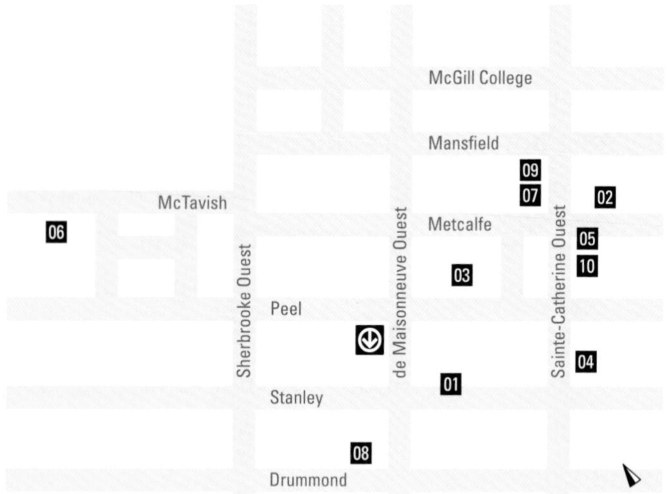

01 - EDITORIAL

Comment ne pas mentionner cette boutique de vêtements pour femmes au succès fulgurant ? C'est dynamique. C'est plein de belles fringues à la fine pointe de la mode. Ce n'est pas donné. De nombreuses clientes se plaignent du service, notamment parce que certaines vendeuses sont unilingues anglaises (peut-être un hommage au défunt magasin Eaton qui jadis, non loin de là, excellait dans la multiplication des provocations linguistiques). Malgré ces plaintes, ça grouille de monde. C'est rare que l'on puisse sentir juste à l'atmosphère ou à l'énergie d'une boutique que celle-ci n'a rien de banal. C'est le cas ici.

1455, rue Stanley

02 - LES BARBIÈRES D'ANDIE

On entend rarement le mot « barbier » au féminin. Dans ce salon de coiffure pour jeunes hommes à la mode (et en grande majorité élégamment barbus), ce sont des femmes, dont la propriétaire Andie, qui tiennent les ciseaux et le rasoir. Le modèle du barbier, que l'on disait voué à la disparition et que l'on associe à de vieux messieurs dans des locaux miteux, a donc un avenir devant lui. Au moment de ma visite, Andie's Barbershop allait prendre de l'expansion et investir le local adjacent parce que sa clientèle se faisait trop nombreuse pour son petit local initial. Barbe : 10 $. Avec coupe : 30 $. Pas de rendez-vous. Premier arrivé, premier servi.

1245, rue Metcalfe

03 - LE LUSTRE DU CASINO DE MONTE-CARLO (COURS DU MONT-ROYAL)

On peut utiliser la station Peel des milliers de fois en ignorant l'histoire des Cours du Mont-Royal auxquelles il est possible d'accéder directement à partir de la station. La « cour » où vous vous promenez était à l'origine à l'air libre. Les boutiques et bureaux autour faisaient partie d'un hôtel de luxe du début du siècle que la crise boursière de 1929 a ruiné. Le lustre magnifique accroché au plafond (que vous apercevrez si vous vous donnez la peine de lever les yeux) est l'ancien lustre du casino de Monte-Carlo importé par l'hôtel pour se doter d'un artefact européen prestigieux. Des défilés de mode se déroulent ici, sous le lustre, notamment pour les spectacles du Collège LaSalle.

1455, rue Peel (Cours du Mont-Royal)

04 - REUBEN'S DELI ET GRILLADES

Cette succursale de Reuben's offre sa fameuse viande fuwmée depuis 1976, mais aussi, depuis un peu moins longtemps, des grillades. La viande est vendue en sachets sur place (à 17 $ la livre) pour des montants allant de 60 à 100 $. Quant au mirifiquement réconfortant gâteau au fromage serti de grosses fraises juteuses, dont on vous sert un gros morceau pour 10 $, vous pouvez partir avec l'un d'eux pour 60 $. Sur place, le service est efficace et sympathique.

1116, rue Sainte-Catherine Ouest

05 - MYRIADE (CLUB MONACO)

Pour entrer chez Myriade, vous devez passer par la boutique de luxe Club Monaco où tous les employés sont si grands et si beaux qu'on se demande comment l'employeur a fait pour les dénicher. Dans le sous-sol se trouve un agréable petit café : une succursale du fameux café Myriade (dont j'ai parlé pour la station Guy). Bel aménagement. On n'y a pas l'impression d'être sous terre. Les murs sont ornés de bibliothèques (pourvues de livres que vous pouvez consulter sur place ou acheter), dont le fond plaqué de miroirs augmente la luminosité, et le plafond de tôle ondulée est blanc, si bien que la lumière semble naturelle.

1000, rue Sainte-Catherine Ouest

06 - LE CENTRE WILLIAM SHATNER

À la recherche d'un repas abordable ? Pourquoi ne pas monter jusqu'au centre William Shatner que gèrent les étudiants de premier cycle de l'université McGill ? Depuis un référendum dans les années 1990, le centre a pris le nom de l'acteur connu pour son rôle du capitaine Kirk dans Star Trek et qui a déjà fréquenté McGill. L'administration ne reconnaît toutefois pas le résultat de ce référendum ni l'habitude des étudiants de dire « Shatner Building ».

3480, rue McTavish

07 - SIMONS MONTRÉAL CENTRE-VILLE

C'est l'un des plus populaires magasins de Montréal avec son vaste choix, son rapport qualité-prix généralement excellent et, surtout, en raison de son service à la clientèle. Les vendeurs de Simons sont des professionnels qui connaissent leur métier (et non pas des jeunes sous-payés très rarement compétents) et ça paraît. Le calme et la politesse du personnel ont tendance à déteindre sur la clientèle. 977, rue Sainte-Catherine Ouest

08 - LE BURGER À 100 $ DE M:BRGR (PRONONCÉ « HAMBURGER »)

Ici on ne lésine pas sur la qualité de la viande ni sur le volume de la portion. Sur le menu, on insiste pour vous faire comprendre que ce restaurant n'est PAS un fast-food et que chaque commande prend en moyenne un quart d'heure. Bref, cet endroit n'a rien à voir avec un Burger King. La tapisserie murale qui montre Montréal à partir d'un quai du vieux port comporte des éléments visuels saugrenus insérés ici et là parmi les édifices familiers de notre métropole, comme la rampe de lancement des navettes spatiales à Cap Canaveral et l'horloge Big Ben, mais ces « intrus » sont intégrés de manière à ce que la photo semble néanmoins réaliste. Si votre estomac est creux, mais votre portefeuille plein, optez pour le Burger à 100$: deux boulettes de bœuf Kobé, bacon, ananas grillés, foie gras, brie, asperges, fromage Piave Vecchio, porc effiloché, champignons porcini, aïoli au miel truffé et carpaccio de truffe. 2025, rue Drummond

09 - CINÉMA BANQUE SCOTIA

Presque tous les Montréalais ont déjà utilisé la station Peel pour se rendre à ce cinéma, l'un des plus grands de Montréal. Beaucoup préfèrent sortir de la station et marcher jusqu'au cinéma, dehors sur le trottoir, au lieu d'emprunter le passage souterrain chargé de boutiques, labyrinthique et déroutant.
977, rue Sainte-Catherine Ouest

10 - LES EFFRONTÉS STYLISTES DE MODE

Ce service s'adresse à ceux et à celles qui détestent magasiner. Juchés aux troisième et quatrième étages de l'édifice Jean-Coutu, Les Effrontés sont situés au milieu de milliers de boutiques du centre-ville pour vous éviter d'avoir à vous y rendre vous-même. Si choisir vos vêtements vous intimide, si vous avez l'impression de souvent vous faire flouer par les boutiques, ce service de styliste de mode fondé en 1999, et qui a quelque 8000 clients à son actif, est peut-être pour vous. Après une rencontre pour déterminer vos goûts et prendre vos mesures, votre styliste fera vos emplettes à votre place.
Au cours d'une séance d'essayage, vous prenez et payez les vêtements que vous voulez parmi ceux qui ont été sélectionnés pour vous. En peu de temps vous aurez constitué votre garde-robe de la saison. Les Effrontés offrent aussi des « rallyes » de boutiques afin d'« acheter en quelques heures ce qui vous prendrait des jours de magasinage ». Il y a également un « service de choix et d'ajustement de dessous » offert par une corsetière à l'intention des femmes qui souhaitent avoir des sous-vêtements appropriés à leur silhouette et confortables. Frais de service pour un styliste qui refait votre garde-robe: 375$.
980, rue Sainte-Catherine Ouest

McGill

INAUGURATION octobre **1966**

Après Berri-UQAM, c'est la plus achalandée des stations de métro. Elle communique avec les plus grands centres commerciaux du centre-ville, dont les Promenades de la Cathédrale, le Complexe Les Ailes, la Place Montréal Trust et le Centre Eaton. Le campus très XXe siècle de l'université McGill, par sa verdure, connecte le centre-ville et ses gratte-ciel à la montagne que ceux-ci n'ont pas le droit de dépasser en hauteur : le mont Royal, poumon de la métropole.

FRÉQUENTATION
11 139 018

2055, boulevard Robert-Bourassa
2021 avenue Union

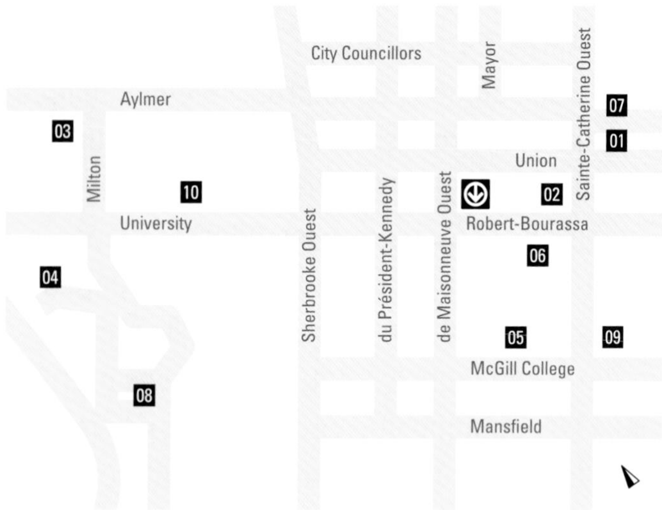

01 - LE SQUARE PHILLIPS

Ce petit parc urbain orné d'un spectaculaire monument en l'honneur du roi Édouard VII, le fils aîné de la reine Victoria, surnommé le Pacificateur, est le cœur du centre-ville. Au milieu du XXe siècle, les commerces les plus prestigieux commencèrent à s'y établir. De l'autre côté de la rue Sainte-Catherine s'érige le bel et vieil édifice de la Compagnie de la Baie d'Hudson. Pendant la belle saison, les camions de bouffe de rue se stationnent fréquemment ici, étant donné le grand nombre de clients potentiels qui travaillent dans les édifices des environs.

Au coin de la rue Sainte-Catherine Ouest et McGill College

02 - CATHÉDRALE CHRIST CHURCH

C'est la cathédrale des Promenades de la Cathédrale. Cette église néo-gothique a été bâtie au milieu du XIXe siècle de manière à rappeler une église anglaise du Moyen Âge. Vers la fin des années 1980, un immense réseau commercial a été bâti sous l'édifice. Pendant la construction, celui-ci a dû être soutenu par des pilotis de plusieurs centaines de mètres. L'image de ce bâtiment juché dans le vide était saisissante, d'autant plus qu'il demeurait accessible et fonctionnel pendant les travaux. Les pilotis sont toujours là sous la forme de colonnes que l'on peut voir dans la promenade souterraine.

635, rue Sainte-Catherine Ouest

03 - LOLA ROSA

Dans les années 1990, c'était l'un des tout premiers restaurants végétariens de Montréal à offrir aussi des repas strictement végétaliens (sans produits laitiers ou œufs). Situé à une minute de marche de l'université McGill sur la rue Milton, le Lola Rosa a aussi un comptoir directement sur le campus pour distribuer des repas pendant l'heure du dîner et, depuis 2013, une deuxième succursale sur l'avenue du Parc. 545, rue Milton

04 - L'UNIVERSITÉ MCGILL

C'est la plus célèbre des universités canadiennes. Quand un riche homme d'affaires d'origine écossaise, James McGill, a légué ses terres, situées loin de ce qui était alors la ville qui entourait le port, pour édifier une institution d'éducation universitaire, il ne pouvait pas se douter que le centre-ville se bâtirait devant ses portes. Pendant la belle saison, le campus de McGill sert de parc pour beaucoup de travailleurs qui viennent y pique-niquer. Peu de gens savent que monsieur McGill a son cimetière privé ici puisque sa tombe repose sous le monument funéraire situé devant l'édifice du pavillon des Arts. 845, rue Sherbrooke Ouest

05

05 - MUSÉE GREVIN

Le musée de cire a préexisté à la photographie et permettait aux gens de voir de quoi avait l'air les personnages célèbres. Encore aujourd'hui, les statues de cire hyperréalistes (les doigts de René Lévesque sont tachés de jaune en raison de son tabagisme) gardent leur pouvoir de fascination. Pièces après pièces, le visiteur s'étonne de reconnaître des personnalités connues, québécoises ou étrangères.
705, rue Sainte-Catherine Ouest

06 - LA MAQUETTE MINIATURE DU MONTRÉAL

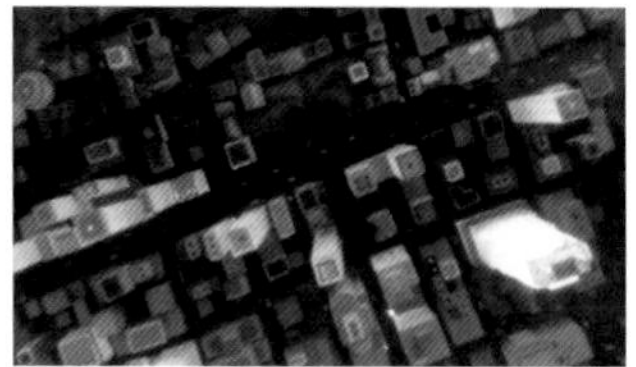

Quelques millions de Montréalais passent chaque année à côté de cette maquette, qui reproduit toute la ville de Montréal vue du ciel, sans se douter qu'elle existe. Elle est pourtant très impressionnante. Amusez-vous à essayer de localiser les différents immeubles et monuments : l'Oratoire, les différents ponts, le campus de McGill et les abords de la station (que l'on voit sur la photo), la tour de Radio-Canada, etc. Ne cherchez pas le Centre Bell, cependant : la maquette date de 1991. Les artistes Richard Purdy et François Hébert ont mis tout un été, avec l'aide d'un menuisier, à réaliser cette œuvre au nom abracadabrant de « C'est sur le sol qu'on prend appui pour s'envoler. » À déplorer : des blocs de verre devant l'œuvre empêchent de bien la voir…
À gauche de l'entrée du Complexe Les Ailes

07 - MARCHÉ 27 EXPRESS : COMPTOIR À TARTARE

Ceci n'est pas un fast-food ordinaire. On n'y cuit rien (sauf les frites). Le comptoir à Tartare sur le square Phillips offre des repas sur place (sa terrasse est populaire pendant la belle saison) ou pour emporter. Bien que l'on soit accoutumé au sushi, on n'a guère l'habitude de la viande rouge crue servie comme repas express, sous forme de bœuf tartare à la française (avec Dijon, Tabasco, câpres, huile d'olive et oignons rouges) ou à l'italienne (parmesan, huile de truffe, oignons et ciboulette).
1241, place Phillips

08 - MUSÉE REDPATH DE MCGILL

Ce charmant musée gratuit sur le campus de l'université McGill regorge de petites merveilles. Un don de 5$ par adulte ou 2$ par enfant est suggéré. C'est un établissement d'un genre un peu suranné, et cela fait partie de son charme. Il y a des fossiles de dinosaures, des fauves empaillés et même des momies égyptiennes. Que demander de plus ?
859, rue Sherbrooke Ouest (sur le campus)

09 - LE BAR À ESPRESSO LE TUNNEL

C'est le premier (et en 2015 encore le seul) café haut de gamme dans tout le gigantesque réseau piétonnier souterrain montréalais. Le barista propriétaire, Andrew Kyres, loue depuis 2013 cet espace gros comme un garde-robe, où il peut ranger son comptoir pliable à la fin de la journée. Les amateurs de café parmi les dizaines de milliers de travailleurs des environs connaissent l'endroit, qui sert les produits du torréfacteur Détour. Ce petit commerce est situé dans le tunnel qui relie le Centre Eaton à la Place Ville-Marie, entre les rues Sainte-Catherine et Cathcart.
1253, avenue McGill College

10 - L'ÉCOLE FACE

C'est l'école publique de Montréal ayant la meilleure réputation, et l'une des seules qui offre tous les niveaux précollégiaux : prématernelle, maternelle, primaire et secondaire. Au début des années 2000, des parents campaient dehors pendant trois jours pour espérer y inscrire leurs enfants. Cet établissement imposant date de 1914 et a déjà eu son propre planétarium, dont il ne reste que le dôme. Une piscine vétuste y a été convertie en petite salle de concert. Il y a aussi un auditorium de quelque 1000 places. FACE signifie « Formation artistique au cœur de l'éducation ». Les étudiants y pratiquent les arts plastiques, le théâtre, le chant et la musique instrumentale. 3449, rue University

Place-des-arts

INAUGURATION octobre **1966**

Véritable pôle culturel de la métropole, le Quartier des spectacles accueille chaque année une foule de festivals et d'événements qui rassemblent une faune hétéroclite, d'ici et d'ailleurs. Avec la place des Festivals, l'Esplanade Clark et la Place des Arts, l'achalandage autour du métro est important à toute heure de la journée, au grand bonheur des nombreux commerces à proximité.

FRÉQUENTATION
7 153 550

1555, rue Jeanne-Mance
2020, rue de Bleury
1990, rue de Bleury
150, rue Ontario

01 - FURCO

À l'abri des regards, en retrait de la rue Sainte-Catherine, se trouve un bar de quartier qui est vite devenu une référence pour les Montréalais à la recherche d'une échappatoire après une longue journée de travail. Aménagé dans un ancien entrepôt de fourrure, le Furco possède un cachet brut et un décor d'inspiration industrielle qui lui confèrent une ambiance décontractée fort appréciée. La musique est toujours de circonstance, la faune est diversifiée et le menu (présenté sur une corde à linge) varie selon les arrivages de la saison. Un endroit idéal pour une soirée sans prétention. 425, rue Mayor

02 - L'ASTRAL

Haut lieu du Quartier des spectacles, L'Astral est une salle de spectacles intimiste qui offre les conditions idéales pour apprécier pleinement votre artiste préféré, soit une acoustique soignée et une visibilité optimale. Situé dans l'édifice de la Maison du Festival Rio Tinto Alcan, L'Astral est voisin du Bistro Balmoral et de la Galerie Lounge TD, qui attirent également plusieurs événements privés chaque année. 305, rue Sainte-Catherine Ouest

03 - MUSÉE D'ART CONTEMPORAIN DE MONTRÉAL

Le Musée d'art contemporain a été fondé en 1964, dans le but de constituer une collection d'œuvres contemporaines d'artistes de Montréal, du Québec, du Canada et de l'étranger. Ainsi, en plus de sa collection permanente regroupant près de 7600 œuvres, le musée présente une série d'expositions temporaires d'artistes d'ici et d'ailleurs, ainsi que de nombreuses activités éducatives, afin de familiariser le grand public avec l'art contemporain.
185, rue Sainte-Catherine Ouest

04 - SIX RESTO LOUNGE

Avec la place des Festivals pour décor, la terrasse du SIX Resto Lounge est le meilleur endroit pour profiter de la saison des festivals sans devoir jouer du coude avec des milliers de spectateurs. La terrasse peut accueillir jusqu'à 500 convives. Bonne bouffe, belle ambiance et délicieux cocktails vous attendent donc au 6e étage du magnifique hôtel Hyatt Regency. 1255, rue Jeanne-Mance

05 - TAVERNE F

Située au cœur de la place des Festivals, la Taverne F est très prisée des travailleurs du coin – sur l'heure du midi – et des festivaliers à la recherche d'un bon endroit où casser la croûte avant un spectacle. En effet, ce restaurant (de la même famille que le Ferreira Café) permet de profiter de l'ambiance musicale endiablée, lors des concerts d'été, devant un bon plat de petiscos (petits plats à partager) aux saveurs typiquement portugaises. 1485, rue Jeanne-Mance

06 - BRASSERIE T

Petite sœur du célèbre restaurant Toqué ! du chef Normand Laprise, la Brasserie T s'est donné le mandat d'offrir aux clients un repas rapide, mais de qualité, dans une atmosphère conviviale. L'endroit – dont la réputation n'est plus à faire – a pour principale préoccupation d'offrir des produits frais et locaux. Ainsi, tartares et charcuteries maison font de ce restaurant un incontournable du quartier… surtout en été ! 1425, rue Jeanne-Mance

07 - VIET – SANDWICH

Comme le dit son nom, Le Viet est reconnu pour ses Banh Mi, de délicieux sandwichs vietnamiens frais et faits devant vous, servis tout au long de la journée, à des prix fort abordables. Sont également offerts sur place différents bols de riz et les fameuses salades de vermicelles. Il n'est pas rare de voir une file à l'extérieur de l'établissement, mais, grâce à l'efficacité du personnel, il est possible de recevoir sa commande en moins de dix minutes.
292, rue Sainte-Catherine Ouest

06

08 - LA PLACE DES ARTS

Avec ses six salles de spectacle (Salle Wilfrid-Pelletier, Maison symphonique, Théâtre Maisonneuve, Théâtre Jean-Duceppe, Cinquième Salle, Salle Claude-Léveillée), la Place des Arts favorise l'accessibilité aux diverses formes d'arts de la scène et fait la promotion de la vie artistique et culturelle du Québec. Depuis plus de quatre décennies, son parcours est riche en événements et découvertes, ce qui en fait un véritable carrefour de la vie culturelle montréalaise et québécoise. 175, rue Sainte-Catherine Ouest

09 - BRASSERIE BENELUX

Située au coin des rues Sherbrooke et Jeanne-Mance, la Brasserie Benelux offre une variété de bières artisanales, dont plusieurs d'inspiration belge et américaine. Il s'agit de l'endroit idéal pour se retrouver entre amis ou entre collègues autour d'une bière, dont l'incontournable Cuda – Westcoast IPA (6,5 %) –, une des cuvées les plus réputées de l'endroit. À noter qu'un menu de type bistro (paninis, hot-dogs européens, poulet tex-mex) est servi en soirée pour accompagner votre pinte de houblon.
245, rue Sherbrooke Ouest

10 - ÉGLISE UNIE SAINT-JAMES

Classée monument historique en 1980, l'Église Unie Saint-James de Montréal est considérée comme la plus grande église protestante de la métropole. De style néogothique, elle a été dessinée par l'architecte Alexander Francis Dunlop et inaugurée à la fin du XIXe siècle, plus précisément en 1889. L'Église est ouverte au public du mardi au vendredi, de 8 h 30 à 16 h 30. 463, rue Sainte-Catherine Ouest

Saint-Laurent

INAUGURATION octobre **1966**

La station Saint-Laurent est située tout près du centre symbolique de Montréal : c'est ici que la rue principale de Montréal, Sainte-Catherine, croise l'artère qui départage l'est de l'ouest de l'île, Saint-Laurent. Jadis un lieu de débauche peu recommandable, dit le « Red Light », avec ses hôtels aux chambres louées à l'heure, son défilé de prostituées et ses dizaines de clubs de danseuses, l'intersection s'est extrêmement assagie au cours de la dernière décennie.

FRÉQUENTATION
1 806 255

10, boulevard de Maisonneuve Ouest

01 - L'ÉCONOMUSÉE DE LA LUTHERIE SAINT-MICHEL

Peu de gens savent qu'un petit « musée » de la lutherie (violons, harpes, guitares, etc.) se trouve à trois minutes de marche de la station Saint-Laurent. Rattaché à cet « économusée » se trouve un atelier de réparation et de fabrication de violons que vous pouvez également visiter. Établis depuis 1970 dans un édifice du XIXe siècle, les luthiers Saint-Michel sont situés non loin de la Place des Arts. Avis aux nostalgiques : parmi les instruments exposés dans l'économusée, il y a celui de feu « Monsieur Pointu », le violoniste folklorique. Ouvert du lundi au vendredi de 14 h à 17 h. La visite guidée prend environ une heure.

57, rue Ontario Ouest

02 - CENTRE D'AMITIÉ AUTOCHTONE DE MONTRÉAL (CAAM)

Des Amérindiens de toutes les nations autochtones de l'Amérique du Nord ont accès ici à des déjeuners et dîners gratuits, à des communications gratuites avec leur communauté d'origine, à des activités organisées et à des soins médicaux. La majorité des prestataires de service du centre provient des nations du Québec : Cris, Mi'gmaqs, Naskapis, Algonquins, Montagnais, Abénakis, Mohawks, Atikamekws, Hurons et Malécites. Il y a aussi de l'aide pour ceux qui cherchent un logement ou un emploi.

2001, boulevard Saint-Laurent

03 - L'ÉDIFICE 2-22

L'époque des locaux dans un sous-sol miteux et humide est révolue pour plusieurs organismes culturels, dont la radio communautaire de Montréal : CIBL. Cet édifice vitré de 20 millions $ a métamorphosé l'intersection Saint-Laurent et Sainte-Catherine.
2, rue Sainte-Catherine Est

04 - LE CAFÉ- BOUTIQUE VINTAGE EVA B

Il n'y a probablement aucun autre commerce de ce genre ailleurs à Montréal. Un vaste et magnifique bazar sur trois étages (friperie au rez-de-chaussée et au deuxième étage, costumier au sous-sol) non loin du métro Saint-Laurent. Chez Eva B est une friperie, une costumerie, un café, une librairie et un restaurant. « Voulez-vous un petit verre de cidre chaud ? C'est gratuit ! » me dit une des boutiquières à l'entrée. Il y a une très belle terrasse à l'arrière en été. Eva B est connu pour sa fameuse « piscine à linge » : des milliers de morceaux dans une piscine hors terre offerts au rabais aux clients qui veulent bien ôter leurs souliers pour aller « nager » dans ces vêtements à la recherche de la perle rare. Comment qualifier l'endroit : hipster-hippie-vintage ? Il paraît que la nourriture y est excellente.
2015, boulevard Saint-Laurent

05 - LE MONUMENT NATIONAL

C'est la doyenne des salles du Quartier des Spectacles. Bâti en 1893 à l'instigation de la Société Saint-Jean-Baptiste, le Monument national a été financé par une loterie gouvernementale, ce qui a engendré une immense controverse à l'époque. L'École nationale de théâtre du Canada occupe cet édifice patrimonial. 1182, boulevard Saint-Laurent

06 - LE CAFÉ CLÉOPÂTRE

Ceci n'est pas un « club de danseuses » ordinaire. Non seulement les communautés fétichistes et burlesques, très importantes à Montréal, l'ont adopté, ce qui en fait le théâtre d'une interminable suite d'événements et de « festivals » de toutes sortes, mais cette institution associée à l'ancienne intersection décadente a refusé de déménager pour laisser place à un grand édifice propret. Têtu, son propriétaire a décliné toutes les offres de rachat. Le Cléopâtre ne faisait certainement pas partie des plans des promoteurs du Quartier des Spectacles. Ils vont devoir faire avec. À souligner : le Cléopâtre (sa clientèle et son personnel) a bonne réputation auprès des propriétaires de restaurants et commerces des environs, ce qui est très rare pour un club de ce genre. 1230, boulevard Saint-Laurent

07 - LE MIDWAY

Depuis juillet 2014, ce bar bien connu depuis les années 1920 a droit à une seconde vie. Jadis l'un des établissements les plus miteux et douteux de Montréal, que d'aucuns surnommaient le « Dollarama de la bière », le Midway a gardé son nom, mais a été presque intégralement refait. Félicitations aux propriétaires derrière cette réinvention pour avoir gardé non seulement le nom, mais aussi des éléments architecturaux, dont les dômes de réverbération sonore au plafond, qui témoignent de l'âge du lieu. Bref, on est ici dans un bar flambant neuf, mais on sent qu'il a presque cent ans d'histoire. Même si les cocktails sont désormais la vocation du Midway, le bar, fidèle à ses origines, offre néanmoins toujours de la Labatt 50, en fût, mais aussi en « quilles ».
1219, boulevard Saint-Laurent

08 - ESPACE DES ARTS

Les sept salles multifonctionnelles de l'Espace des Arts servent surtout à des cours de danses, mais aussi à des ateliers d'arts martiaux, à des conférences de presse, à des partys… Bref, à tout ce que vous voulez. L'organisme loue ses salles à l'heure. Des professeurs de danse donnent leurs classes ici le jour ou le soir. Quand ils veulent organiser des soirées de danse, au lieu d'aller dans un club, ils peuvent le faire ici aussi, dans les mêmes locaux, puisque l'Espace des Arts a un permis d'alcool. 9, rue Sainte-Catherine Est

09 - HENRI HENRI

Le chapelier le plus connu à Montréal existe depuis 1932 et se vante d'avoir popularisé l'expression « tour du chapeau » en offrant un chapeau de luxe gratuit à quiconque réalisait l'exploit de marquer trois buts dans un même match de hockey au forum de Montréal (à une époque où les joueurs professionnels étaient loin d'être riches) pour se faire de la publicité. Que ce soit un chapeau fait en Chine à 60 $, un Borsalino ou un panama à 900 $, une casquette de laine, une parka de fourrure de loutre Gravel ou Audet, un haut-de-forme de bourgeois victorien, un deerstalker (à la Sherlock Holmes) ou un bicorne à la Napoléon, vous trouverez de tout ici.
189, rue Sainte-Catherine Est

10 - LA SOCIÉTÉ DES ARTS TECHNOLOGIQUES

Cette institution fondée en 1996 est presque immédiatement devenue incontournable. Sa vocation : promouvoir tout ce qui conjugue les technologies de pointe et les arts, un champ d'expérimentation très vaste, pour ne pas dire infini. La grande salle au rez-de-chaussée sert à beaucoup d'événements, grâce notamment à la Satosphère : un dôme de visualisation à 360 degrés. Des cuisiniers préparent sur place (devant vos yeux) des mets inspirés du terroir. Il y a même des camps de jour pour les ados qui désirent se former à la vidéo ou à l'art du « djing ».
1201, boulevard Saint-Laurent *sat.qc.ca*

Berri-UQAM

INAUGURATION octobre **1966**

Un autre nom pour la station Berri-UQAM aurait pu être « Quartier Latin », puisque c'est à cette vieille partie de la ville que chacune de ses six sorties donne accès. Les Montréalais plus âgés, eux, disent encore Berri-de-Montigny (nom utilisé jusqu'en 1988). C'est la station la plus achalandée du système de métro, avec presque 13 millions de passages en 2014, et le croisement des lignes verte, orange et jaune, cette dernière filant sous le fleuve jusqu'à l'île Sainte-Hélène et Longueuil. Les étudiants frileux de l'UQAM peuvent se rendre à leurs cours sans mettre le nez dehors puisque la station communique avec les pavillons universitaires environnants. C'est la rue Saint-Denis dans le Quartier Latin qui a, à l'origine, donné naissance à l'amour désormais légendaire des Montréalais pour les terrasses. Notez qu'entre De Maisonneuve et Ontario, quatre bars sont « saints » : le Saint-Sulpice (avec sa gigantesque terrasse arrière), le Saint-Ciboire, le Saint-Bock et le Saint-Houblon.

FRÉQUENTATION
12 890 671

1470, rue Saint-Denis • 1500, rue Berri
1621, rue Berri • 1635, rue Berri
850, boul. de Maisonneuve Est
505, rue Sainte-Catherine Est

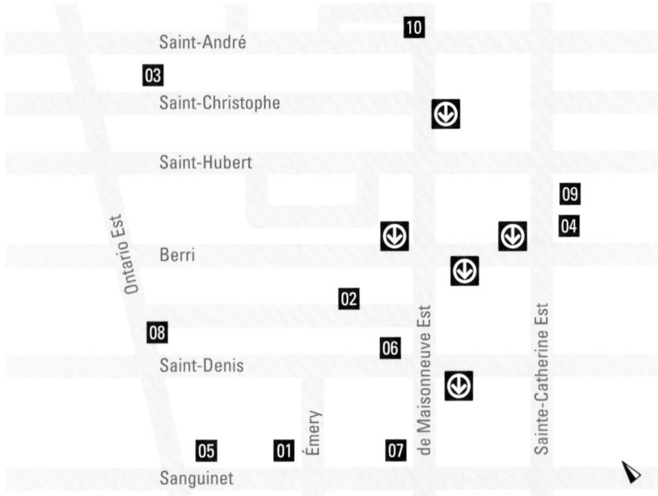

01 - CAFÉ SAINT-HENRI

Ce petit établissement confortable et agréablement décoré appartient à Jean-François Leduc, l'un des pionniers de la renaissance du café au Québec. Ici le café n'est pas hyper-torréfié pour masquer ses défauts. Ses grains sont issus de cultures biologiques qui portent les arômes d'un sol sain. Pour bien le savourer, il est recommandé de le boire en « Chemex », c'est-à-dire en café filtre, sans lait ni sucre. 301, rue Émery

02 - LA GRANDE BIBLIOTHÈQUE

Cette bibliothèque mérite l'adjectif qui la qualifie : grande. C'est une immense ruche intellectuelle fréquentée chaque jour par des milliers de lecteurs et d'étudiants qui profitent de son confort et de ses postes de travail ensoleillés. Dès son ouverture au printemps 2005, le succès fut immédiat auprès de la population montréalaise. 475, boulevard de Maisonneuve Est

03 - LE MUSÉE DE L'ABSURDE

Un grille-pain qui brûle le logo de TVA sur les rôties. Une vieille affiche du Lundi montrant Guy Lafleur en maillot près d'une piscine. Une collection de 106 figurines de Pruneau, le frère de Canelle dans Passe-Partout. Un CD du petit Jérémy. Des jeux de société quétaines des années 1980... Le Musée de l'Absurde conjugue humour, mauvais goût et nostalgie, pour le bonheur et l'étonnement de ses visiteurs. Il y a aussi la section « Baconistan » réservée à des produits ridicules inspirés du bacon. Vous trouvez cela « douteux » ? C'est normal puisque le Musée de l'Absurde est aussi le quartier général de l'organisme « contre-culturel » Douteux.org, qui compte près de 5000 membres à travers le Québec et qui organise chaque lundi soir depuis huit ans des visionnements de films de série Z au pub Brouhaha dans Rosemont.
1803, rue Saint-Christophe

04 - ARCHAMBAULT MUSIQUE

C'est le Archambault originel, qui occupe trois étages, plus un sous-sol, et qui a 116 ans. Son enseigne au néon qui donne sur la rue est classée au patrimoine de la ville. Les DVD et les jeux vidéo sont au sous-sol, le rez-de-chaussée regorge de livre, le deuxième propose des disques et des partitions et le troisième est rempli d'instruments. Un des rares magasins du monde où l'on vend à la fois des consoles de jeux vidéo et des pianos à queue. 500, rue Sainte-Catherine Est

05 - LE COMÉDIE-CLUB LE BORDEL

Aménagé à même le pub Quartier Latin, dans un immeuble qui fut jadis une maison close, d'où le nom Le Bordel, le premier comédie-club francophone du Québec veut réparer une anomalie sociologique. Même si le genre artistique dominant sur les scènes du Québec est, non pas la musique, mais l'humour (remplissant chaque soir des salles entières), la Belle Province ne comportait aucun club de ce genre. Laurent Paquin, Louis-José Houde, Martin Petit, Mike Ward, François de Bellefeuille et Charles Deschamps sont derrière ce projet. Alors que les humoristes qui se produisent dans les bars ont souvent droit à un placard à balais puant attenant à la salle de bain en guise de « loge », ils ont ici un endroit confortable au 2e étage. Un service silencieux est offert par le personnel du Quartier Latin pendant les représentations. Aucune billetterie sur place. On réserve et paie sa place en ligne.
312, rue Ontario Est *lebordel.ca*

06 - SAINT-HOUBLON

De l'extérieur, ce bar semble de dimension modeste. Cependant, avec son deuxième étage et la profondeur de l'édifice, le Saint-Houblon peut accueillir une petite foule. Une vingtaine de bières en fût des Brasseurs Illimités est offerte. Le menu concocté par le chef Tracy Dean Francisco se veut plus gastronomique et savoureux que celui des autres bars des environs. 1567, rue Saint-Denis

07 - LE BAR SALON DE LA CINÉMATHÈQUE QUÉBÉCOISE

Bar Salon est un film réalisé par André Forcier en 1974 dont l'histoire se déroule dans un bar miteux sur le point de faire faillite. En 2014, c'est devenu le nom du resto-bar (pas déprimant du tout) de la Cinémathèque québécoise. Peu connu du grand public, cet établissement attire énormément d'artistes, dont plusieurs y organisent des réunions de travail autour d'un verre. 335, boulevard de Maisonneuve Est

08 - LE CAFÉ CULTUREL LA RÉCRÉATION

Ce café-culturel-salle-de-jeu-galerie-d'art-contemporain est tenu par une mère et sa fille, Anne et Nina-Michèle Le Floch, qui accueillent tous les mercredis soirs et les dimanches après-midi des dizaines d'amateurs de jeux de société qui profitent alors des conseils d'un spécialiste, Sylvain Trottier. 404, rue Ontario Est *larecreation.ca*

09 - L'ESCALIER

Situé dans ce qui ressemble à un immense appartement, L'Escalier est l'un des établissements les plus authentiquement « granos » de Montréal. La nourriture est bonne pour la santé, succulente et abordable et le personnel est sympathique. Parce que toutes sortes d'artistes peuvent se produire ici, priez pour ne pas tomber sur un très mauvais musicien bruyant; il y en a parfois... À noter: c'est l'un des seuls restos-bars de Montréal où l'on peut avoir réellement l'impression de se trouver dans un salon (contrairement aux soi-disant lounge dont ce devrait être le cas).
552, rue Sainte-Catherine Est

10 - LE YER'MAD

Ce bar dont le nom signifie « bonne santé » en breton s'est taillé depuis 1997 une réputation de lieu sympathique et accueillant malgré son emplacement (en demi-sous-sol, dans un coin un peu paumé de la rue Ontario). C'est l'un des rares bars de quartier où l'on peut venir s'asseoir au comptoir et facilement entamer la conversation avec ses voisins. Difficile de définir le client moyen: il y a des étudiants, de jeunes professionnels, de vieux messieurs... Autant le Yer'Mad a bonne réputation pour son atmosphère chaleureuse et son personnel sympathique, autant l'établissement situé directement au-dessus, l'Hôtel Arena Palace/Eureka, s'illustre pour de mauvaises raisons en ayant figuré pendant plusieurs années dans le Top 10 des pires hôtels du Canada de TripAdvisor.
901, boulevard de Maisonneuve Est

Beaudry

INAUGURATION décembre **1966**

Située en plein cœur du Village gai de Montréal, la station de métro Beaudry est connue (et reconnue !) pour son édicule post-moderne, qui arbore l'arc-en-ciel emblématique de la fierté gaie. Révolutionnaire et unique en son genre (puisqu'il s'agit d'un édifice gouvernemental), le design de cet édicule souligne clairement sa présence dans la communauté LGBT de Montréal. Autre point distinctif de cette station : elle est la seule à posséder un long tapis roulant, qui franchit la distance d'un coin de rue entre l'édicule et les quais. Enfin, la station Beaudry donne directement sur une des rues les plus animées de Montréal, Sainte-Catherine, et est entourée d'adresses… colorées.

FRÉQUENTATION
1 312 933

1255, rue Sainte-Catherine Est

01 - CACAO 70

Amoureux du chocolat, cet endroit est pour vous ! Cacao 70 n'est pas une simple chocolaterie ; il s'agit en fait d'un restaurant qui fait la part belle au cacao sous toutes ses formes. Des traditionnelles crêpes et gaufres au chocolat, jusqu'à la pizza au chocolat (sans oublier les parfaits, les fondues et les frappés), le restaurant est tout ce qu'il y a de plus chocolaté. À noter que Cacao 70 offre une sélection de 15 sortes de chocolats chauds complètement décadents. Venez tenter l'expérience à votre tour ! 1310, rue Sainte-Catherine Est

02 - DE FARINE ET D'EAU FRAÎCHE

À la recherche d'une gâterie digne de ce nom ? Rendez-vous à la pâtisserie De farine et d'eau fraîche où le présentoir déborde de délices sucrés tous plus alléchants les uns que les autres. Vous aurez donc à faire des choix (déchirants !) parmi la variété de choux à la crème, de biscuits de fantaisie, de crèmes brûlées et de gâteaux de toutes sortes. L'endroit offre également cafés et thés (biologiques et équitables), ainsi que petits-déjeuners et lunchs santé. Le midi, succombez à un panini gourmand et profitez-en pour ramasser un petit bijou sucré, dans le but de satisfaire cette envie irrépressible de vous sucrer le bec ! 1701, rue Amherst

03 -
BE BAP

Inspiré des bars à riz coréen, le Be Bap se spécialise dans les bibimbap, un plat typique qui consiste en un mélange de riz, de légumes sautés et de pâte de piment, le tout accompagné d'une viande au choix et d'un œuf miroir. Le kimchi y est également très réputé. C'est abordable, santé, « apportez votre vin », convivial et sympa. En plus, le décor est moderne, ce qui est plutôt rare pour un restaurant asiatique ! À noter qu'une belle petite salle est disponible au sous-sol, sur demande, pour les groupes. 1429, rue Amherst

04 -
CABARET MADO

Lieu mythique du Village, le Cabaret Mado attire les foules (autant gaies qu'hétéros) à chacune de ses soirées… colorées ! Mené par l'icône des drag queens québécoises, Mado Lamothe, l'endroit promet des spectacles animés et hauts en couleurs où la danse, le chant, mais surtout le plaisir sont au rendez-vous. On y voit défiler la crème des drag queens qui en mettent plein la vue à chacun de leur passage sur scène. Pour une soirée endiablée dont vous vous souviendrez longtemps, rendez-vous chez Mado ! 1115, rue Sainte-Catherine Est

05 -
COMPLEXE SKY

Restaurant, pub, discothèque et terrasse sur le toit : tous les éléments d'une soirée festive sont réunis à une même adresse au Complexe Sky. Depuis 1994, l'ambiance « in » et sophistiquée des lieux attire une clientèle gaie et lesbienne de tous âges, qui s'offre un apéro avant le souper, pour ensuite assister à un spectacle de drag queens ou tout simplement pour danser au rythme de la musique des DJ invités. Pour profiter d'une vue imprenable sur la métropole et prendre un bon bain de soleil, on se rend sur le toit, où on retrouve piscine, spa, resto-bar et plus d'une centaine de places assises. 1474, rue Sainte-Catherine Est

06 -
WOD SPORTS

C'est dans le but de répondre aux demandes grandissantes des adeptes de l'entraînement Crossfit que la boutique WOD Sports a ouvert ses portes en avril 2012. Toute première boutique de ce genre au Canada, on y retrouve une gamme de vêtements, de chaussures et d'accessoires de sport de qualité, qui peuvent également servir pour le conditionnement physique fonctionnel. En plus de fournir de l'équipement et des conseils éclairés, WOD Sports fait la promotion de la saine alimentation dans la vie de tous les jours et offre des suppléments protéinés et des barres d'énergie. Bref, il s'agit d'un arrêt unique pour tous les sportifs en quête de dépassement. 1290, rue Amherst

07 - NOSTHÉS

Dans un décor aux inspirations asiatiques, NosThés propose de déguster un délicieux thé aux perles (*bubble tea*), un thé chaud ou, lors d'une journée plus ensoleillée, un rafraîchissant thé glacé. NosThés possède une cinquantaine de variétés de thés, allant du Oolong au thé noir, en passant par le vert, le blanc, l'épicé et l'aromatisé. L'établissement offre également des repas de cuisine taiwanaise, dont des soupes, des nouilles et des dumplings. 1215, rue Saint-Catherine Est

08 - REBEL, BRASSERIE URBAINE

Ayant pignon sur rue depuis février 2013, la brasserie urbaine Rebel a su faire rapidement sa place dans le Village en offrant une cuisine française de caractère dans une ambiance bistro. Ses plats mettent en valeur les produits du terroir : tartares, bouquets de crevettes et poutine sucrée qui fait jaser… Une adresse à découvrir, que vous recommanderez certainement par la suite.
1470, rue Sainte-Catherine Est

09 - MA'TINE

Que vous soyez du type sucré ou salé, Ma'tine a tout pour vous plaire… et même plus ! Reconnu pour ses petits-déjeuners de type brunch durant la fin de semaine (servis de 9 h à 15 h), l'endroit est bon à visiter à toute heure de la journée, du mercredi au vendredi entre 7 h et 17 h, car son comptoir regorge de viennoiseries à faire saliver et de sandwichs surprenants. La carte de vins nature vous promet également une foule de découvertes. Avec sa centaine de places assises, terrasse comprise, le restaurant vous accueille chaleureusement et les plats sont réconfortants. On s'y sent un peu comme à la maison !
1310, rue Maisonneuve Est

10 - L'OLYMPIA

Depuis 90 ans, l'Olympia s'impose en tant que figure emblématique du milieu culturel montréalais, autant par sa vocation artistique que son architecture unique. En ses portes flotte un air du passé… modernisé ! Pouvant accueillir jusqu'à 2400 personnes, l'Olympia est l'endroit idéal pour des spectacles d'envergure, autant que des productions intimes et même des événements corporatifs. Reconnu pour avoir accueilli la pièce de théâtre québécoise *Broue* pendant 17 ans, l'endroit est aujourd'hui fort prisé des humoristes et chanteurs de tous milieux, sans oublier les œuvres circassiennes durant le festival Montréal Complètement Cirque. 1004, rue Sainte-Catherine Est

Papineau

INAUGURATION octobre **1966**

Situé à l'extrémité est du Village, l'édicule de la station Papineau donne sur une zone moins fréquentée de la rue Sainte-Catherine Est. On y retrouve tout de même plusieurs commerces diversifiés aux alentours et certains trésors cachés.

FRÉQUENTATION
2 925 353

1425, rue Cartier

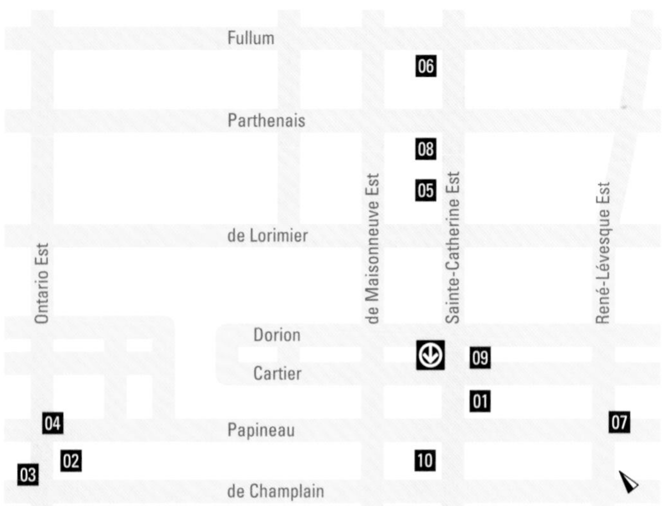

01 - MOHAWK BARBIER ETC.

Plusieurs le connaissent comme le « Barbier du Village » et tous s'entendent pour dire que Jean-Marc possède l'un des salons de barbier les plus cool en ville. Depuis 2002, son équipe offre un moment de répit et un relooking minute aux hommes qui viennent s'asseoir sur les chaises de son salon. Dans un décor masculin et chaleureux, confiez votre barbe et vos cheveux aux mains expertes des barbiers professionnels du salon Mohawk, qui se feront un plaisir de discuter avec vous tout au long de votre rendez-vous. Et soyez sans crainte : ce qui se dit sur la chaise du barbier reste sur la chaise du barbier ! 1305, avenue Papineau

02 - LION D'OR

C'est un véritable voyage dans le temps que nous offre ce cabaret qui a su conserver son esprit et son style Art déco des années 1930 au fil du temps. Espace culturel dédié à la relève, le Lion d'Or propose une programmation éclectique. Grâce à son cadre intimiste et chaleureux, cette salle de spectacles a su se tailler une place de choix dans le circuit culturel de la métropole. Le cabaret peut également servir de lieu unique pour l'organisation de différents types d'événements, du lancement au concert privé, en passant par les mariages. 1676, rue Ontario Est

03 - DAME TARTINE

Ce restaurant spécialisé dans les déjeuners est idéal pour le brunch la fin de semaine. Le (vaste) menu est composé d'aliments sains et frais. Du lait de soya, du pain sans gluten, du végé-pâté, ainsi qu'une grande variété de thé sont offerts pour répondre aux demandes de la clientèle. On y apprécie tout particulièrement les œufs bénédictine, ainsi que les patates assaisonnées aux fines herbes en accompagnement. Des dîners sont également servis du lundi au vendredi. 1653, rue Ontario Est

04 - LA FABRIQUE ARHOMA

Sise au coin des rues Papineau et Ontario, la Fabrique Arhoma fournit en pain quelque 200 clients commerciaux, dont l'hôtel St-James et le Ritz-Carlton. À l'avant, une boutique permet au grand public d'acheter des pains frais du jour (allant du plus classique au plus excentrique) et des viennoiseries, en plus d'offrir sandwichs, charcuteries, gâteaux et cafés.
1700, rue Ontario Est

05 - LAMPADIS

Cette petite boutique de lampes et d'abat-jour déborde de trésors cachés. Les propriétaires et artisans d'origine polonaise donnent une seconde vie à divers objets... en les transformant en lampes ! Théières, instruments de musiques ou bibelots sont ici recyclés, au grand bonheur des amateurs de décor éclectique. Pour commander une lampe sur mesure ou pour en acheter une déjà confectionnée, il s'agit de l'endroit tout indiqué !
2141, rue Sainte-Catherine Est

06 - LES COUDES SUR LA TABLE

Dans une atmosphère chaleureuse, ce bistro de quartier offre une cuisine française qui met de l'avant les produits saisonniers du Québec. Ici, on respecte le produit... et le client ! Les prix y sont abordables, la cuisine est moderne et le service courtois. La carte des vins plaira aux fanatiques, comme aux néophytes. Tous y trouvent leur compte. Une excellente soirée en vue !
2275, rue Sainte-Catherine Est

07 - POISSONNERIE LA MER

Une des poissonneries les plus réputées de Montréal se trouve à quelques minutes de marche seulement de la station Papineau. Ouverte depuis 35 ans, on y retrouve 300 variétés de produits allant du poisson aux crevettes, en passant par les huîtres et le homard. L'établissement est équipé d'un fumoir et offre donc truite et saumon fumés.
1840, boulevard René-Lévesque Est

08 - LES DÉLICES D'AMANDINE

Pour commencer la journée du bon pied, rien de mieux qu'un bon café… et une viennoiserie. Les délices d'Amandine en offre une variété à faire saliver, mais l'endroit est principalement reconnu pour ses croissants et chocolatines. Pour desservir sa clientèle de quartier et de travailleurs, le café-boulangerie offre également une sélection de sandwichs frais. Tout est fait sur place quotidiennement. 2181, rue Sainte-Catherine Est

09 - RESTAURANT LAFAYETTE

Ouvert depuis plus de 40 ans, le restaurant Lafayette est un incontournable dans le quartier. Ce delicatessen est fréquenté par une faune diversifiée de travailleurs, de célébrités, de gens des médias et de policiers. Les serveuses, attentionnées, cumulent d'ailleurs plusieurs années d'expérience et entretiennent des relations quasi familiales avec leurs clients réguliers. Pour un bon hot-dog steamé, c'est l'endroit rêvé ! 1874, rue Sainte-Catherine Est

10 - BAR LE COCKTAIL

Réputé pour ses spectacles de drag-queen et pour son karaoké, ce bar est tout ce qu'il y a de plus coloré. Les spectacles ont lieu du mercredi au dimanche et sont généralement animés par Michel Dorion, tandis que le karaoké, animé par Sylvianne ou Dominique, roule sept soirs sur sept ! 1669, rue Sainte-Catherine Est

Frontenac

INAUGURATION décembre **1966**

Situés dans une zone qui chevauche le centre-sud et Hochelaga-Maisonneuve, les alentours de la station Frontenac sont le théâtre de travaux perpétuels. En effet, des immeubles à condos poussent à chaque coin de rue depuis quelques années, signe d'une revitalisation imminente. On y retrouve donc une foule de commerces de commodité, tantôt récents tantôt anciens, pour subvenir aux besoins des habitants du quartier, et la vie culturelle y bat son plein.

FRÉQUENTATION
2 516 057

2570, rue Ontario Est

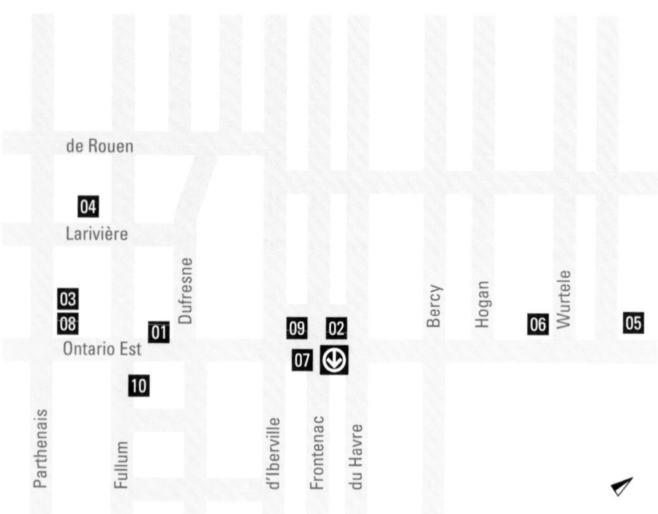

01 - CAFÉ COOP TOUSKI

Cette coopérative de travail autogérée concocte une variété de plats avec des ingrédients locaux (autant que faire se peut). Dans une ambiance familiale (il y a une salle de jeux et un menu adapté pour les tout-petits), on propose des plats du jour saisonniers (et toujours abordables), accompagnés d'une belle programmation culturelle gratuite, remplie d'expositions, de musique acoustique, de pièces de théâtres, de contes et de lectures de poésie. 2361, rue Ontario Est

02 - ROYAUME SUCRÉ

Ce petit nouveau de la rue Frontenac est ouvert depuis le mois d'août 2014 seulement. Tenu par Jean-Samuel Delisle et Karine Pouliot, ce commerce est spécialisé dans la vente de bonbons à l'unité, concept qui se fait de plus en plus rare depuis quelques années. Ruez-vous pour remplir votre sac de jujubes colorés ou optez pour un cupcake, une crème glacée ou un chocolat Giacomo. 2030, rue Frontenac

04

03 - L'ESPACE CRÉATIF

À la fois galerie, atelier et studio de 1900 pi2 (sur deux étages), L'Espace créatif – situé dans l'ancienne usine Grover – a pour but de promouvoir et d'inspirer les artistes et artisans du Québec. L'endroit tient plusieurs expositions qui valent le déplacement et qui, parfois, décoiffent. Pour ceux qui cherchent un endroit qui sort de l'ordinaire, il est également possible de louer l'espace pour des événements privés. 2031, rue Parthenais

04 - BISTRO SUR LA RIVIÈRE

À l'ombre de l'ancienne usine Grover se cache un petit bistro de 32 places qui offre une cuisine de type bistro français, et ce, midi et soir. On prend notre sandwich pour emporter sur l'heure du dîner et, en soirée, on se laisse tenter par la spécialité de la maison : le steak de bavette, sauce au poivre, servi avec frites maison.
2263, rue Larivière

05 - BAIN MATHIEU

Cet ancien bain public construit en 1931 est aujourd'hui devenu une salle multifonctionnelle incontournable à Montréal, autant pour les soirées dansantes que les évènements corporatifs, expositions, spectacles, pièces de théâtre, tournages et défilés de mode. C'est aussi un atelier d'artiste qui se démarque par la fabrication de structures gonflables gigantesques. Bref, une salle de réception fort originale.
2915, rue Ontario Est

06 - LE SINO

Cette boutique offre une vaste gamme de peinture en aérosol, de marqueurs, d'encre et de caps pour les artistes graffiteurs. Véritable référence en graffiti à Montréal, elle a tout ce qu'il faut pour assurer le succès de vos missions, peu en importe l'envergure ! Sur place, il est même possible de faire imprimer des t-shirts avec ses propres œuvres et des ateliers de graffiti sont offerts. 2817, rue Ontario Est

07 - LA GUADALUPE MEXICAINE

Quand on dit que l'habit ne fait pas le moine… La devanture de ce restaurant ne représente pas à sa juste valeur la nourriture savoureuse qu'on y sert. Ici, vous engloutirez (le mot est faible) des mets mexicains typiques (enchiladas, burritos, tacos, nachos), cuisinés selon les plus pures traditions culinaires. Ouvert depuis maintenant 25 ans, le restaurant n'utilise que des aliments frais pour offrir une expérience authentique à ses clients, autant dans les saveurs que dans les textures. 2345, rue Ontario Est

08 - LA GROVER

Ancienne usine de tricot reconvertie en atelier de travail pour une pléiade d'artistes locaux de tous les horizons, l'édifice Grover est un véritable lieu de rassemblement créatif. Construite en 1923, la bâtisse semble avoir conservé son âme d'antan, mais le lieu bouillonne de vie grâce aux designers de mode, aux artistes peintres et aux musiciens qui s'y rendent chaque jour la tête remplie d'idées. La petite communauté organise de temps à autre des portes ouvertes pour faire découvrir ce lieu magique aux Montréalais, alors gardez l'œil ouvert.

2025 et 2065, rue Parthenais

09 - WAWEL – PÂTISSERIE-BOULANGERIE

Déjà 30 ans que la pâtisserie-boulangerie du chef polonais Peter Sowa fait profiter les résidents du quartier de ses créations succulentes, fruit d'un savoir-faire authentiquement polonais. On y apprécie particulièrement les paczki aux prunes, à la crème et aux abricots, ainsi que les pierogis faits maison, les brioches, les gâteaux, le pain et les charcuteries… Tout y est frais et délicieux !

2543, rue Ontario Est

10 - THÉÂTRE ESPACE LIBRE

Établi dans une ancienne caserne de pompier, ce terreau du théâtre expérimental à Montréal propose des pièces aux concepts (souvent) éclatés. Audace, recherche et expérimentation sont les trois qualificatifs qui décrivent le mieux les productions qui y sont présentées depuis 1981. Ici, on priorise les œuvres qui provoquent un questionnement sur la pratique du théâtre, par une nouvelle interprétation du texte, du corps, de la voix, du son et de l'espace. On recherche le plaisir plutôt que la performance.

1945, rue Fullum

Préfontaine

INAUGURATION juin **1976**

En raison de son architecture rétro et pour le moins tape-à-l'œil, la station de métro Préfontaine ne passe pas inaperçue. Il s'agit d'une parfaite porte d'entrée pour le quartier Hochelaga-Maisonneuve. Alors qu'historiquement il s'agissait d'un quartier ouvrier francophone, on remarque aujourd'hui un certain embourgeoisement, et pour le mieux. Les institutions et points de repère du quartier côtoient donc de nouveaux commerces qui fleurissent à chaque coin de rue.

FRÉQUENTATION
1 467 917

3105, rue Hochelaga
3100, rue Hochelaga

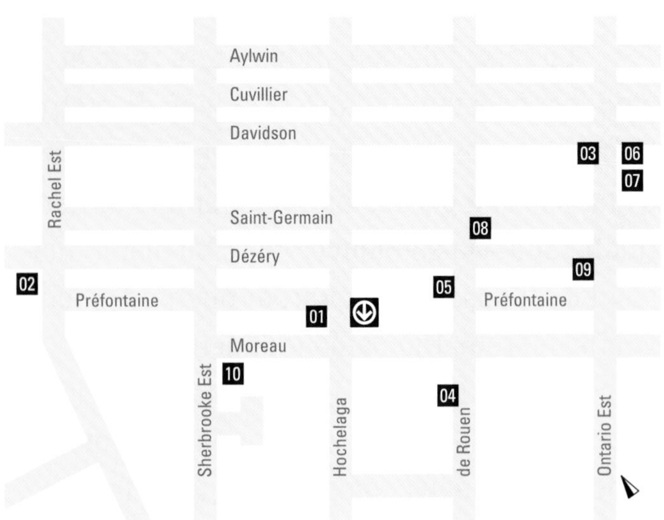

01 - BOUTIQUE ROLLIN

La boutique Rollin est sans contredit LA destination par excellence pour les utilisateurs de skateboards et de longboards à Montréal. On y retrouve tout l'équipement et la quincaillerie nécessaires pour pratiquer ces activités, ainsi que des vêtements, des chaussures et des accessoires de tous genres. Ouverte en 2010, grâce à l'initiative de Julien Turner, un passionné de ce sport, la shop (déménagée de la rue Moreau au boulevard Hochelaga l'an dernier) est située juste en face du skatepark Préfontaine, fréquenté par plusieurs membres et clients de Rollin.
3119, rue Hochelaga

02 - LABARAKE CASERNE À MANGER

Situé dans les murs de l'ancienne caserne de pompier des Shop Angus, LABARAKE est un restaurant de quartier qui offre une cuisine urbaine de style brasserie et d'influence française. Aménagée en resto-bar très tendance et convivial, la Caserne à manger a ouvert ses portes en mai 2014 et est vite devenue une destination très prisée des gens du quartier, en raison du charme architectural de l'endroit et des plats de type « comfort food » qu'on y sert. 3165, rue Rachel Est

03 - SATA SUSHI

À mi-chemin entre les métros Préfontaine et Joliette, Sata Sushi est un véritable petit bijou du quartier HoMa. Que ce soit pour emporter ou pour consommer sur place (avec sa déco à prédominance de bois, la salle à manger est des plus chaleureuses), les clients se déplacent des quatre coins de la ville, depuis bientôt dix ans, pour y déguster des sushis croustillants et fondants à la fois. Particularité : les deux copropriétaires, Tania Morrison et Marie-Josée Guertin, offrent des sushis entièrement végétaliens. 3349, rue Ontario Est

04 - AU PAIN DORÉ

Bien que la boulangerie Au Pain Doré ait été fondée en 1956, c'est en 2008 qu'elle a pris son envol, après s'être jointe au Groupe Le Duff, entreprise française d'envergure internationale. Depuis, Au Pain Doré adhère toujours aux mêmes valeurs qu'à sa fondation, soit proposer des produits frais, variés et soignés, mais possède désormais huit succursales à Montréal pour mieux nous régaler. La boulangerie de la rue Rouen est considérée comme le laboratoire des boulangers. Il est donc possible d'y découvrir des nouveautés en avant-première. 3075, rue de Rouen

05 - ARÉNA FRANCIS BOUILLON

Nommé en l'honneur de l'ancien défenseur du Canadien de Montréal Francis Bouillon (qui a lui-même grandi dans le quartier Hochelaga-Maisonneuve), l'aréna accueille les joueurs de hockey (libre ou compétitif) et les patineurs (libres ou artistiques) durant toute la saison hivernale.
3175, rue de Rouen

06 - EL JUMELGI

Ouvert depuis 13 ans, mais fraîchement rénové, le resto-bar El Jumelgi est un classique du quartier. Avec ses 13 tables de billard, sa salle de poker, ses 10 machines de loterie vidéo, ses tables de ping-pong et de baby-foot, ce bar sportif (avec écran de 120 pouces !) a tout ce qu'il faut pour vous faire passer une soirée réussie. Pour ceux qui désirent s'adonner à quelques pas de danse, l'établissement possède également une section discothèque avec DJ et vidéoclips présentés sur écrans géants.
3350, rue Ontario Est

07 - SALON DE QUILLES DARLING

Depuis plus de 50 ans, les résidents du quartier Hochelaga-Maisonneuve se donnent rendez-vous au Darling Bowling pour une partie de quilles en famille. Ouvert depuis 1963, ce salon fait figure d'institution chez les professionnels, autant que chez les amateurs. Racheté depuis peu, l'établissement a été rénové et possède maintenant un cachet rétro qui évoque les années 60. À noter que le lieu se transforme en « Disco fun bowling » le jeudi et vendredi soir, ainsi que le samedi et dimanche en journée. 3350, rue Ontario Est

08 - TEX MEX

Dans une ambiance décontractée à la mexicaine (musique typique en prime !), le restaurant Tex Mex (exploité depuis une dizaine d'années par Jean Hamel et ses trois filles, Maxine, Roxanne et Alexandra) offre un menu alléchant à prix très abordable midi et soir. On y retrouve les traditionnels enchiladas, fajitas et quesadillas, ainsi que quelques bières mexicaines (dont la Dos Equis) et différentes sortes de téquila.
2212, rue Saint-Germain

09 - CHEZ SANDRINE

Ce petit bistro est caché dans un secteur encore peu développé de la rue Ontario Est. Ici, nous sommes accueillis par des effluves de pâtisseries et de petits plats mijotés, cuisinés sur place par Sandrine Tirode, la chef propriétaire originaire de Toulouse. Chaleureux et intime, le restaurant attire une clientèle fidèle, qui apprécie tout particulièrement le bon café et la nourriture réconfortante. On aime les après-midi jasette/vélo/boisson, où les clients sont invités à venir prendre un café, alors qu'on fait la mise au point de leur vélo pour seulement 25$. À noter que Sandrine offre également un service de traiteur pour buffets et boîtes à lunch. 3179, rue Ontario Est

10 - MIAMI DELI

Dans un décor kitsch à souhait – là où les dauphins, les marlins et les requins en plastique semblent flotter dans les airs et où on est accueilli par un aquarium rempli de poissons multicolores –, le restaurant Miami Deli est ouvert 24 heures sur 24, 7 jours sur 7, pour le plus grand bonheur des lève-tôt… et des couche-tard. On apprécie tout particulièrement les petits-déjeuners, servis toute la journée, le service de livraison et la « magnifique » chute d'eau intérieure !
3090, rue Sherbrooke Est

Joliette

INAUGURATION juin **1976**

Ses édicules, sur Hochelaga, voisinent un dépanneur Couche-Tard et une vieille et imposante caserne de pompier. Plus vers le sud, un tronçon particulièrement effervescent de la rue Ontario concurrence les rues Masson, Laurier, Beaubien Est ou Mont-Royal pour la qualité de ses commerces.

FRÉQUENTATION

2 968 810

3575, rue Hochelaga

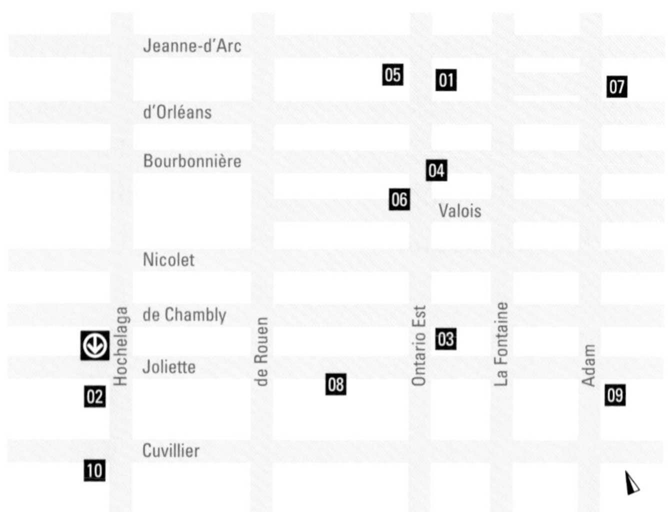

01 - ANTIDOTE, COMPTOIR VÉGANE

Pour être bref, un végétalien (avec un *l*), c'est un végétarien qui s'abstient aussi de manger des œufs (donc pas de mayonnaise) et des produits laitiers. Si vous commandez un café au lait chez Antidote, on vous demandera : « lait d'amande ou de soya ? » La recette de similibacon au seitan est particulièrement goûteuse. Même le carnivore impénitent que je suis a adopté la « véganaise » à l'ail rôti vendue sur place, plus relevée que la mayonnaise. Le client le plus connu de cette épicerie-bar à jus-café est probablement Georges Laraque.

3954, rue Ontario Est

02 - LA TAVERNE MORELLI

Voici une authentique vieille taverne, que l'embourgeoisement galopant de Hochelaga n'a pas encore altérée. L'enseigne « Bienvenue aux dames » nous rappelle que l'endroit fut jadis – avant Lise Payette – un sanctuaire éthylique pour hommes seulement. Ici on sert des « grosses Mol » de 710 ml. Il y a une table de billard et un juke-box. Le bar ouvre à 8 h du matin à l'intention des lève-tôt...
À noter : une histoire d'amour improbable, mais durable est née entre cette taverne et de jeunes troupes d'improvisation de l'est de Montréal qui y organisent leurs soirées été comme hiver.

3529, rue Hochelaga

03 - L'ESPACE PUBLIC (ESPU)

Cette brasserie artisanale ouverte en 2012 a démontré qu'un bar servant de la bonne bière répondait à un besoin criant dans un Hochelaga où les nombreux débits de boisson servent toujours les deux ou trois mêmes grandes marques insipides. Il y a une terrasse en été. Le menu des bières change constamment. C'est presque toujours plein le soir. Où allait tout ce monde avant que L'EsPu n'existe ? Il fallait alors sortir d'Hochelaga pour « prendre un verre ». Ce n'est plus le cas. 3632, rue Ontario Est

04 - LA PATATERIE

Ce restaurant bat tous les records de vitesse de service et fait passer le personnel de McDonald's ou d'A&W pour une bande de tortues. Les employés, fébriles derrière le comptoir, sont de véritables athlètes du fast-food ! Et les prix sont bas. Au début de l'année 2015, La Pataterie offrait un spécial hot-dog vapeur à 56 sous.
3860, rue Ontario Est

05 - LE TRÈFLE

Inspiré d'un concept trifluvien, ce pub irlandais (qui a pris la place d'une défunte boutique de chaussures Pitt) offre une grande variété de bières et, la fin de semaine, des brunchs copieux et abordables, populaires auprès des jeunes gens du quartier. Le travail de rénovation des lieux est époustouflant (et a dû coûter une fortune !). Si la ville de Trois-Rivières a d'autres concepts du genre à exporter vers Montréal, qu'elle ne se gêne surtout pas. 3971, rue Ontario Est

06 - LE BAR LAITIER & SAUCISSIER WILLIAM J. WALTER

Cet étonnant commerce hybride, moitié saucisserie moitié bar laitier, côtoie une boulangerie-fromagerie. Alors, devinez quoi ? William J. Walter utilise le pain du voisin pour offrir des hot-dogs européens, pour moins de 6$, que vous pouvez déguster sur la place Valois pendant la belle saison.
5, place Simon-Valois

01

07 - L'ÉCRIVAIN PUBLIC (MICHEL DUCHESNE)

Il y a un si grand nombre d'analphabètes au Québec que l'écrivain public Michel Duchesne ne manque pas de travail. Sa mission: lire et écrire pour ceux qui ne le peuvent pas. Bien sûr, cela le met en contact avec des gens en détresse et le mêle à des histoires souvent dramatiques. L'insolite métier de Michel Duchesne serait par ailleurs en train d'inspirer une série-télé… Mieux vaut prendre rendez-vous pour le rencontrer. L'écrivain public a son bureau la plupart du temps dans l'église transformée en cafétéria du Chic resto Pop, où l'on mange des repas complets et roboratifs pour moins de 5$.
1500, avenue d'Orléans

08 - LE CAFÉ ATOMIC

Avec un propriétaire de café amoureux des artefacts vintage, des marchés aux puces et des ventes-débarras, ça peut donner un décor « rétrofuturiste » fidèle à l'image de l'an 2000 que l'on se faisait pendant l'Expo 67. Ce café d'une soixantaine de places assises sert des déjeuners, des croque-monsieur et des sandwichs, en plus d'offrir en fût la bière *Le Trou du diable* (la fameuse micro-brasserie de Shawinigan) et ne ferme qu'à minuit. Les nostalgiques en rage de sucre peuvent commander un « flotteur »: une boule de crème glacée dans un verre de racinette. Une scène à l'arrière permet d'offrir des spectacles ou des projections de films. Ouvert depuis juin 2015, le café Atomic s'est imposé comme une petite « maison de la culture » ouverte aux jeunes artistes du coin, aimée des gens et forte d'une clientèle fidèle.
3606, rue Ontario Est

09 - LA LUTTE ICW

Des choses peu catholiques se passent dans le sous-sol de l'église du Très-Saint-Rédempteur, le samedi soir. Une petite foule vient hurler pour encourager (ou huer) les lutteurs amateurs de la ligue ICW qui prennent l'arène d'assaut. Cette activité culturelle peu prisée par l'élite intellectuelle anime les soirées de nombreux enfants du quartier. La plupart de ces combattants en maillot ont grandi en allant voir la lutte de sous-sol d'église. Ça fait partie de leur vie. Et leurs propres familles sont aujourd'hui dans la salle pour les regarder. Ouverture des portes le samedi à 19h30. Admission: **10$.** 1550, rue Joliette

10 - KITSCH À L'OS… OU PAS !

Sachez que ce sympathique chien qui vous accueille à l'entrée de la boutique, une sorte de gros mouton frisé, s'appelle Windy. Kitsch à l'os axe davantage son stock sur les objets rétro ou antique que sur les meubles. Ce commerce ouvert en 2013, dans un grand huit et demi dont chaque pièce est consacrée à une couleur ou à un style particulier, a déjà sa clientèle d'habitués. Les propriétaires sont accueillants. 3439, rue Hochelaga

Pie-IX

INAUGURATION juin **1976**

Dites « Pie-IX » à un Montréalais et il ne pensera sans doute pas au pape dont ce fut le nom. Il évoquera plutôt la station de métro ou le boulevard très achalandé qui relie la rivière des Prairies (au nord) à la rue Notre-Dame (au sud) sur 10 km. La station Pie-IX est aussi associée aux infrastructures bétonnées héritées des Jeux olympiques de 1976, dont le monument le plus emblématique de la ville : le Stade olympique. En fait, un nom plus adéquat pour cette station aurait été Jean-Drapeau II, puisque les Olympiques furent son deuxième grand exploit comme maire après l'Exposition universelle de 1967, en souvenir de laquelle son nom a été donné au parc et à la station de l'île Sainte-Hélène.

FRÉQUENTATION
4 931 859

2700, boulevard Pie-IX

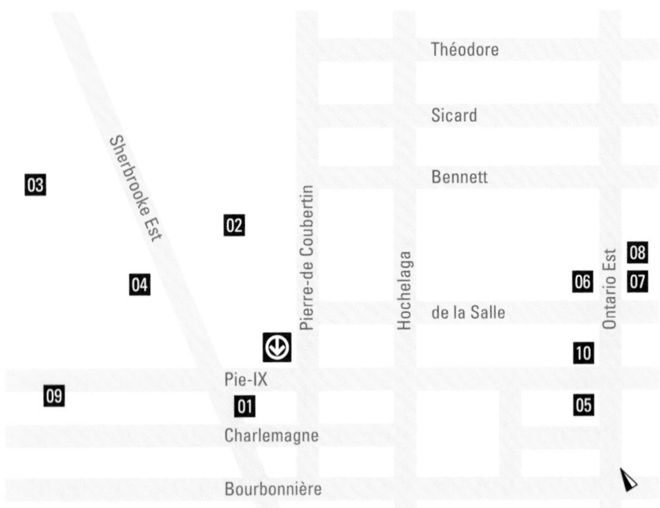

01 - LE CHÂTEAU DUFRESNE

Il était une fois deux bourgeois canadiens-français pendant les folles années vingt. Deux frères qui se firent bâtir de somptueuses maisons jumelles dans l'est de Montréal, où ils prévoyaient qu'un nouveau centre-ville se déploierait au cours du siècle. Ils péchaient par optimisme. Les frères Dufresne ne prévoyaient pas non plus les Olympiques de 1976 et la construction d'un stade et d'un métro presque dans leur cour arrière… Le musée Dufresne-Nincheri, du nom de Guido Nincheri, le peintre et décorateur des demeures des frères Dufresne, consacre la moitié de son espace à sa collection permanente, témoignage des goûts des riches Montréalais francophones du siècle dernier, et l'autre à des expositions. *chateaudufresne.com* 4040, rue Sherbrooke Est

02 - PARC EXALTO

Cette piste d'hébertisme urbaine sur l'esplanade du Stade olympique existe depuis mai 2014 seulement. On se demande pourquoi il a fallu si longtemps avant que des parcours acrobatiques en altitude, jusqu'à neuf mètres, soient offerts dans le Parc olympique ! Bravo pour la « zone soccer » ouverte gratuitement aux jeunes amateurs du ballon rond ! 4141, avenue Pierre-de-Coubertin

03 - INSECTARIUM

Les Montréalais s'y sont habitués et ils le tiennent pour acquis, mais leur insectarium possède la plus vaste collection d'Amérique. Un tiers de million de visiteurs par année s'y rendent. La popularité de l'insectarium tient beaucoup à l'intérêt spontané qu'il suscite chez les enfants, même très jeunes. 4581, rue Sherbrooke Est

04 - LE JARDIN BOTANIQUE

Fondé en 1931, malgré le krach boursier de 1929 et grâce à l'entêtement du frère Marie-Victorin, ce héros national de la science botanique et auteur de *La flore laurentienne*, le Jardin botanique a mis un demi-siècle avant de devenir une attraction vraiment populaire. Les serres et les jardins thématiques se sont multipliés depuis. Presque tous les Montréalais ont une anecdote à raconter au sujet des Lanternes chinoises, un événement qui a lieu en septembre et octobre et qui est TROP populaire, de sorte qu'il y a un trafic fou aux abords du jardin et des files d'attentes interminables... Comme événement moins stressant, il y a, de février à avril, Papillons en liberté, dans une serre où sont disposés des « buffets à papillons » (voir la photo). Une chose est sûre : les Montréalais aiment leur Jardin botanique (autant que les touristes) et ils y vont à longueur d'année.
4101, rue Sherbrooke Est

05 - MONSIEUR SMITH

Ici on mange aussi bien que l'on boit, et à des prix raisonnables. Le steak frites, par exemple, est à 18 $. L'offre est moins axée sur les bières que sur les cocktails (à 9 $) et les vins, et l'ambiance est endiablée. Amateurs d'atmosphère feutrée s'abstenir. (À noter : Monsieur Smith a remplacé le Crazy, qui était peut-être le bar à karaoké le plus glauque et sordide de Montréal.) Sa façade très simple et très jolie, qui met son nom en évidence, est l'une des plus belles que je connaisse.
4061, rue Ontario Est

06 - HOCHE CAFÉ

C'est le repaire des étudiants et des travailleurs autonomes qui s'y installent avec leurs livres et leurs ordinateurs tout en prenant un bon café. L'endroit est réputé pour ses grilled cheese. Les amateurs de sucre préféreront le brownie.
4299, rue Ontario Est

07 - LE BIÈROLOGUE

Ici on ne vend que de la bière québécoise. Il y a en a un si grand nombre, avec les micro-brasseries et les cuvées limitées, que c'en est hallucinant. Dès son ouverture, le Bièrologue a été un succès. Il devait répondre à un besoin. Le personnel est sympathique et sait ce dont il parle, ce qui ne gâche rien. 4301, rue Ontario Est

08 - BAGATELLE

Ouvert en 2005 sous le nom Baguette et Bagatelle en tant que comptoir à sandwichs avec service de livraison à vélo, ce commerce est graduellement devenu… un bistro « apportez votre vin » (qui ne fait plus de sandwich ou de livraison). Bref, il y a eu métamorphose. De là le nom désormais abrégé : Bagatelle. Les gens du coin continuent néanmoins de dire « Baguette et Bagatelle ». 4323, rue Ontario Est

09 - LA LUDOTHÈQUE LUDOLD

C'est quelque 1200 jeux de société, disponibles pour location, que Jonathan Guertin garde dans sa ludothèque. Ce cartographe de profession administre depuis 2013 à temps partiel une petite entreprise d'animation et de location de jeux appelée Ludold. « Ce sont dans les résidences pour personnes âgées que mes services d'animation sont le plus requis, dit M. Guertin. Je veux propager mon amour des jeux de société chez cette clientèle qui a été mystérieusement négligée jusqu'à maintenant. J'anime aussi pour les enfants. » Il organise chaque vendredi des soirées de jeux pour 10 joueurs maximum. Ludold est situé sur le boulevard Pie-IX à cinq minutes de marche au nord de la station du même nom. 4600, boulevard Pie-IX, app. 9 *ludold.com*

10 - LE VILLAGE DES VALEURS

Dans un face à face probablement unique au Québec, le Village des valeurs d'Hochelaga et la Fripe-Prix Renaissance se retrouvent l'un devant l'autre sur le boulevard Pie-IX à la hauteur de la rue Ontario. On retrouve dans ces deux grandes boutiques de choses usagées à peu près tout ce qu'il faut pour vivre (vêtements, accessoires, meubles et jouets) à des prix très bas. 2033, boulevard Pie-IX

Viau

INAUGURATION juin **1976**

La station de métro Viau est probablement la seule au monde à se retrouver coincée entre un site olympique (avec stade, piscine, Biodôme, Planétarium et stade de soccer) au nord, des usines de biscuits (Christie) et de pain blanc (POM) à l'est et un quartier résidentiel populaire au sud. Il faut dire que le nom Viau provient du fameux millionnaire du biscuit du XXe siècle connu pour sa compagnie éponyme, ainsi que pour ses Whippets. Autre attraction adjacente à la station : un gros cinéma à la devanture clinquante. Plus au sud sur Sainte-Catherine, on trouve un chef cuisinier coiffé d'un caleçon en guise de bonnet et un fabricant de nains de jardin.

FRÉQUENTATION
2 818 687

4455, avenue Pierre-de-Coubertin

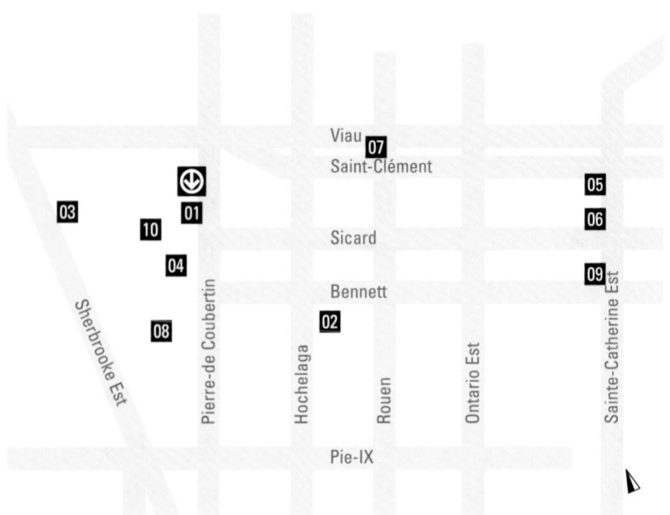

01 - LE CINÉMA STARCITÉ

La présence de nombreux adolescents bavards en rangs serrés est un indice qui ne trompe pas: un gros cinéma avoisine la station Viau. Celui-ci n'est pas directement relié au métro, mais le 30 secondes de marche à faire à l'extérieur pour s'y rendre est beaucoup moins éreintant que le labyrinthe de corridors commerciaux à franchir pour aller du métro jusqu'au cinéma Banque Scotia. Bref, le StarCité est l'un des cinémas montréalais les plus commodément accessibles grâce au système de métro.
4825, avenue Pierre-de-Coubertin

02 - PRO GYM

Imaginez un pâté de maisons entier. Ôtez toutes les maisons et bâtissez à la place un immense hangar à deux étages. Remplissez ce hangar de milliers d'appareils et d'instruments d'exercice. Aménagez-y des dizaines de salles spécialisées pour, par exemple, la boxe, l'haltérophilie, le crossfit, etc. Ajoutez un centre médical et des cliniques de massothérapie, d'ostéopathie, d'acuponcture et d'esthétique. Un restaurant. Une boutique de suppléments alimentaires. Une clinique de soins esthétiques. Avec ses 78 000 pieds carrés et plus de 11 000 abonnés, on ne s'étonne pas que Pro Gym soit ouvert 24 heures sur 24. 4500, rue Hochelaga

04

03 - LE STADE SAPUTO

Pendant longtemps, le soccer, ce parent pauvre du sport professionnel nord-américain, a eu pour « stade » le centre Claude-Robillard, qui était d'abord et avant tout conçu pour l'athlétisme. L'Impact de Montréal dispose maintenant, avec le stade Saputo, d'un amphithéâtre à la mesure de l'amour qu'un grand nombre de Montréalais vouent au ballon rond, notamment en raison de l'immigration en provenance de pays où le « football » est le sport populaire par excellence (comme l'est le hockey au Québec).

4750, rue Sherbrooke

04 - LE BIODÔME

Si les enfants aiment l'Insectarium et ses « bibittes », ils raffolent tout autant du Biodôme, de ses lynx et de sa piscine à manchots. Ce zoo intérieur tempéré plonge le visiteur dans le climat des charmantes bestioles auxquelles il rend visite.

4777, avenue Pierre-de-Coubertin

05 - LES CABOTINS

Les clients de ce restaurant du « Far Est » de la rue Sainte-Catherine n'ont que de bons mots pour lui. De gros groupes s'organisent souvent pour venir ici. L'endroit est décoré aussi joliment que comiquement. Des lampes de table rivées à l'envers au plafond servent de luminaires. Le chef, Thierry Soubirou, originaire du sud-ouest de la France, porte en permanence un caleçon sur sa tête en guise de bonnet (ce qui est peu orthodoxe), mais excelle dans la cuisine traditionnelle de sa région. Une adresse à connaître.

4821, rue Sainte-Catherine Est

06 - LA SAVONNERIE BUTR

Une petite savonnerie d'Hochelaga vend ses produits artisanaux haut de gamme dans une charmante épicerie gourmande de la rue Sainte-Catherine, appelée Marché 4751 (en rapport avec son adresse), tenue par un sympathique couple et réputée pour son porc effiloché, ses couscous et ses tagines. Si j'habitais dans les parages, je serais un client régulier, c'est sûr.

4751, rue Sainte-Catherine Est

07 - GASCON ET KRUKOWSKI

C'est ici que le cinéma et le théâtre s'approvisionnent en meubles et en objets pour reconstituer des décors du passé. Le hangar de Gascon et Krukowski est une caverne d'Ali Baba où l'on trouve autant des cabines téléphoniques londoniennes rouges que de l'équipement médical des années 1930, ou des meubles antiques et des bouteilles de bière Dow trapues des années 1960. Attention : cette entreprise ne vend rien, elle ne fait que louer. 2269, rue Saint-Clément

08 - LA TOUR DE MONTRÉAL

Un peu comme le Parisien typique ne monte jamais dans la tour Eiffel, le Montréalais ordinaire n'a pas le réflexe de prendre le funiculaire pour aller au sommet de la tour du stade. Mais en cela, le Parisien et le Montréalais ont tort, et ce sont les touristes qui ont raison ! Non seulement la vue sur Montréal à partir du mât du stade en vaut la peine, mais le fait de bien connaître la ville permet de profiter du spectacle encore davantage. 4141, avenue Pierre-de-Coubertin

09 - ATELIER SANS 100 FAÇON(S) DE DIRE JE T'AIME

Eh oui, il y a une fabrique de nains de jardin dans Hochelaga-Maisonneuve ! Mais elle peut faire beaucoup d'autres types de décorations en céramique puisqu'elle a une collection de 50 000 moules. Vous pouvez peindre vous-même le morceau que vous achetez ou confier la tâche à un professionnel. Pour un petit montant fixe, vous pouvez prendre le temps que vous voulez sur place pour manier les pinceaux et les couleurs avec les bons conseils des propriétaires. 4563, rue Sainte-Catherine Est

10 - LE PLANÉTARIUM

Le Planétarium, que presque tous les jeunes Montréalais visitent au moins une fois dans leur vie, inculque à ses visiteurs des rudiments d'astronomie qui engendrent parfois des vocations scientifiques. Dans une métropole trop éclairée la nuit pour que les étoiles soient visibles, ce dôme où est projetée la voûte céleste offre à beaucoup de petits urbains sans les moyens d'aller à la campagne l'occasion de voir la beauté du ciel nocturne pour la première fois. Cela n'est pas rien. 4801, avenue Pierre-de-Coubertin

Assomption

INAUGURATION juin **1976**

Érigée dans un parc industriel, la station Assomption semble donner sur un désert. Détrompez-vous ! À cinq minutes de marche devant vous, il y a une gigantesque école des métiers de l'aéronautique qui forme un grand nombre de jeunes montréalais. Au nord, dans les pyramides olympiques devenues des condominiums, se trouvent les bureaux de la fameuse Régie du logement chargée de résoudre les querelles entre propriétaires et locataires. À trois coins de rue au sud, sur le boulevard Hochelaga, il y a une forte concentration d'entrepôts voués à l'activité physique et au divertissement, avec du paintball, de l'escalade, du bingo, de l'hébertisme et du karting.

FRÉQUENTATION
1 195 459

3075, boulevard de l'Assomption

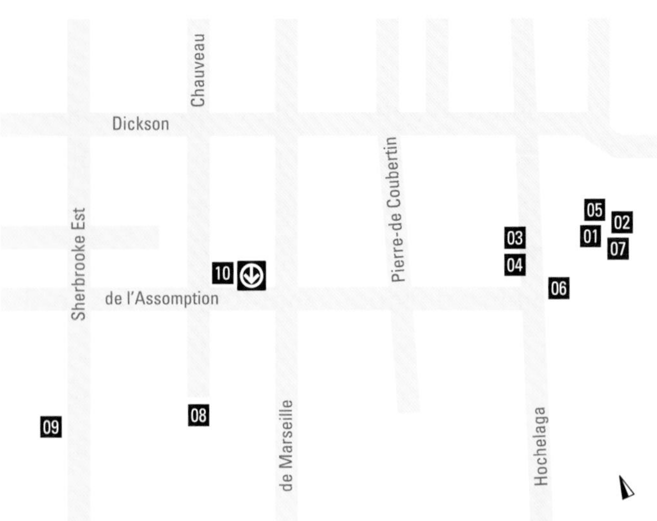

01 - HORIZON ROC

Avec 27 000 pieds carrés d'espace et quelque 300 voies de grimpe possibles, c'est difficile de faire plus gros que Horizon Roc (en fait, c'est le plus vaste au Canada), sans compter que la station est à quelques minutes de marche, ce qui est fort commode. Vous n'avez jamais fait d'escalade ? Des séances d'essai d'une heure et demie avec un moniteur sont offertes pour 18$. Une belle occasion de voir si vous aurez la piqûre. 2350, rue Dickson

02 - TRAPÉZIUM (TRAPÈZE VOLANT)

Si vous êtes relativement en forme et que vous aimez les sensations fortes, l'école Trapézium vous offre de vous initier à cet art vertigineux associé au monde du cirque. À la fin du premier balancement, vous profitez du bref état d'apesanteur pour loger vos jambes sur la barre et vous suspendre par les genoux, vous lâchez les mains et vous vous retrouvez la tête en bas. À la fin du balancement suivant, si l'autre acrobate est bien synchronisé avec vous, vous pourrez empoigner ses mains, vous déplier les jambes et passer ainsi au trapèze suivant. Ça brise la routine !
2350, rue Dickson

03 - KARTING ACTION 500

Si vous vous réveillez un jour à 2 h 45 du matin pris d'une furieuse envie de karting, ne désespérez pas. Ici, la piste est ouverte 24 heures sur 24. Il y a bien sûr des rabais pour ceux qui coursent la nuit. 5592, rue Hochelaga

04 - PAINTBALL ACTION 500

Un vieil autobus scolaire sert de bâtiment de couverture dans l'un des quatre champs de bataille intérieurs de Paintball Action 500. La vraie guerre est un fléau. Mais ôtez les risques de mort, de blessure ou de souffrance extrême, faites-en un jeu et ça devient quelque chose d'autre. Tout de même, l'adrénaline est au rendez-vous. Il faut dire que les balles de peinture sont inoffensives (pourvu que vous portiez un masque protecteur), mais que leur impact pince douloureusement. C'est le seul centre de paintball à cinq minutes de marche d'un métro à Montréal.
5592, rue Hochelaga

05 - L'ACCRO-PARC

Offerte dans le complexe Horizon Roc, mais séparée de l'escalade, cette activité consiste en un parcours de style arbre-en-arbre. La piste d'hébertisme intérieure, jusqu'à 12 mètres de hauteur, avec toutes sortes d'épreuves, comprend une tyrolienne de 25 mètres. Bien sûr, un câble de sécurité vous empêche de tomber et de vous casser les os. Âge minimal : huit ans. 2350, rue Dickson

06 - BINGO HOCHELAGA

De 700 à 800 joueurs de Bingo fréquentaient le gigantesque Bingo Hochelaga pendant la décennie 1990. Maintenant, c'est seulement 250. Pourtant, les jeunes qui organisent des soirées ici ne s'ennuient pas ! Prévoir en moyenne une trentaine de dollars par joueur. À quand un retour à la mode pour cette activité qui a égayé nos sous-sols d'église et financé un si grand nombre de bonnes causes ? Si le tricot est de nouveau en vogue, alors pourquoi pas le bingo ?
5500, rue Hochelaga

07 - CLUB DE BOXE DE L'EST

Le pouvoir civilisateur de la boxe auprès des jeunes issus de milieux difficiles n'est plus à démontrer : ce sport catalyse l'agressivité en la confinant à une arène et en la soumettant à des règlements très clairs et à un sens du respect de l'adversaire. Organisme à but non lucratif, ce club s'adresse aux sportifs de tous âges, mais particulièrement aux jeunes de Mercier-Hochelaga-Maisonneuve. De vastes et beaux locaux. 2350, rue Dickson (local 1300)

08 - ÉCOLE DES MÉTIERS DE L'AÉROSPATIALE DE MONTRÉAL

Le Grand Montréal est une puissance mondiale en aérospatiale et cette école-usine, dotée d'un parc à machines de 30 millions $, est le trait d'union entre cette industrie ultraperfectionnée et les nombreux travailleurs spécialisés qui la rendent possible. Exemple de métiers de l'aérospatiale : ébéniste d'aéronef, monteur de structure ou de câble, tôlier de précision ou spécialiste en technique d'usinage. Des séances d'information et des visites de l'école-usine sont offertes tous les deux mardis. 5300, rue Chauveau

09 - RÉGIE DU LOGEMENT

Cet organisme gouvernemental souvent mal aimé arbitre les différends qui opposent les locataires et leurs propriétaires : fixation de loyer, expulsion, demande de remboursement, etc. Un si grand nombre de causes y sont entendues que son fonctionnement doit être le plus rapide et méthodique possible. Des centaines de petits drames humains se dénouent ici. La Régie est l'une des rares raisons qu'ont les Montréalais de venir dans les pyramides olympiques. 5199, rue Sherbrooke Est (dans les pyramides olympiques)

10 - QUILLES MODERNES

Ce salon de petites quilles de 42 allées est directement à la sortie du métro. 3115, boulevard de L'Assomption

Cadillac

INAUGURATION juin **1976**

La station Cadillac débouche sur la rue Sherbrooke, non loin d'adresses bien connues des Montréalais, dont le magasin d'électronique Fillion et le restaurant Beni Hana, l'un des pionniers de la cuisine japonaise au Québec. Les rues de Mercier-Ouest sont parfois totalement dépourvues de commerces. Mais si on cherche bien, on trouve des lieux dignes de mention, dont une boutique de bières et de charcuteries pas piquée des vers et une maison des jeunes particulièrement belle. Plus au sud sur le boulevard Hochelaga, un temple bouddhiste avoisine une boucherie bien connue et, sur une base militaire tout près de là, on retrouve une patinoire de curling.

FRÉQUENTATION
2 418 870

5995, rue Sherbrooke Est

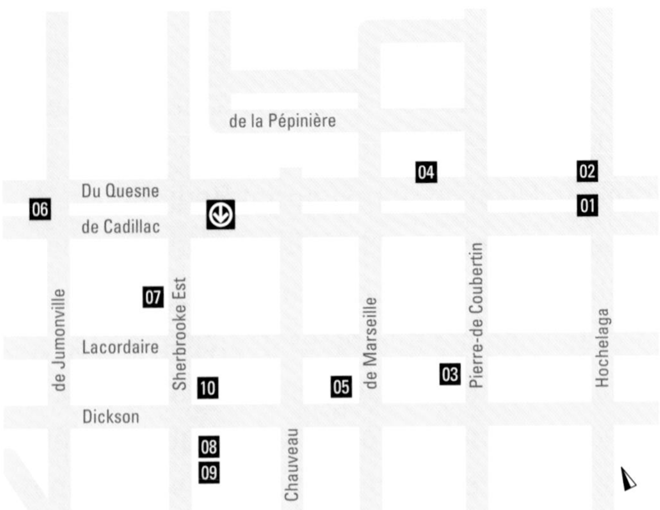

01 - CENTRE DE MÉDITATION (BOUDDHISTE) LE SOMMET DU VAUTOUR

Quand on demande aux habitants de Mercier-Ouest de nous indiquer une curiosité sympathique de leur quartier, ils mentionnent ce centre de méditation. Beaucoup de gens le disent erronément « temple hindou »; il s'agit en fait de bouddhisme. Cet espace réservé à la méditation sur un tronçon généralement asphalté, sale et peu inspirant de la rue Hochelaga tranche heureusement sur les environs. Deux beaux jardins grillagés flanquent le bâtiment principal. 6015, rue Hochelaga

02 - LA BOUCHERIE MONSIEUR STEAK

Cette boucherie fameuse, qui existe depuis 1970, fournit en viande non seulement les gens du quartier, mais un grand nombre de restaurants de la grande région de Montréal. Sa spécialité : la vente et la livraison de boîtes de viande surgelée. La moins chère est à 60 $, et la plus chère à 1000 $ (de quoi vous remplir la panse pendant longtemps). 6069, rue Hochelaga

03 - ÉGLISE NOTRE-DAME-DES-VICTOIRES

Cette magnifique église, dont le clocher sert de point de repère dans le quartier, est l'œuvre de l'architecte Emmanuel-Arthur Doucet, à qui l'on doit un grand nombre d'édifices du Montréal du début du XXe siècle, notamment le théâtre Granada, devenu le théâtre Denise-Pelletier, dans Maisonneuve, et certains immeubles du Vieux-Port. On remarque également la touche architecturale de Doucet sur de nombreuses écoles de l'époque. 2700, boulevard Lacordaire

04 - LA MAISON DES JEUNES MAGI

Ils sont extrêmement chanceux et ils ne s'en doutent probablement même pas, les jeunes qui fréquentent la maison Magi, dont les locaux, installés dans un vieux bâtiment de pierres au centre du parc Jean-Amyot, comptent parmi les plus beaux et vastes qu'un OSBL de ce genre puisse espérer. La maison Magi a été fondée en 1988 pour donner aux adolescents qui finissaient l'école à 15 h un endroit (à part les centres commerciaux et les coins de rue) où passer le temps. Un grand nombre d'activités, dont des ateliers de photo et de vidéo, leur sont offertes. L'équipe d'intervenants professionnels est sympathique. 6110, rue de Marseille

05 - LE PERMIS DE BIÈRE

Comme une oasis au milieu du désert, cette boutique de bières et de charcuteries québécoises offre un lieu de rassasiement béni pour les gastronomes égarés dans ce bout de Mercier-Ouest, étonnamment dépourvu de commerces malgré le grand nombre d'habitants et de clients potentiels. Même les dépanneurs sont rares par ici. Ce local de la rue de Marseille, anciennement celui du bistro-traiteur La Boîte à lunch, que son grand succès a obligé à déménager dans un plus grand local au 5648, rue Hochelaga, abrite depuis mai 2014 un pittoresque commerce de proximité qui est en lui-même comme un petit marché (sans les légumes). Le propriétaire Jason Landry se targue de n'offrir que des produits québécois. En plus des bières, on y trouve des saucisses de la charcuterie artisanale de Terrebonne Aux trois petits cochons verts. 5745, rue de Marseille

06 - RESTAURANT LE SAINT-JACQUES

Ce restaurant de quartier ouvert le midi et le soir est achalandé les vendredis et samedis, alors vous feriez mieux de réserver. Les pyramides olympiques voisines lui fournissent une clientèle aisée et relativement âgée. L'ambiance est donc feutrée. (Disons que ce n'est pas pour les jeunes qui affectionnent les établissements bruyants.) Le sympathique propriétaire n'est sûrement pas étranger au succès de ce resto. 6001, rue de Jumonville

07 - CHEZ O

Une bonne amie qui habitait dans le quartier préférait ce restaurant thaï à tous les autres du quartier en raison de la générosité du chef qui aime à accueillir les familles. Parfois, il ajoute un petit quelque chose aux commandes (des plats additionnels pour faire plaisir aux enfants) quand ses clients se font livrer des repas. Le « o » de Chez O, c'est pour le prénom du chef propriétaire : Olivier.
5849, rue Sherbrooke Est

08 - FILLION ÉLECTRONIQUE

Ce commerce familial a une belle et longue histoire. Ça débute par un réparateur d'appareil électronique qui ouvre un atelier en 1956, qui commence à vendre lui-même des appareils en 1973 et qui déménage à son actuelle adresse en 1981. Le fils et le petit-fils du fondateur y travaillent. Ici les prix sont les mêmes qu'ailleurs, mais on ne vend que des marques de qualité, que l'on est capable de réparer. C'est par la qualité du service et des conseils de ses employés, qui sont bien formés, que Fillion tire son épingle du jeu. La comparaison avec les Best Buy et La Source fait rapidement comprendre pourquoi Fillion Électronique a une clientèle aussi fidèle. 5690, rue Sherbrooke Est

09 - BENI HANA CUISINE JAPONAISE

Quoi de plus banal qu'un restaurant japonais de nos jours ? À son ouverture en 1982, pourtant, Beni Hana inaugurait par son succès, totalement original, une nouvelle ère. La formule initiale du restaurant a résisté au temps et à la concurrence : avec le *teppanyaki*, le chef fait griller vos viandes et vos crustacés sur une plaque de cuisson contiguë à votre table, tout en vous en mettant plein la vue. Remarquez bien : à partir de Beni Hana en allant vers l'est sur Sherbrooke, vous trouverez un nombre stupéfiant de restaurants asiatiques, parfois trois ou quatre presque côte à côte, et ce, jusqu'à la Place Versailles.
5666, rue Sherbrooke Est

10 - LES DAMES D'ALCANTARA

Pendant longtemps la grande boutique des Dames d'Alcantara se situait derrière la station Langelier près du cimetière Repos Saint-François, mais la voici réaménagée dans de nouveaux locaux, plus modernes, près du métro Cadillac. Ce commerce familial fondé en 1925 est l'un des plus anciens de l'est de Montréal et en est à la cinquième génération d'Alcantara (une famille aristocratique belge d'origine espagnole). Pourquoi, les « dames » ? Parce que ce furent d'abord les hommes du clan Alcantara qui géraient la boite, mais que ce sont les femmes de la famille qui ont pris le relais au cours des dernières générations. « En 2017, nous allons fêter le centenaire des activités de fleuriste de mon ancêtre Carlos qui, en 1917, louait une terre près d'ici et cultivait des fleurs et des melons » raconte Dany Gaudet dont le jeune fils pourrait devenir un jour, s'il le veut, la sixième génération d'Alcantara à tenir la boutique. 5714, rue Sherbrooke Est

Langelier

INAUGURATION juin **1976**

La majeure partie des « résidents permanents » aux abords de la station Langelier ne prend jamais le métro : le grand cimetière du Repos Saint-François compte en effet plus d'un quart de million d'habitants parfaitement immobiles, dont certains sont décédés en 1723 (un âge vénérable pour des morts nord-américains). Quant aux vivants qui peuplent les environs, ils bénéficient de cet immense espace vert (le poumon du quartier) et ils ne manquent pas de choses à faire. Impossible de ne pas voir le gros Walmart en sortant de la station, mais, en fouinant un peu, on trouve une boutique de cigares de luxe, une boutique de musique hyperactive, un salon de sushis « apportez votre vin » et une belle terrasse-jardinière pour les usagers d'une bibliothèque municipale. En descendant Langelier jusqu'à la Place Versailles, on tombe sur le seul des restaurants Vincent restant, qui appartient toujours au dit Monsieur Vincent.

FRÉQUENTATION
2 605 084

6595, rue Sherbrooke Est

01 - CLUB DE CURLING DE LONGUE-POINTE

Ce club de curling est situé sur la grande base militaire au sud du boulevard Hochelaga. Les civils amateurs de ce jeu de balayage de glace et de lancer de pierres y sont les bienvenus. Il y a une guérite à passer pour y accéder. 6560, rue Hochelaga

02 - ÔZEU

Les pichets de jus d'orange fraîchement pressé à 10$ (qui contiennent le jus d'une bonne vingtaine d'oranges) et les frappés aux fruits pour moins de 5$ permettent aux clients d'ajouter des végétaux revigorants et bons pour la santé à leurs assiettes de déjeuner plus traditionnelles, notamment les œufs bénédictine. 6730, rue Sherbrooke Est

03 - LA TABAGIE CIGAROMANIE

On peut les fumer, et ils ne sont alors pas recommandés par votre médecin. Ce qu'il y a de bien par contre avec les cigares haut de gamme vendus ici et exhibés dans des vitrines maintenues au juste niveau d'humidité, c'est qu'on peut les humer, sans les allumer, et profiter de leur puissant arôme sans inhaler de boucane. Dès que l'on entre dans la boutique, on respire un parfum aussi agréable et poignant que celui du café torréfié fraîchement moulu. Le grillage protecteur qui donne à la boutique des airs de bijouterie s'explique par la cherté des cigares, notamment les Cohibas à 85$ l'unité, susceptibles d'attirer les voleurs. La propriétaire Judy Li se targue de vendre un assez grand nombre de cigares pour que son stock soit constamment renouvelé et frais. 6341, rue Sherbrooke Est

04 - LE JARDIN DE LECTURE DE LA BIBLIOTHÈQUE LANGELIER

Connaissez-vous beaucoup de bibliothèques municipales qui offrent pendant la belle saison une jolie terrasse pour lire dehors ? Tout le monde à Mercier n'a pas la chance d'avoir un balcon ou une cour, et depuis sa création il y a une dizaine d'années sur un espace asphalté, qui jusqu'alors ne servait à rien, le jardin de lecture embellit la vie des usagers. Un exemple qui sera imité ailleurs, on l'espère. 6473, rue Sherbrooke Est

05 - STUDIOS-MUSIQUE CAMERON

Dans le terne et maussade centre commercial du Domaine qui ressemble à un décor de documentaire social sur les affres de l'oisiveté chez les populations de retraités, ce commerce dynamique insuffle un peu de couleurs et d'énergie. Sa vocation musicale se veut aussi *totale* que possible : cette boutique d'instruments offre aussi des cours de musique, des studios de pratique où l'on peut également enregistrer, des salles de danse et une salle de gym où les parents peuvent s'entraîner pendant que leurs enfants suivent des cours. 3235, avenue de Granby

06 - LE REPOS SAINT-FRANÇOIS

Ce cimetière vert et vaste est loin d'être lugubre. Beaucoup de résidents vont s'y promener ou y jogger. On n'y joue peut-être pas au baseball, mais le Repos est une sorte de parc qui embellit la vie des gens du quartier.
6893, rue Sherbrooke Est

07 - LE SALON DE SUSHIS KAZUMI « APPORTEZ VOTRE VIN »

Très achalandé les midis et les soirs, le salon de sushis Kazumi, opéré par le jeune chef Thang Mach et son petit frère, se distingue par l'extrême soin apporté à la présentation des plats et par la vitesse et la qualité de son service aux tables. Aussi beau à regarder que bon à manger. La question litigieuse que le client doit résoudre avant de se présenter ici, c'est… vin rouge ou blanc : quoi apporter ? Il n'est bien sûr pas interdit d'apporter du saké.
6394, rue Sherbrooke Est

08 - SAQ EXPRESS SHERBROOKE EST /CARIGNAN

Pour arriver à la succursale de la SAQ la plus proche à l'ouest sur Sherbrooke, il faut marcher pendant deux heures et demie, sur 12,5 km, jusqu'au 4853, rue Sherbrooke Ouest, à Westmount. Celle-ci, une « Express », c'est-à-dire au choix de vins relativement réduit, mais aux heures de service allongées plus commodes pour la clientèle, met donc fin à un relatif « désert éthylique » (ou territoire dépourvu de SAQ) dans Mercier-Ouest.
6360, rue Sherbrooke Est

09 - VINCENT SOUS-MARINS

Ce restaurant populaire fondé en 1976 est une institution. Le décor, heureusement, n'a pas été rénové, et il a désormais un cachet patrimonial charmant. On se remplit la panse ici de sandwichs chauds au fromage fondu de 7, 10 ou 14 pouces. Si vous voyez un sympathique monsieur aux cheveux blancs, c'est peut-être le proprio, M. Vincent lui-même. 6649, rue de Marseille

10 - ARÉNA SAINT-DONAT

Quand vous voyez des jeunes sortir de la station Langelier munis de grosses poches de hockey, vous pouvez gager qu'ils vont se diriger vers le sud pour se rendre à l'aréna Saint-Donat, dans le parc du même nom. Une marche d'environ cinq minutes. 6750, rue de Marseille

Radisson

INAUGURATION juin **1976**

Vous l'avez en plein visage en sortant de la station Radisson : la fameuse Place Versailles, avec son million de pieds carrés et son quart de milliers de commerces, qui, à son ouverture il y a un demi-siècle, battait tous les records de gigantisme et bouleversait les habitudes d'achats des Montréalais (au détriment du centre-ville). Sa Cage aux Sports vous invite avec son enseigne néon géante qui illumine le trafic de la rue Sherbrooke Est, là où Montréal se fait soudainement « banlieusarde », autour et à l'est du terminus de la ligne verte (Honoré-Beaugrand) non loin de là. Parce que les incontournables gros commerces sont déjà connus ou faciles à trouver, votre chroniqueur s'est amusé à fouiner à l'affût d'adresses atypiques ou pratiques à l'intérieur et aux abords de la Place Versailles.

FRÉQUENTATION
3 775 350

7155, rue Sherbrooke Est

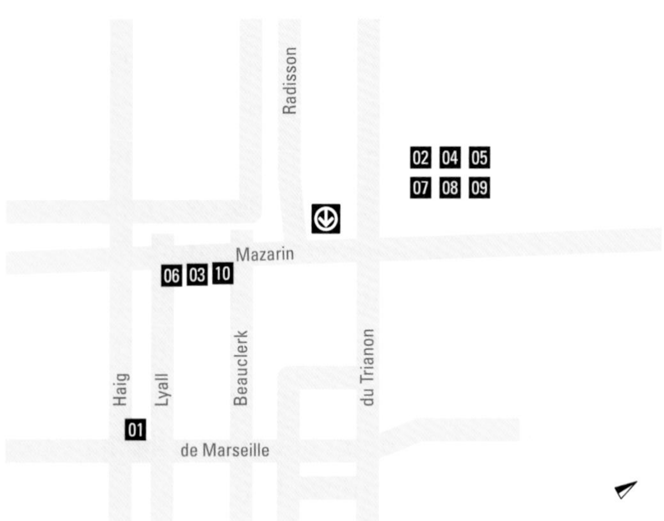

01 - MARSEILLE BICYCLE

Cet atelier de réparation de vélo existe depuis 1964. Ici on vend surtout des modèles de moyenne gamme ou haut de gamme, mais on insiste pour dire que l'on n'est pas snob ! « Nous ne pratiquons pas le véloracisme, dit Jean-François Boulianne. Que ton vélo coûte 200$ ou 3000$, nous y apporterons la même attention. Un cycliste, c'est un cycliste. » Pour une mise au point, c'est 35$. Pour une crevaison, 13$. Depuis peu, la boutique vend également des modèles de vélos électriques. 6915, rue de Marseille

02 - FRANC-JEU

Voici une entreprise familiale d'ici qui compte parmi les plus belles boutiques de jouets au Québec. Les employés sont bien formés, voire choisis parce qu'ils s'y connaissent déjà en jeux de société. Le propriétaire de cette succursale, Louis Gareau, explique que, par principe, il garde sur ses rayons tous les items de toutes les collections qu'il offre, y compris ceux qui se vendent moins bien (et pas juste les best-sellers comme le font souvent les grands magasins). Les trois quarts des clients sont des habitués qui reviennent en raison du service.
Place Versailles, 7275, rue Sherbrooke Est

03 - LE GRIMOIRE DU JEU

Vous avez déjà vu des généraux poussant sur des maquettes illustrant un champ de bataille des figurines représentant des escadrons ou des unités de chars d'assaut ? Eh bien, c'est un peu à cette scène à laquelle on a droit en entrant chez Le Grimoire du jeu : de jeunes hommes dans la vingtaine ou trentaine entourant des tables de jeu pleines de figurines de soldats ou de véhicules de guerre futuristes issus de la série *Warhammer 40k*. Il y a bien sûr des dés et un ruban à mesurer pour déterminer jusqu'où une figurine peut se rendre ou tirer. Une sorte de jeu d'échecs version Donjons et Dragons à la sauce de l'an 40 000 (avec, par exemple, des orques en habit de cosmonautes). Chaque pièce sur la table est un modèle à monter ou à coller qui a par la suite été minutieusement peint, et qui a probablement coûté cher... Il y a des centaines, voire des milliers, de figurines sur la table. La boutique accueille les joueurs « gratuitement » sur ses tables en prévoyant qu'ils lui achèteront à l'occasion de ces coûteux bonshommes. À notre époque qui aime à critiquer la trop grande virtualité des rapports humains, *Warhammer 40k* est un jeu de table où les adversaires se font vraiment face, socialisent, souvent devant des spectateurs qui assistent aux matchs. 6968, rue Sherbrooke Est

04 - LIBRAIRIE RAFFIN

Une des dernières belles grandes librairies généralistes à l'extrême est de la ligne verte. (Il n'y en a pas près du métro Honoré-Beaugrand.) Des séances de signatures avec des auteurs ou des vedettes attirent ici un grand nombre de gens. Place Versailles, 7275, rue Sherbrooke Est

05 - L'ÉCOLE MUSIQUE & ARTS

Cette grande école de musique et de danse bien connue dans l'est de Montréal profite des installations commerciales et logistiques de la Place Versailles en en occupant au besoin les locaux temporairement vacants. Autrement dit, ses activités sont réparties partout dans l'immense centre commercial en fonction des locaux disponibles. Pour la musique comme pour la danse, pratiquement tous les styles sont offerts, des plus classiques aux plus « pop ». Un des forfaits les plus appréciés par les étudiants de l'école, surtout par les adultes, c'est le « combo » qui arrime l'apprentissage d'un instrument à la participation à un groupe de musique. Ces sessions se terminent souvent dans un bar autour d'un verre. L'école organise trois grands spectacles par année devant les parents et amis. Place Versailles, 7275, rue Sherbrooke Est (2e étage)

06 - L'ÉPICERIE EST EUROPÉENNE L'ÎLE DES GOURMANDS

Si vous voulez surprendre votre palais avec de nouvelles saveurs, cette épicerie d'Europe orientale vous offrira de nombreuses occasions de dépaysement gastronomique. Essayez donc le gâteau russe *smetannik* à la crème sure, aux prunes et aux noix de Grenoble (que l'on voit sur la photo). Il y a aussi des bonbons *Surok* faits de fromage cottage enrobé de chocolat – il suffisait d'y penser...
6976, rue Sherbrooke Est

07 - DREAM STUDIO

Le 2e étage de la Place Versailles offre des loyers plus abordables et c'est là que l'on retrouve de petits commerces appartenant à des particuliers, dont le jeune photographe Roméo Roméus, qui se spécialise dans les photos de familles et de couples, et la restauration de vieilles images. En 2012, à l'âge de 24 ans, il rachetait et reprenait l'atelier de photographie Dream Studio. Souriant et patient, il a l'art de mettre les gens à l'aise pendant les séances. Place Versailles, 7275, rue Sherbrooke Est (2e étage)

08 - BISTRO L'ESCALE GOURMANDE

Entrer ici, c'est comme sortir de la Place Versailles ou changer d'espace-temps. Dans ce bistro au décor rétro fort prisé par les juges et les avocats (qui sont nombreux à la Place Versailles en raison de la proximité de la Cour municipale), c'est comme si les aiguilles de l'horloge ralentissaient. Voici le seul restaurant de la Place à ne PAS être un fast-food. Des tables d'hôte du midi permettent de manger sans s'éterniser, mais l'idéal, c'est de prendre son temps pour déguster un bon repas avec du bon vin. Un secret: le fish and chips (qui n'est pas au menu – vous devez le demander) est réputé l'un des meilleurs de Montréal. « Je ne veux pas mettre mon fish and chips au menu pour ne pas passer ma vie à juste préparer ça ! » explique le chef Richard Gagné. Parmi les clients connus: André Montmorency, Claude Jasmin et Claude Barzotti (lorsqu'il est au Québec). Ce bistro appartient à la fille du défunt chef vedette Jean Cayer qui opérait dans le Vieux-Terrebonne un établissement appelé L'Étang des Moulins. Place Versailles, 7275, rue Sherbrooke Est (2e étage)

09 - GLOBULE, CENTRE DES DONNEURS DE SANG

Tant qu'à venir à la Place Versailles pour vous saigner (le porte-feuille), pourquoi ne pas le faire littéralement, pour une bonne cause, dans ce centre de don de sang ? Si vous satisfaites aux critères d'admissibilité de Héma-Québec, vos globules sont les bienvenues dans la Banque de sang nationale pour aider vos concitoyens. Le processus de don prend de 45 minutes à une heure. On vous fournit une collation et le café. Place Versailles, 7275, rue Sherbrooke Est

10 - LE CAFÉ CRÊPE DE MICHEL ET NINA MÉRAL

Tenu par un couple de Franco-Libanais de la Côte d'Ivoire à moitié bretons et amoureux de la cuisine de ce coin de pays (de là le drapeau sur la photo), le café crêpe a longtemps eu pignon dans le Vieux-Montréal avant de déménager non loin du métro Radisson. Le propriétaire et chef Michel Méral se voit comme un « pionnier de la crêpe bretonne » et un missionnaire de la gastronomie dans l'est de Montréal. Il se fait un devoir d'initier ses clients aux mets et au café de qualité. Les vendredis soir le couple prépare des « tapas du Liban » – 40 $ pour deux – et n'ouvre le restaurant que pour 24 personnes. Il faut donc réserver, idéalement au moins 48 heures à l'avance. Ils comptent presque exclusivement sur le bouche-à-oreille pour se faire connaître. 7066A, rue Sherbrooke

Honoré-Beaugrand

INAUGURATION juin **1976**

Les édicules de la station Honoré-Beaugrand se trouvent sur la rue Sherbrooke, elle-même bordée de petits centres commerciaux, d'hôpitaux et de résidences pour personnes âgées. Un gymnase flambant neuf à l'angle de la rue Honoré-Beaugrand accueille les jeunes gens musclés du quartier. Plus loin sur Sherbrooke, dans Tétreauville, on perçoit des parfums de poulet extrêmement contrastés : le fumet piquant de la fumée du grill portugais de Baroso et l'odeur lourde et sucrée de la friture ultra grasse du comptoir Kentucky juste à côté. Dans une cinquantaine de mètres carrés à l'angle de Des Ormeaux se concentrent trois bonnes adresses pour la charcuterie, la bière et les confiseries.

FRÉQUENTATION
5 322 065

7950, rue Sherbrooke Est

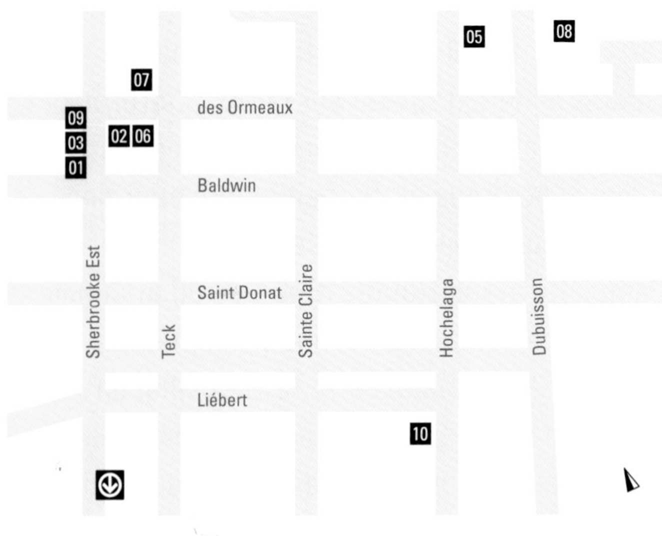

01 - PIZZÉRIA BROADWAY

Ce delicatessen ultra polyvalent qui offre des déjeuners le matin et des tables d'hôte avec vin le soir est une succursale (ouverte en 2008) du premier restaurant Broadway à l'angle de la rue du même nom dans Montréal-Est qui existe depuis 1960. À l'origine appelé Broadway Chips, ce restaurant attirait tellement de clients à ses débuts que cela créait de la congestion automobile dans les rues avoisinantes. Un grand nombre de gens du quartier peuvent dire que leurs parents se sont rencontrés ou ont travaillé chez Broadway, jadis un repaire pour les jeunes de l'Est. C'est aussi l'un des principaux livreurs de pizza dans cette partie de la ville.
8655, rue Sherbrooke Est

02 - LA BOUCHERIE AAA

Trois bouchers surdoués ont repris ce vieux commerce de quartier pour en faire une adresse qui attire des clients de partout à Montréal. Ici on ne pré-coupe pas les pièces, on fait tout devant vos yeux. Quant aux marinades, elles sont fabriquées avec les épices et sauces artisanales vendues sur place. Mention spéciale pour les saucisses La Baseball (un *frankfurter* haut de gamme destiné au hot-dog), la Feu de camp (qui sent la fumée) et la Viande-fumée-moutarde-cornichon. À essayer : le bœuf wagu vieilli de 50 à 60 jours, une viande très persillée.
3244, rue des Ormeaux

03 - LES CLOWNS DU CARROUSEL

Louis-Dominique Lévesque, alias Giboulée, le clown aux cheveux rouges, fait rire les enfants depuis 1985. Tous les 20 mars, pour la Journée mondiale du bonheur, il déambule dans Tétreauville et donne des bouquets de ballons parfois très élaborés à tous les commerces du voisinage. Le 24 décembre, il joue aussi le père Noël, dans une famille qui l'embauche pour se « faire surprendre » par les enfants pendant qu'il dépose les cadeaux sous l'arbre à la veille de Noël. « Je ne peux faire ce contrat qu'une fois par année pour une seule famille, mais c'est toujours magique », dit M. Lévesque. Les Clowns du carrousel existent depuis 1985. Ils ont lancé quatre disques de chansons pour enfants disponibles dans la plupart des boutiques de musique, dont les Archambault, et en ligne. 8687, rue Sherbrooke Est
lesclownsducarrousel.com

04 - GYM METROPOLIS

Ça sent l'équipement neuf et la peinture fraîche dans ce gymnase ouvert en février 2015. Quelques semaines lui auront suffi pour se faire une clientèle. Pendant des années, un gym « pour femmes seulement » occupait ces locaux. Puisque le gymnase de la Place Versailles est lui aussi interdit aux hommes, ceux-ci se trouvaient réduits à sortir de Mercier pour s'entraîner... En réadmettant les hommes et en refaisant tout à neuf (avec de l'équipement de la compagnie québécoise Atlantis), tout en aménageant un local pour femmes seulement pour les clientes de l'ancien gym, Ben Avellino, déjà propriétaire d'un MetGym à Montréal-Nord, corrigeait une anomalie. Le gymnase offre un service de garderie et des cours d'aérobie.
5841, boulevard Henri-Bourassa Est

05 - LE UP CAFÉ

Le nom Up s'est imposé en raison du logo où l'on voit une tasse qui ressemble à un U et dont l'anse semble former la boule supérieure d'un P. Tétrauville avait cruellement besoin de ce café de proximité ouvert aux étudiants, aux travailleurs autonomes et aux familles avec enfants. C'est un père et sa fille, Yacouba et Prica Sedion, extrêmement sympathiques, qui ont lancé le Up café en février 2015. Ils servent du café du torréfacteur montréalais Barista et du thé importé par Camellia Sinensis. Un dimanche par mois, le Up café organise une Journée des enfants avec des sessions de bricolage de 45 minutes animées par une monitrice pendant que les parents prennent le café à côté. Aussi au programme : soirées de conte et petits spectacles musicaux. 8850, rue Hochelaga

06 - LA GLACIÈRE DE L'EST

C'est un sous-sol de rêve ! Une petite pièce sombre et froide remplie d'un fabuleux trésor : 400 sortes de bières québécoises. La Glacière de l'Est garde le thermostat à 15 degrés, l'humidité à 35 % et l'éclairage à 15 watts pour préserver son stock de bières. Après la mode des bières extrêmement houblonnées, voici celle des bières dites « session » qui permettent de boire sans avoir à arrêter ses activités pour cause d'ivresse (puisque le % d'alcool est très bas) et sans que le goût soit fade pour autant. Les employés, dont Pierre-Antoine Chaussée, alias le Brasseur sauvage, savent de quoi ils parlent. À essayer : les bières *Kruhnen* fabriquées artisanalement à Blainville par un brasseur transylvanien.
3244, rue des Ormeaux (dans le sous-sol de la Boucherie AAA)

07 - LA CONFISERIE DOUCE SŒUR

Monique Desrosiers et son conjoint Pierre Tessier ne s'ennuient pas pendant leur retraite : ils confectionnent à temps plein des friandises qui ne passent pas inaperçues. M. Tessier, un ancien ébéniste, a conçu les moules pour le chocolat que le couple présente en bouquets. Douce Sœur offre aussi des croques-en-bouche haut de gamme. « La recette que ma mère faisait avec de la margarine, des peanuts, du sucre et des Chipits, nous l'avons réinventée avec du beurre frais, des amandes grillées, du caramel et du chocolat haut de gamme », explique Mme Desrosiers. Une vingtaine d'épiceries spécialisées éparpillées à travers de Québec vendent ces produits que les gens du quartier peuvent acheter sur place dans la manufacture.
3195, rue des Ormeaux

08 - PISCINE ANNIE PELLETIER

Cette piscine inaugurée en avril 2014 est l'une des plus récentes à Montréal. Attention de ne pas mettre de trait d'union entre Annie et Pelletier parce que ladite championne olympique, née en 1973, est toujours vivante et que les traits d'union ne sont de mise que pour les lieux ou bâtiments nommés en l'honneur de personnalités décédées. Exemple : on écrit « aréna Francis Bouillon » (sans trait d'union), mais « station Honoré-Beaugrand » (avec le trait d'union) parce monsieur Beaugrand est mort en 1906. 8850, rue Dubuisson

09 - CAROLE PARENT, MAÎTRE ARTISAN FLEURISTE

Sa boutique partage le local des Clowns du carrousel et la tapisserie faite sur mesure pour son commerce, qui montre un agrandissement photographique d'une feuille de tremble dont les nervures ressemblent à des racines, veut rappeler, justement, qu'elle a ses racines à Pointe-aux-Trembles. Dans un monde où trop de fleuristes fonctionnent sur le « pilote automatique », Carole Parent se distingue en apportant un soin particulier à chaque bouquet. Elle maîtrise l'art des « fleurs de billets » qui transforme des 5 $, 10 $ ou 20 $ (ou pourquoi pas des 50 $ ou des 100 $?) en fleurs de papier, qu'elle dispose dans de vraies plantes (pour que l'argent semble vraiment pousser dans l'arbre).
8687, rue Sherbrooke Est

10 - LA MAISON DE LA CULTURE MERCIER

Dans un quartier sans autre salle de spectacle, celle de la maison de la culture de Mercier, avec ses 400 places, est un lieu important. Humoristes et musiciens québécois passent par cet auditorium.
8105, rue Hochelaga

Côte-Vertu

INAUGURATION novembre **1986**

Terminus ouest de la ligne orange, le métro Côte-Vertu est l'une des stations les plus achalandées du réseau de transport en commun de Montréal. Le boulevard de la Côte-Vertu, sur lequel donne la station, est surchargé de commerces à restauration rapide – l'offre commerciale est énorme (et très variée) dans ce secteur. Mais c'est sur le sympathique boulevard Décarie, où les petits commerces sont tous plus étranges et attirants les uns que les autres, qu'on y fait les plus belles découvertes.

FRÉQUENTATION
7 626 367

1515, boulevard Côte-Vertu
1510, boulevard Côte-Vertu
1515, rue Édouard-Laurin

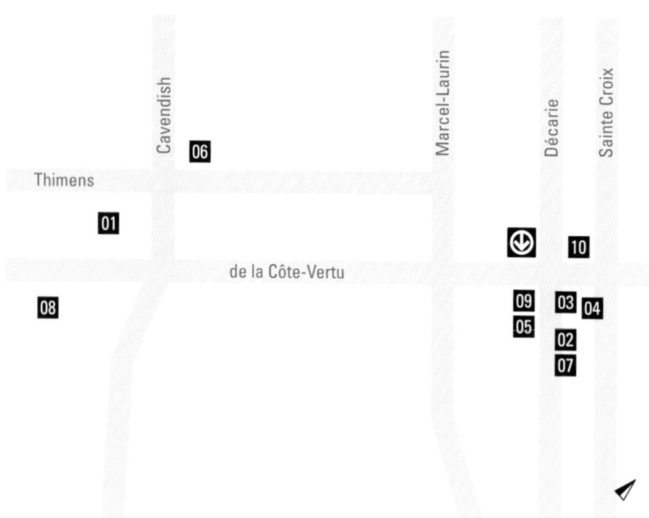

01 - PLACE VERTU

Avec ses 135 boutiques, la Place Vertu est une belle destination pour les adeptes de magasinage. Le centre commercial, inauguré en 1975, a tout récemment subi une cure de rajeunissement (de 45 millions de dollars !), qui le rend beaucoup plus attrayant. De nouveaux détaillants sont venus enrichir l'offre commerciale, dont Winners, The Children's Place et l'entrepôt Browns. À moins de 15 minutes en autobus du métro, vous risquez donc de faire de belles découvertes, et ce, dans un environnement tranquille et loin de l'achalandage du centre-ville.
3131, boulevard de la Côte-Vertu 🚌 121 O

02 - DOLCI PIU

Le Dolci Piu est plus qu'une pâtisserie traditionnelle. Reconnue pour ses gâteaux personnalisés (de la plus haute élégance), cupcakes, cake pops, macarons et biscuits, c'est aussi un bistro-café où l'on retrouve, entre autres, un service de traiteur gourmet, des plats à emporter, du café et de la glace italienne (*gelato*). Peu importe les saisons, vous y trouverez des plats délicieux et des desserts parfaits pour toute occasion.
849, boulevard Décarie

03 - COSMIX

Boutique spécialisée dans les bandes dessinées américaines, le Cosmix a pignon sur rue depuis plus de 25 ans. En plus d'y retrouver une collection de bandes dessinées et de mangas, on peut y dénicher des figurines à tirage limité (l'une des meilleures sélections de la ville). Chaque année, le commerce tient sa journée Free Comic Book Day qui attire des centaines d'admirateurs de superhéros, pour la plupart déguisés ! 931, boulevard Décarie

04 - LE PALAIS DES CARTES

En 1991, un collectionneur de cartes sportives âgé de 30 ans, John Cucciniello, ouvre sa boutique à ville Saint-Laurent. Il était alors loin de se douter que, 25 ans plus tard, sa fidèle clientèle serait attirée par des cartes d'un autre genre : celles des jeux Magic, the Gathering ou Yu-Gi-Ho. C'est vers 2007-2008 que les cartes Magic sont devenues extrêmement populaire. « Le jeu Magic existait début des années 1990, mais il a failli disparaître au cours de la décennie suivante, explique M. Cucciniello. Quand les nouveaux dirigeants de la compagnie sont venus avec l'idée d'organiser des Friday Night Magic hebdomadaire, partout dans le monde, ça a créé une nouvelle ferveur et facilité l'initiation de nouveaux joueurs. » Le Palais des cartes, dans ville Saint-Laurent, est une institution. Quant à sa vocation initiale, les cartes de sports, elle demeure présente, ce qui explique les éléments d'équipes de sports sur les plafonds et les murs. « Je demeure le spécialiste des cartes sportives et j'ai des employés pour les cartes de jeux », dit M. Cucciniello. 932, avenue Sainte Croix

05 - BAN LAO-THAÏ

Ce petit restaurant asiatique se spécialise dans la cuisine laotienne (là où les piments forts, l'ail et le riz gluant sont rois), mais compte dans son menu une variété de plats, dont quelques-uns thaïlandais. Le Ban Lao-Thaï est sans contredit l'un des meilleurs restaurants « apportez votre vin » du quartier, mais il faut avoir les papilles gustatives solides… La salade de papaye verte thaïlandaise (*som tam*) est un des plats les plus populaires de l'endroit et l'une des plus réussies à Montréal. 930, boulevard Décarie

06 - BIBLIOTHÈQUE DU BOISÉ

La bibliothèque du Boisé est bien plus qu'une salle de lecture. Il s'agit d'un important point de rencontre pour les citoyens du quartier et d'un haut lieu de la culture à Saint-Laurent. Petits et grands y trouvent leur compte, puisqu'une programmation d'activités adaptées à tous les groupes d'âge y bat son plein. En plus des salles de travail de groupes, des ordinateurs et des rayons de livres (140 000 documents de toute nature), une salle pour ados, un café et une petite terrasse y sont aménagés. La bibliothèque est désormais certifiée LEED® Platine.
2727, boulevard Thimens 🚌 171 O

07 - CHOCOLATERIE CHOCOMAX

Cette petite chocolaterie artisanale est établie dans le quartier depuis 25 ans et est vite devenue un incontournable pour les résidents du coin en quête de délices chocolatés. Ici, tout est fait à la main et on n'utilise que du chocolat belge de première qualité, ainsi que des ingrédients frais. Sur place, on retrouve également une sélection de gâteaux, de *gelato*, de macarons et de biscuits, ainsi que des soupes préparées sur place et des cafés. Pour un lunch sur le pouce ou un dessert bien mérité, passez chez Chocomax. 839, boulevard Décarie

08 - PUTTING EDGE

Redécouvrez le mini-golf entre amis ou en famille dans un décor... fluo ! Sous les lumières fluorescentes et les kaléidoscopes, au son des derniers tubes à la mode, le parcours de 18 trous aura de quoi vous divertir. Déconnectez de la réalité et vivez une expérience énergétique unique. À noter que des jeux d'arcades sont également disponibles, ainsi que quelques salles privées pour les célébrations de toutes sortes. 3500, boulevard de la Côte-Vertu 🚌 121 O

09 - CARTA MAGICA

En plus de compter une grande sélection de jeux de société, Carta Magica est une boutique spécialisée dans les cartes de collection, les jeux de tables et les jeux de rôle. Une salle de jeux y est même aménagée et permet à une trentaine de joueurs de s'y rassembler. Une autre succursale existe sur la rue Saint-Hubert. 916, boulevard Décarie

10 - CAFÉ TEA TAC TOE

À mi-chemin entre café, restaurant et boulangerie, le Café Tea Tac Toe se spécialise dans les thés aux bulles (*bubble tea*) et dans les pains de toutes sortes (le pain en cube avec crème glacée est leur spécialité), mais on y sert également des plats asiatiques (vermicelle au porc sauté), ainsi que des crêpes desserts et des smoothies. Le personnel est accueillant, le menu créatif et l'atmosphère chaleureuse. On peut s'y adonner à des jeux de société entre amis. Brisez donc la routine, offrez-vous un *bubble tea* et amusez-vous ! 1470, boulevard de la Côte-Vertu

Du Collège

INAUGURATION janvier **1984**

C'est cette station qui mériterait vraiment de s'appeler Saint-Laurent puisqu'elle donne sur Ville-Saint-Laurent, non loin du cégep de Saint-Laurent, anciennement le Collège de Saint-Laurent, fondé en 1847 par les pères de Sainte-Croix, institution qui a donné son nom à la rue du Collège. À la hauteur de la station, le boulevard Décarie est demeuré ce qu'il était jadis : une simple rue, passante, mais presque jamais congestionnée. Sa portion creusée en autoroute s'arrête plus au sud. Le boulevard dessert ici un quartier paisible, fidèle à ses commerces et dont les immeubles sont de taille modeste, ce qui est complètement différent de l'univers bétonné, commercial et impersonnel qui entoure les stations de la Savane et Namur. Cette chronique fait une exception ici pour nommer, parmi ses bonnes adresses, deux grappes commerciales étonnamment développées dans le secteur : les cliniques de dentisterie (qui sont partout, Dieu sait pourquoi) et les écoles de conduite, également omniprésentes.

FRÉQUENTATION
2 829 572

1490, rue du Collège
450, rue Ouimet

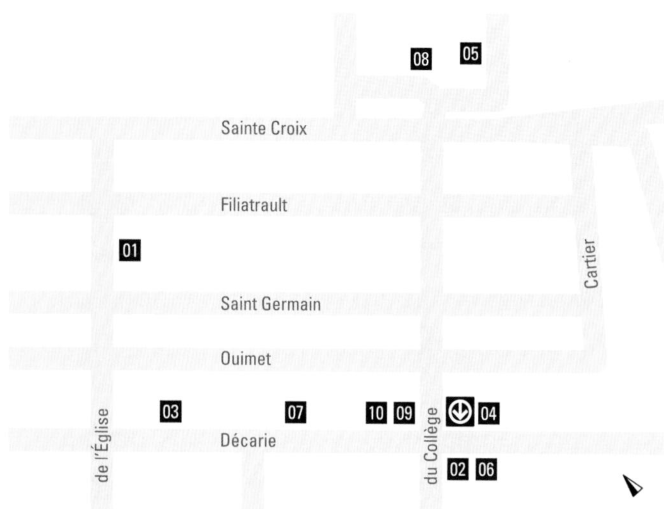

01 - BIBLIOTHÈQUE DU VIEUX-SAINT-LAURENT

Cette bibliothèque au cachet vieillot, vraiment charmante, fêtait ses 50 ans récemment. Je lui en aurais donné davantage, parce qu'elle a un aspect « presbytéral » qui fait penser à un bâtiment religieux. Même si l'édifice n'est pas neuf, il est abondamment vitré. Un bel endroit, extrêmement tranquille, pour travailler.
1380, rue de l'Église

02 - PARISOIR : DÉPANNEUR-CAFÉ

Ce commerce existe depuis 1997. Pourquoi Parisoir ? Parce que ça rimait avec les Provisoir, Bonisoir et autre Beau-Soir, une habitude héritée de l'époque où la grande majorité des commerces fermait après la journée de travail : seuls les dépanneurs demeuraient ouverts le soir. Le Parisoir, situé directement devant l'édicule du métro, à la hauteur de du Collège, attire des clients de Laval Ouest et du West Island en raison des centaines de bières artisanales québécoises qu'il offre : 50 microbrasseries et 550 sortes de bières. Le Parisoir est également un vrai petit supermarché et s'est doté d'un café qui sert des sandwichs et des crêpes.
598, boulevard Décarie

02

03 - RESTAURANT MONCLAIR

Ce restaurant de quartier de style bistro parisien n'a pas de grande affiche sur la devanture pour se faire remarquer. Pas besoin. Il s'est bâti une clientèle fidèle depuis 1997. Marc Bergeron et Stéphane Landry, les proprios, se targuent de fidéliser non seulement leur clientèle, mais également leur chef (le premier y a travaillé pendant 10 ans et le « nouveau » est là depuis 8 ans) et leurs serveurs (dont l'un est là depuis 18 ans et l'une depuis 8 ans). « Il faut montrer beaucoup de respect et travailler de concert avec nos employés », m'explique Marc Bergeron. Pendant ma visite, la table d'hôte coûtait autour de 26$: 24$ pour le linguine aux champignons sauvages, 26$ pour la morue de l'Alaska et 28$ pour la bavette de veau du Québec. Le menu change fréquemment, selon les saisons. Les plats de tartare, eux, reviennent régulièrement. Un bel endroit. 747, boulevard Décarie

04 - « DENTISTEVILLE »

Il n'a jamais été question dans ce livre de parler de cliniques de dentisterie (sauf celle de l'Université de Montréal où l'on offre des soins à rabais). Cependant, il y a un si grand nombre de ces cliniques près de la station du Collège que j'ai cru avoir la berlue... On peut sortir de la station et se diriger dans n'importe quelle direction en étant à peu près certain de tomber non par sur une, mais sur plusieurs cliniques. Sur Décarie, entre les deux édicules de la station, il y en a... six! Selon une application de recherche d'adresses professionnelles, on dénombre pas moins de 34 cliniques de dentisterie à moins d'un kilomètre de la station du Collège. Il y davantage de cliniques de dentistes que de dépanneurs par ici! Quant à savoir pourquoi ce « quartier des dentistes » a vu le jour, je donne ma langue au chat. Quand quelqu'un me demande ce qu'il y a près de la station du Collège, je réponds: des dentistes et des écoles de conduite.

05 - LE MUSÉE DES MAÎTRES ET ARTISANS DU QUÉBEC

Voilà un magnifique musée. Installé dans une ancienne église néo-gothique du XIXe siècle, il fait partie du bâtiment du cégep de Saint-Laurent. Sa collection consiste en des objets faits à la main au Québec : statues, meubles, tissus, objets sacrés, outils, etc. Tous les dimanches à 13h, on peut voir des artisans travailler sur place la dentelle, le tissage, la joaillerie, etc. Tous les samedis et dimanches, des ateliers d'une heure offrent aux jeunes et moins jeunes l'occasion de s'initier à différentes formes d'artisanat. Il faut appeler pour réserver : (514) 747-7367. 615, avenue Sainte Croix

06 - « CONDUITEVILLE »

Est-ce la proximité de l'autoroute Décarie ? Est-ce que ce sont les rues tranquilles de Ville-Saint-Laurent qui se prêtent bien à l'apprentissage de la conduite automobile ? Il y a une étonnante concentration d'écoles de conduite dans le quartier, dont deux immédiatement aux abords de la station : l'école Tecnic et l'Institut de conduite Trans-Canada. Dans un périmètre d'un kilomètre autour de la station, il y en a pas moins de 13 ! Ça vous donne l'embarras du choix, d'autant plus que c'est commode de fréquenter une école située près d'un métro.

07 - VERT CITÉ / ÉCO-QUARTIER SAINT-LAURENT

Cet organisme sans but lucratif offre des produits nettoyants écologiques (savons et détergents) et des produits alimentaires comme du vinaigre et de l'huile d'olive biologiques pour vraiment pas cher et (ce qui ne gâche rien) sans facturer de taxe. Mieux encore : en devenant membre de l'Éco-Quartier, vous avez un rabais supplémentaire. Intéressant, non ? Ce petit local, pendant ma visite, débordait d'arbres en « instance d'adoption » en raison d'un programme d'aide au verdissement offert aux propriétaires de maisons de Ville-Saint-Laurent. 685, boulevard Décarie

08 - CÉGEP DE SAINT-LAURENT

On sait que l'on est dans un cégep « artistique » lorsque la salle des toilettes sent la peinture en aérosol parce qu'elle sert de lieux de graffiti. Les lieux sont propres (le concierge fait son travail), mais généreusement badigeonnés.
Si, pour le grand public, les graffitis n'ont pas la cote et sont synonymes de vandalisme, dans un certain milieu, on parle d'art mural ou d'art de rue. Presque le tiers des étudiants du Cégep de Saint-Laurent étudient en art; l'établissement est réputé pour cela. Il offre toutes les formations artistiques disponibles au niveau collégial: art plastique, danse, théâtre, cinéma, littérature, etc. C'est d'ici qu'a été lancé (dans ce qui était alors un collège) la troupe de théâtre des Compagnons de Saint-Laurent qui a vu passer des artistes tels Jean-Louis Roux, Jean Duceppe, Félix Leclerc et Jean Coutu (l'acteur, pas le pharmacien).
625, avenue Sainte Croix

09 - RASPUTIN : RESTAURANT RUSSE

Rasputin: ce nom ne laisse aucun doute quant à la nationalité de la cuisine servie ici. « J'ai choisi un nom que tout le monde associe instantanément à la Russie et qui ne me ferait pas d'ennuis avec l'Office de la langue française », dit Slava Sonin, le propriétaire de ce restaurant qui a ouvert ses portes en 2007 et dont les murs sont ornés de photos et de portrait du « moine fou », ce guérisseur dont le charisme fascina la famille royale russe d'avant la révolution bolchevique. Les affaires du restaurant vont bien, si l'on en croit les voisins à qui j'ai parlé: la place est souvent pleine de gens, de musique et de chants (russes). C'est Alla, l'épouse de Slava, qui a fait le menu; les items dont le nom contient celui de Rasputin sont de son cru. Parmi les vins proposés, il y a le Migdal, importé de Moldavie. 617, boulevard Décarie

10 - BAR LAITIER LECLERC

Plusieurs générations de Laurentiens (c'est ainsi que l'on nomme les habitants de Ville-Saint-Laurent) se sont sucré le bec dans ce petit local dont la décoration n'a guère changé depuis des décennies. « Mon patron, nouvellement propriétaire, a déjà envisagé d'ôter la vieille affiche qui montre Blanche-Neige et les sept nains, mais nous lui avons dit de ne surtout pas faire ça parce que ça briserait le cœur à des milliers d'anciens clients », raconte Marie Phaneuf, une petite fille du quartier dont le père a lui aussi connu le kiosque Leclerc lorsqu'il était enfant. Sur la photo, Marie nous tend une queue de castor (à saveur de gâteau au fromage et pépites de nougat Skor). Peu raffiné, mais délectable. En servant ce dessert de pâte frite, Leclerc peut rester ouvert quand le temps froid fait baisser l'envie générale de crème glacée.

623, boulevard Décarie

De la Savane

INAUGURATION janvier **1984**

C'est la deuxième station la moins fréquentée du métro (après Georges-Vanier dans la Petite-Bourgogne et ses moins de 900 000 passagers). Chose curieuse, à bien des égards, la station de la Savane est le contraire de sa voisine immédiate d'en bas, Namur. Autant Namur se distingue par sa forte concentration de centres de liquidation, autant de la Savane est la station du luxe. Les multimillionnaires sont familiers avec les parages de la station. Il y a les concessionnaires automobiles Jaguar, Mercedes et compagnie, des boutiques de lampes où l'on vend des abat-jour de plusieurs milliers de dollars... Toutes les boutiques des environ sans exception offrent du haut de gamme ou de coûteuses antiquités. Vous allez longtemps chercher un restaurant ou un café par ici... Il y a un grand nombre d'immeubles à bureaux, mais on se dit que ces travailleurs doivent apporter leur boîte à lunch, car l'offre culinaire des environs est presque nulle. Parce que la nature a horreur du vide, chose insolite, c'est le gymnase Siscoe Gym qui, par défaut, sert de café et de restaurant.

FRÉQUENTATION
981 170

8261, boulevard Décarie

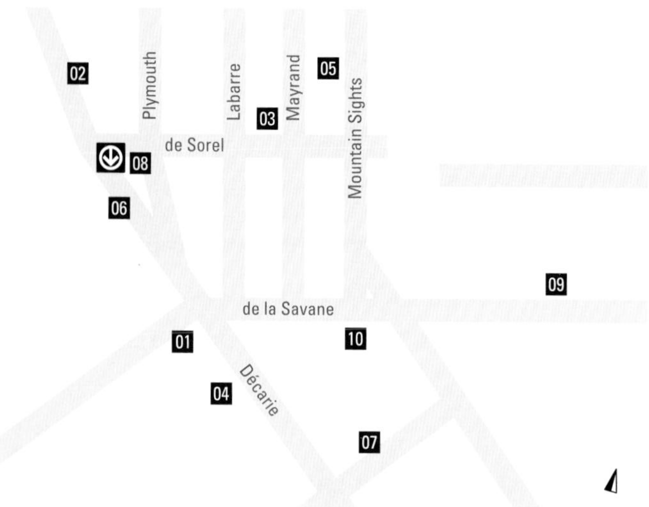

01 - SISCOE GYM

Il y a si peu de restaurants près de la station de la Savane que, par défaut, c'est la cuisine du Siscoe Gym qui a hérité de cette fonction. Sa cafétéria sert des déjeuners dès 5 h 30. Les travailleurs peuvent y aller avant le bureau et prendre un BLT pour 6$, une omelette ou une crêpe pour une dizaine de dollars. J'y ai dégusté un décadent grilled cheese au parmesan, à la mozzarella et au cheddar dans un pain naan poêlé dans le beurre. Le Siscoe Gym voue apparemment un culte culinaire au pain naan puisque le sandwich Elvis beurre d'arachides et confiture, version haut de gamme du dernier repas du « King », est également servi dans cette délicieuse pâte indienne. N'est-ce pas ironique que la chose la plus succulente que j'aie mangée de la semaine m'ait été servie dans un gymnase ? Peut-être avez-vous connu le Siscoe Gym de la rue Jean-Talon ? Il s'agit du même, qui a déménagé ici. David Siscoe, le proprio, est une personnalité connue dans le Montréal anglophone. J'ai beaucoup aimé l'atmosphère qui régnait dans le gymnase : conviviale, avec des gens qui se parlent, de toute évidence des habitués qui connaissent les employés, qui eux-mêmes sont là depuis longtemps, ce qui est bon signe. Même si des milliers de calories se brûlent ici tous les jours, le Siscoe Gym demeure pour moi une cuisine… qui m'a servi un grilled cheese dans un pain naan, chose inoubliable.
8170, boulevard Décarie

02 - TAPIS D'ORIENT BASHIR

Depuis 1976, les tapis Bashir, des ouvrages haut de gamme de laine ou de soie, trouvent preneurs chez les gens de bon goût qui ont les moyens de se payer d'authentiques tapis orientaux faits à la main en Iran, au Cachemire, au Tibet, au Pakistan, en Afghanistan, en Inde, en Azerbaïdjan, au Maroc ou en Turquie. Pour ma part, avec ce genre de merveille sur mon plancher, j'aurais une telle angoisse de renverser quelque chose ou d'abîmer l'ouvrage que je m'abstiendrais de marcher dessus (et pour éviter les accidents, je ferais condamner la pièce). Tapis d'Orient Bashir, qui se targue d'offrir un choix de 3000 ouvrages, s'occupe aussi de réparation ou de restauration et se rend chez vous pour vous conseiller dans votre choix.
8461, boulevard Décarie

03 - L'HÔTEL VÉTÉRINAIRE BAKER

À une minute de marche de la station de la Savane se trouve le plus vieil hôpital vétérinaire de Montréal, du Québec et du Canada. Il a été fondé en 1866, soit trois ans avant la création de la SPCA. Elle se trouve à son adresse actuelle de la rue Mayrand depuis 1956. La propriétaire est la Dre Julie Bereza. 8310, rue Mayrand

04 - JARDIN DE VILLE

Compagnie québécoise pionnière dans les meubles d'extérieur, fondée en 1956 à Saint-Antoine-des-Laurentides, Jardin de Ville s'est bâti une solide réputation et a même des succursales à Toronto et en Floride. Ses produits ne sont pas à la portée de toutes les bourses, mais près du métro de la Savane, cette boutique est en bonne compagnie, avec d'autres détaillants de produits haut de gamme.
8128, boulevard Décarie

04

06

08

05 - L'ATELIER JEM

Les personnes handicapées qui cherchent un emploi peuvent espérer trouver un travail ici. Depuis 1950, l'Atelier JEM se spécialise dans l'emballage. Le site de l'atelier explique très bien ce dont il s'agit: « Les travailleurs participent à une variété de tâches, comme l'emballage et l'assemblage, le fonctionnement léger de machine, l'étiquetage, le triage et plus encore. Chaque tâche est adaptée afin de répondre aux besoins et aux compétences de chacun des employés. (...) Les individus à Montréal qui ont un trouble émotionnel ou intellectuel reconnu, un handicap physique, et qui sont motivés à réussir dans un emploi adapté, doivent communiquer avec JEM au (514) 735-4217 pour obtenir une entrevue avec un conseiller en emploi. » Ce programme est reconnu par Emploi Québec.

8400, avenue Mountain Sights

06 - AU COURANT

De la Savane, je vous le disais, est la station du luxe. Cette boutique le montre assez bien. Je remarque un abat-jour de bois que je trouve beau: 4219$. Plus loin, il y a un chandelier de cristal: 8430$. Si ces montants vous semblent excessifs, vous n'êtes pas un client potentiel. « Lorsqu'on a acheté ses meubles chez Roche Bobois, on ne veut pas la lampe Ikea: il faut un luminaire qui soit à la hauteur, qualitativement parlant », m'explique une vendeuse, fort sympathique. Il y a de très jolies choses dans les salles d'exposition de la boutique Au Courant. Si votre portefeuille ne vous permet pas ce genre d'achat, vous pouvez au moins faire un peu de lèche-vitrine. C'est ce que j'ai fait.

8455, boulevard Décarie

07 - TRISTAR : GYMNASE D'ARTS MARTIAUX MIXTES

Le nom de ce gymnase est déjà mythique. De grands champions d'arts martiaux mixtes s'entraînent ici. Il faut dire que l'un des plus grands combattants professionnels de l'histoire du *Ultimate Fighting Championship* (UFC), Georges St-Pierre, est associé à ce lieu. Ce gymnase cultive la mixité à tous égards: il ne vise pas que les pros ou ceux qui souhaitent le devenir. Il y a des programmes adaptés pour tout le monde, incluant les enfants. Ce gymnase que j'imaginais hyper-élitiste, je l'ai trouvé sympathique. La devise de Firas Zahabi, le patron des lieux, « Travaille fort et ne te plains pas », convient à l'entraînement des combattants... mais c'est une formule assez efficace dans tous les autres domaines de la vie. M. Zahabi a la réputation de former des champions, ce qui attire des combattants d'un peu partout en Amérique du Nord.

5275, rue Ferrier

08 - LES CONCESSIONNAIRES ROLLS-ROYCE ET ASTON MARTIN

Il y a tellement de voitures de luxe stationnées dans le voisinage de la station de la Savane que l'on finit par être blasé. Aston Martin. Jaguar. Bentley. Rolls-Royce. Chez Décarie Motors, si vous être prêt à débourser de 75 000$ à 200 000$, vous allez trouver la voiture qu'il vous faut. Chez le concessionnaire Rolls-Royce, juste à côté, le modèle Wraith 2015 se détaille à 422 000$. Je parie que la Lamborghini Gallardo Spider usagée à 130 000$ ou la Porsche 911 Turbo Coupé à 114 000$ – offertes par le même détaillant – vous semblent plus abordables maintenant.

Aux abords immédiats de la station

09 - LE CIMETIÈRE BARON DE HIRSCH

Cet immense espace vert non loin, à l'est, de la station de la Savane, en avez-vous seulement déjà entendu parlé ? Ce cimetière juif a été nommé en l'honneur du philanthrope européen qui l'a financé : le baron Maurice de Hirsch. « Très peu de gens en dehors de la communauté juive ont conscience de l'existence de ce cimetière, me dit Jay Aaron, son directeur. Notre philosophie, c'est qu'un cimetière, ça accueille la dépouille des morts, mais c'est vraiment un endroit pour les vivants. Il y a toujours des gens ici et tout le monde est le bienvenu. » Le cimetière date de 1905 et ne manque pas de « résidents » aux destins tragiques, dont Leopold Weiswz, victime du naufrage du Titanic. Remarquez bien les éviers près des portes du cimetière : la tradition juive exige que le vivant, en quittant le cimetière, se lave les mains. 5015, rue de la Savane

10 - KART-O-MANIA

C'est une piste de karting urbaine dont on entend peu souvent parler (peut-être parce que son site n'est même pas traduit en français !), mais qui a son charme. Imaginez un vieil entrepôt immense avec son atmosphère de garage géant. La piste, délimitée par des pneus, est petite en comparaison des circuits extérieurs, mais cela veut dire plus de virages… ce qui est bien. L'endroit a vraiment quelque chose de pittoresque. 5196, rue de la Savane

10

Namur

INAUGURATION janvier **1984**

Le Château a son entrepôt de liquidation à 30 secondes de marche de la station. À cinq minutes de là, dans le centre commercial Square Décarie – l'un des meilleurs endroits où dénicher des rabais à Montréal –, on trouvera les centres de liquidation Sears et Les Ailes de la Mode. Il y a aussi un Cinéma du Dollar qui projette des films durant la période qui sépare la fin du visionnement en salle et la disponibilité en location. Très près du métro, il y a la SPCA et sa cohorte de bêtes à quatre pattes (ou deux – il y a des oiseaux) qui ne demandent qu'à trouver un foyer. Une grande épicerie de produits importés d'Europe (Marché Épicure) se trouve non loin d'un populaire restaurant indien végétarien (Pushap) et d'un hôtel mythique, le Ruby Foo's, dont la terrasse du restaurant jouxte une piscine. Namur, c'est bien sûr la station de la gigantesque orange Julep qui était déjà une attraction avant la Seconde Guerre mondiale. Tout près de là, il y a le concessionnaire Tesla, un nouveau venu avec sa voiture électrique Modèle S, à 85 000 $, que vous pouvez conduire lors d'une séance d'essai.

FRÉQUENTATION

2 114 001

7405, boulevard Décarie

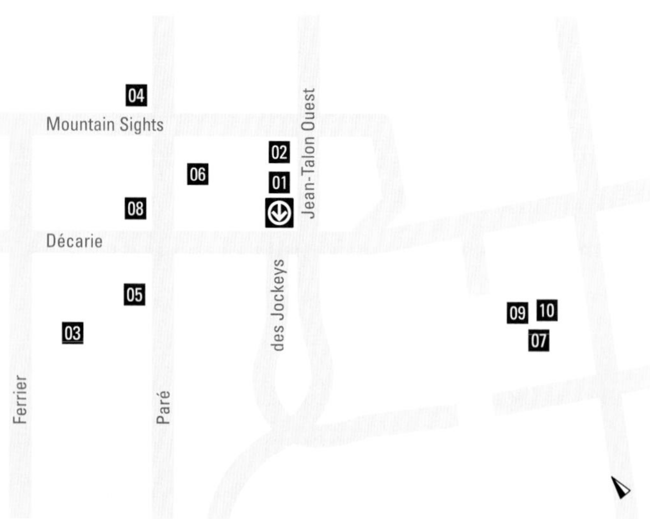

01 - LE CHÂTEAU ENTREPÔT

Voici l'endroit idéal pour bien s'habiller sans dépenser beaucoup. Pendant ma visite, il y avait plusieurs mamans avec leur marmaille à la recherche d'aubaines. Je me serais imaginé que Le Château traitait le stock à écouler comme une sorte de débarras, mais non. Et c'est tout à l'honneur de la compagnie, puisque les items disponibles ici sont répertoriés et illustrés sur le site web du Château, dans la section *Entrepôt*, où l'on indique le prix initial et le prix de liquidation. Bref, on est loin de la friperie : on peut avoir une idée de ce que l'on va trouver, et à quel prix, en furetant dans le catalogue en ligne, avant de se déplacer.

5255, rue Jean-Talon Ouest

02 - SPCA MONTRÉAL

Pas besoin de vous présenter cet organisme qui existe depuis 1869. Il y a ici des bénévoles et des employés dévoués à la cause animale et de nombreuses bestioles à poil, à plumes ou à écailles, qui ne demandent qu'à trouver de nouveaux maîtres. Rencontrée lors de ma visite, Mylène Marquis, une responsable de la SPCA, tenait un des chats noirs que la SPCA essayait de faire adopter ce jour-là, les ayant pour l'occasion vêtus de mignons petits foulards pour les rendre plus sympathiques (car les chats noirs sont en général moins populaires). Les chats et les chiens disponibles pour adoption sont stérilisés et vaccinés.

5215, rue Jean-Talon Ouest

03 - TESLA MONTRÉAL

Depuis décembre 2014, la compagnie de voitures électrique Tesla a son concessionnaire à Montréal. Ici, vous pouvez essayer le Modèle S, le seul modèle disponible pour l'instant. Il est populaire auprès des gens riches et célèbres de la Californie. Son prix de vente, à plus de 70 000 $, est généralement prohibitif, mais une fois ce montant déboursé, plus besoin d'acheter d'essence. « Appuyez sur l'accélérateur et en aussi peu que 3,1 secondes, le Modèle S se déplacera à 100 kilomètres à l'heure, sans hésitation et sans une goutte d'essence », affirme le concessionnaire. Il paraît que ça fait réfléchir... On se rend compte au volant de ce bolide que le moteur électrique est nettement supérieur à celui auquel nous sommes habitués. 5350, rue Ferrier

04 - PUSHAP : SUCRERIES ET BUFFET INDIEN

Ce restaurant indien (plus précisément punjabi) végétarien est le chouchou du quartier. « Pushap ! » s'exclamaient systématiquement les gens lorsque je leur demandais leur avis sur les restaurants à visiter dans le quartier. Les filles de la SPCA m'ont dit « Pushap » ; même les employés d'autres restaurants me disaient « Pushap ». Et ce faisant, ils m'indiquaient du doigt la direction du restaurant. « Faut que tu ailles là ! » m'a dit quelqu'un. À en juger par l'enthousiasme général pour cette adresse, je n'hésite pas à vous la conseiller. En plus, ça ne coûte pas cher : repas du jour à **6 $**. 5195, rue Paré

05 - GIBEAU ORANGE JULEP

C'est probablement la déco la plus gigantesque de tous les casse-croûtes du Québec : l'« orange » qui recouvre le stand de Julep fait quelque 12 mètres de circonférence, soit l'équivalent d'un édifice de trois étages. Ouvert en 1932 par un certain Hermas Gibeau, ce comptoir de vente de jus d'orange et de hot-dogs s'est doté d'une méga-orange de béton, avant de la faire refaire en plastique après le déménagement devenu nécessaire en raison de la transformation du boulevard Décarie en autoroute. Que penser du jus Julep ? Je ne manque pas d'amis enthousiastes. Pour ma part, j'ai trouvé la boisson fade et trop sucrée. Mais il faut dire que je n'ai plus huit ans... Pour les enfants que j'ai vus sur place, la magie opérait encore. Se rendre à un kiosque coiffé d'une aussi monumentale orange, ça marque un esprit enfantin ! 7700, boulevard Décarie

06 - LE MARCHÉ ÉPICURE

Ce supermarché offre de nombreux produits importés d'Europe, notamment d'Europe de l'Est, tout en offrant les produits de bases auxquels nous sommes habitués, de sorte que la variété de choses offertes ici est énorme. Les Français seront contents d'y retrouver les produits nettoyants de marque Persil, presque introuvables au Québec. Un comptoir de mets préparés sert des repas chauds que l'on peut manger sur place. Un très beau supermarché.
5252, rue Paré

07 - LES CENTRES DE LIQUIDATION SEARS ET LES AILES DE LA MODE

Ce n'est pas très agréable de se rendre de la station jusqu'au centre Square-Décarie puisqu'il faut marcher sur un trottoir qui longe l'autoroute et passer sous un viaduc, ce qui n'est pas exactement une balade à la campagne, mais ça peut valoir la peine. Sears et Les Ailes de la Mode ont leurs centres de liquidation côte à côte. Chasseurs d'aubaines, soyez aux aguets. Une amie me dit que d'autres commerces par le passé ont installé leurs ventes de liquidation ici. Au moment où vous lisez ceci, d'autres centres de liquidation y ont peut-être ouvert leurs portes.
6900, boulevard Décarie

08 - LA TERRASSE DU RESTAURANT DU RUBY FOO'S

Plusieurs employés des environs aiment à venir prendre un verre ou manger entre collègues à la terrasse du Ruby Foo's au bord de la piscine après le travail. On peut venir bruncher le samedi et le dimanche. Combien connaissez-vous de restaurants qui ont une piscine ? L'hôtel exigeait 10$ auparavant pour le droit d'utiliser la piscine pour la journée. Pendant ma visite du restaurant en juin 2015, le nouveau propriétaire me jurait qu'en vertu d'un nouvel arrangement avec l'hôtel, tout client du restaurant aurait *ipso facto* accès sans frais à la piscine… Voilà une promesse que je vérifierais, à votre place, avant d'y allez avec mon maillot, en appelant au (514) 341-4040. Cela dit, piscine gratuite ou pas, la tradition des 5 à 7 à la terrasse du Ruby Foo's ne risque pas de disparaître de sitôt.
7655, boulevard Décarie

09 - CINÉMA DU DOLLAR

Voir un film ici coûte 2,50 $. Et tout le reste coûte 1 $. Le popcorn ? 1 $. La boisson gazeuse ? 1 $. Et si vous achetez 20 laissez-passer d'un coup, au coût de 20 $, les films vous reviennent à 1 $. Bien sûr, les films en question ne sont plus des nouveautés en salles, mais ils ne sont pour la plupart pas encore en location. Et même s'ils le sont, c'est moins cher de venir les voir ici au Cinéma du Dollar (sur grand écran) que de les louer. Détail important : tous les films diffusés sont en anglais. 6900, boulevard Décarie

10 - LE CENTRE COMMERCIAL SQUARE-DÉCARIE

Ce centre commercial ne se démarque pas par son prestige ou sa renommée. Au contraire, il est devenu légendaire à force d'obscurité. Le magazine *Urbania* consacrait à l'été 2014 un reportage ironique à cet étonnant « lieu de commerce » aussi gigantesque que cruellement vide. J'y étais à une heure du jour où les clients auraient normalement dû être nombreux, mais, à certains endroits du centre, j'y étais fin seul. Si j'avais crié, la seule réponse aurait probablement été mon écho. J'avais l'impression de me trouver dans un roman de Stephen King ou un épisode de *Doctor Who*. Mais – car il y a un *mais* – le Square-Décarie est toujours un bon endroit pour trouver des aubaines (du moins dans les parties du centre où il y a effectivement des commerces et des âmes qui vivent). 6900, boulevard Décarie

Plamondon

INAUGURATION juin **1982**

La force des quartiers les plus multiculturels de Montréal, c'est, bien entendu, l'offre de nourriture extrêmement variée. Quand vous avez faim, par ici, vous avez l'embarras du choix.

FRÉQUENTATION
3 752 885

4811, avenue Plamondon
6250, avenue Victoria

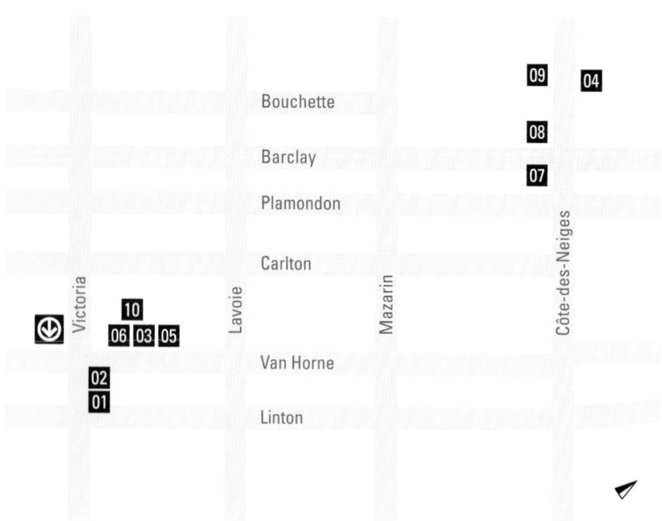

01 - POISSONNERIE NEW VICTORIA

Si vous aimez le poisson fumé, l'un des meilleurs auxquels j'ai eu l'occasion de goûter est celui de la poissonnerie New Victoria, qui, depuis 1974, utilise des méthodes de fumage et un savoir-faire originaires d'Europe. Demandez (à goûter) et vous recevrez (un beau gros morceau à vous mettre sous la dent). Dans son décor épuré bleu et blanc et avec son personnel composé surtout de vieux messieurs taciturnes qui s'activent infatigablement derrière le comptoir, la poissonnerie ne manque pas de pittoresque. On y vend quelque 2000 livres de poisson fumé par semaine, me dit un employé. La livre coûte 20$.
6015, avenue Victoria

02 - MARCHÉ FILIPINO

Entre les stations Côte-Sainte-Catherine et Plamondon, c'est le quartier philippin. On y trouve des dépanneurs qui vendent des produits importés des Philippines. Celui-ci offre quelques dizaines de marques de sauce de poisson. Il y a toutes sortes de friandises bizarroïdes, dont du Jello à découper en cube pour inclure dans ses drinks et de la couenne de lard frite (*chicharron*) vendue sous forme de croustilles. Si l'envie vous dit de briser la routine et d'essayer des snacks étrangers, venez au Marché Filipino. Dans ces dépanneurs philippins, vous risquez souvent de tomber sur des affiches ou des produits où apparaît le boxeur Manny Pacquiao, un héros national. 6055, avenue Victoria

03 - DAK HING BARBECUE : GRILLADES DE HONG KONG

Dans un humble local sans flafla, Pei et Man Ng, un frère et une sœur (sur la photo), travaillent avec d'autres membres de leur famille à préparer des mets typiquement hongkongais. Le restaurant existe depuis cinq ans, dont deux à leur adresse actuelle, et la clientèle a suivi lorsqu'ils ont déménagé. Je me suis entretenu sur place avec une famille d'origine arménienne qui ne tarissait pas d'éloges au sujet de Dak Hing, selon eux un secret bien gardé. Pour 5$ ou 6$, vous avez une assiette de porc BBQ, d'ailes ou de cuisse de poulet, de côtes levées ou de cailles. Pour 20$, vous avez le canard entier et vous nourrissez trois ou quatre personnes.
4705, avenue Van Horne

04 - BIBLIOTHÈQUE INTERCULTURELLE CÔTE-DES-NEIGES

Ça ne paraît pas vu d'en bas, mais l'édifice de cette bibliothèque a un toit vert depuis 2007. Ses collections sont à l'image de la population locale : culturellement diversifiées. Il y a de populaires activités de lectures de contes pour les enfants. La maison de la culture de Côte-des-Neiges est située dans le même édifice.

6767, chemin de la Côte-des-Neiges

05 - RODALS : BOUTIQUE DE « JUDAÏCA »

Chandeliers rituels, châles de prière, bandelettes de dévotion, kippas, manuscrits religieux, etc. Tout l'attirail de la pratique orthodoxe du judaïsme se retrouve ici, y compris les fameux tefillin (ces petites boîtes carrées contenant des passages bibliques que les croyants portent à la tête et au bras). Rodals est un nom bien connu à Montréal. Sur cette photo, vous voyez un « diviseur de vin ». Pour souligner le sabbat, une fois que le vin a été béni, il est versé dans cet instrument qui le divise également entre différents gobelets ; chacun des convives, ensuite, partage le vin. Même si vous n'êtes pas religieux, ou que votre religion n'est pas le judaïsme, vous allez trouver ici de fort jolies choses, dont des plateaux, des bijoux et des tissus ornés.

4689, avenue Van Horne

06 - CITÉ CACHÈRE

Cette épicerie/boulangerie/traiteur cachère existe depuis 1980. Sur la photo, vous voyez un pain tressé (*challah*), une des spécialités de l'endroit. Il y a aussi du gâteau éponge à l'orange et toutes sortes de viennoiseries. En juin 2015, Cité cachère s'apprêtait à se doter d'une sandwicherie de viande fumée, ce qui va encore enrichir la vaste offre culinaire des parages du métro. 4765, avenue Van Horne

07 - KAM SHING

Voici le premier restaurant à avoir deux succursales dans l'orbite de la même station de métro. Il y a un Kam Shing sur Van Horne (au 4771) et un autre en demi-sous-sol à la Plaza Côte-des-Neiges (sur la photo). Il paraît que ce dernier est le meilleur. Je n'ai pas eu l'occasion de comparer, mais un consensus se dégageait à cet égard chez mes amis qui les ont essayés. À noter : le canard laqué coûte moins de 10 $. 6730, chemin de la Côte-des-Neiges

08 - MAISON DE NAISSANCE CÔTE-DES-NEIGES

Les rares maisons de naissance de Montréal ne parviennent pas à répondre à la demande. Beaucoup de femmes préféreraient y accoucher, avec une sage-femme, plutôt qu'à l'hôpital, avec un médecin qui n'est pas toujours celui qui les a suivies durant leur grossesse. Les lieux sont chaleureux. Le service très personnalisé. Bien sûr, parce qu'il n'y a pas d'anesthésiste sur place, on n'y pratique pas d'épidurale. La maison de naissance est le moyen terme entre accoucher à l'hôpital et accoucher chez soi. « Les sages-femmes respectent le processus physiologique de l'accouchement: ça prend le temps que ça prend, tu es libre de tes mouvements et de tes positions », résume Sarah Poulin-Chartrand, la rédactrice en chef du magazine parental *Planète F*, qui a eu ses trois enfants à la maison de naissance Côte-des-Neiges.
6560, chemin de la Côte-des-Neiges *osfq.org*

09 - CINÉSTARZ

CinéStarz est le nom, que vous n'avez sans doute jamais entendu, de l'un des cinémas les plus économiques à Montréal, sinon LE plus économique en ville. On peut y voir des nouveautés pour 5$ (avant 18 h) ou 7$ (après 18 h). Voilà des prix dignes du début des années 1990 ! Bref, ça vaut la peine de faire le détour pour venir ici. La marque CinéStarz opère d'autres salles économiques de ce genre en Ontario, et son slogan est: « Le cinéma à 5$: c'est fou, mais c'est vrai. » 6700, chemin de la Côte-des-Neiges

10 - THANJAI

Ce restaurant indien 100 % sans gluten (c'est, à ma connaissance, le seul du genre à Montréal) est si à la mode qu'il y a parfois des files d'attente le vendredi ou le samedi soir. Pourtant, ce coin de la ville n'est pas exactement du genre à attirer les « sorteux ». Très populaire dans ce restaurant et peu commun à Montréal: les *dosas*, des crêpes sud-indiennes. Thanjai se vante de préparer des *dosas* de six pieds de long (sans blague) capables de nourrir de six à dix personnes. Le soir où je suis passé, le restaurant semblait presque exclusivement rempli de beaux jeunes couples en tête à tête. « Depuis que j'ai découvert l'existence des *dosas* chez Thanjai, ça me coûte cher en Car2Go », dit une amie qui voyage de l'autre bout de la ville juste pour venir ici. Thanjai est l'un de ces rares restaurants qui fait des accrocs parmi ses clients.
4759, avenue Van Horne

Côte-Sainte-Catherine

INAUGURATION janvier **1982**

Dans la plupart des quartiers résidentiels, les commerces se font rares (à part quelques dépanneurs) et les institutions culturelles presque inexistantes. Pas ici. Une sorte de petit centre-ville culturel se déploie à cinq minutes de marche de la station Côte-Sainte-Catherine (en allant vers Décarie) : le Centre Segal des arts de la scène fait face à la Bibliothèque publique juive (qui possède des manuscrits qui datent de la Renaissance) et à un musée consacré à la mémoire des victimes des camps de la mort de l'Allemagne nazie. Sur Décarie, un boutiquier (Boulevard du jouet) se spécialise dans les figurines de collection – il ne vend que cela. Juste derrière la station de métro, il y a deux « rues-jardins » (place Campden et place Bradford) où les maisons, desservies par des ruelles, n'ont pas de cours arrière, mais plutôt des cours avant, très vertes et généreusement arborisées, départagées par un simple trottoir. Magnifique ! Allez y jeter un coup d'œil. Sur l'avenue Victoria, c'est le festival du restaurant ethnique.

FRÉQUENTATION
2 000 482

4780, chemin de la Côte-Sainte-Catherine

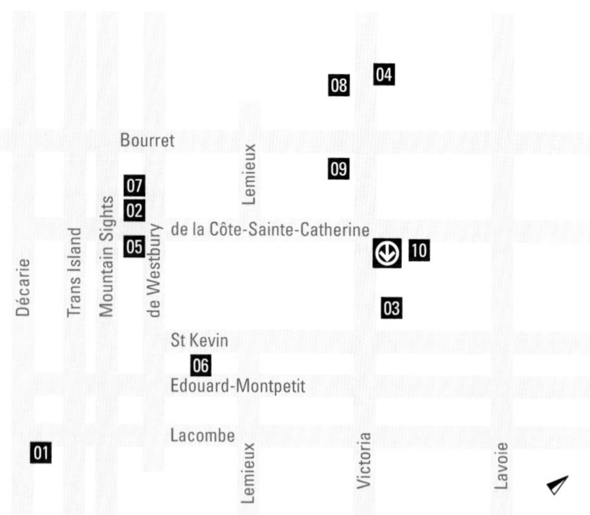

01 - LE BOULEVARD DES JOUETS

Combien y a-t-il de milliers de figurines dans cette boutique spécialisée ? George Chuang, le proprio, n'en est pas certain. Il y a vraiment de tout : du buste hyperréaliste de *Ironman* (à plus de 1000 $) aux figurines de collection abordables qui représentent des personnages de films culte des années 1980 (à moins de 20 $), comme *Karate Kid* (sur la photo), aux Schtroumpfs, dont certains valent très chers, puisque cette collection est discontinuée depuis longtemps. On y trouve aussi des figurines de vinyle de marque Funko pop qui représentent un nombre étonnant de personnages fictifs tirés de différentes productions télévisuelles ou cinématographiques, comme ceux de *Ghostbuster*, des *Transformers*, du *Rocky Horror Picture Show*, de *Star Wars*, de *Game of Thrones*, sans oublier les différentes « incarnations » du personnage du docteur dans *Doctor Who*. Cette boutique de jouets a ceci de particulier que ses clients sont presque exclusivement des adultes.
5335, boulevard Décarie

02 - BIBLIOTHÈQUE PUBLIQUE JUIVE

Cette institution centenaire – fondée en 1914 – a gardé toute la vigueur de sa jeunesse. Il s'y déroule un grand nombre d'événements, d'activités et de conférences. Multilingue, elle offre une collection de quelque 150 000 ouvrages en français, en anglais, en hébreux, en yiddish (ou judéo-allemand) et en russe. Dans les années 1980 et 1990, la bibliothèque a procédé à l'enregistrement de livres en yiddish lus par des locuteurs vieillissants et originaires de l'Europe, dont c'était la langue maternelle, de manière à immortaliser sur bobines magnétiques la sonorité de cette langue européenne qui a été presque annihilée à la suite du génocide perpétré par les nazis.
5151, chemin de la Côte-Sainte-Catherine

03 - JOLEE : RESTAURANT-COMPTOIR SRI-LANKAIS

Le nom, qui signifie « lumière » en sri-lankais, a été choisi en raison de sa ressemblance avec le mot *joli*. On peut y manger sur place, mais presque tous les clients, du moins ceux que j'ai vus aller et venir ici pendant ma visite, semblent choisir d'emporter leurs repas. C'est très populaire et le menu a à peine changé puisque la fidélité du public ne s'est jamais démentie. C'est bon signe quand la moitié de la clientèle est constituée de gens du quartier, contents de ce qu'ils trouvent ici, et de clients d'origine indienne ou sri-lankaise venus y manger des mets qui leur rappellent leur pays natal. Les employés sont sympathiques et ça ne coûte vraiment pas cher. Pour 6$, on mange à sa faim ; pour 10$, on se « bourre ». Quand j'ai posé la question à savoir ce qui distinguait les cuisines sri-lankaise et indienne, une discussion animée s'en est suivie entre les employés et des clients sur place. Par contre, personne n'a pu me donner une réponse précise, chaque explication contredisant la précédente. Il y a sûrement une différence, mais ça doit se ressembler beaucoup. Item typiquement sri-lankais au menu : le *kottu roti*. 5495, avenue Victoria

01

04 - DIDAR

Pour des motifs obscurs (apparemment un changement de propriétaire), le restaurant indien Dev a modifié son nom pour devenir *Didar*. En restauration, c'est l'une des pires choses que l'on puisse faire quand tout va bien et que les clients sont contents : changer de nom. « Même menu. Même cuisinier. Rien n'a changé ! » dit une affiche sur la rue. Quant au menu, on s'est contenté, chose amusante, quoiqu'un peu « broche à foin », d'écrire « Didar » au marqueur noir par dessus « Dev ». Attention : mieux vaut réserver si vous comptez venir ici pendant l'heure de pointe. C'est alors souvent plein, me dit-on.
5987, avenue Victoria

05 - CENTRE SEGAL DES ARTS DE LA SCÈNE

La notion d'« arts de la scène » est plutôt vaste, et le Centre Segal, anciennement Centre Saidye-Bronfman, offre des spectacles et des visionnements qui ratissent large. Il y a du théâtre, du théâtre musical, des spectacles de musique, de danse, d'humour, etc. Vous vous souvenez de la fameuse adaptation des *Belles sœurs* de Michel Tremblay en yiddish ? C'était ici. Il y a aussi une salle de cinéma de répertoire.
5170, chemin de la Côte-Sainte-Catherine

06 - PARC MACKENZIE KING

Le parc Mackenzie-King, tout près de la station Côte-Sainte-Catherine, vous transporte loin de la ville. À certains endroits, on se sent davantage dans un sous-bois que dans un parc municipal. L'avantage : en été, pendant la canicule, on y est à l'ombre et au frais. Il y a des aires de jeux pour les enfants, des jeux d'eau, des terrains de volleyball, de basketball et de soccer. 4905, avenue Saint-Kevin

07 - CENTRE COMMÉMORATIF DE L'HOLOCAUSTE À MONTRÉAL

Après Tel-Aviv (en Israël) et New York, Montréal est la 3e ville du monde à avoir accueilli le plus grand nombre de survivants de l'holocauste, soit près de 100 000. Si les crimes affreux dont ce musée nous parle se déroulent dans les parties de l'Europe soumises à l'Allemagne hitlérienne dans les années 1930 et 1940, les témoignages et artefacts proviennent le plus souvent de Montréalais d'adoption. De tous les objets exposés, le plus émouvant est peut-être le « cœur d'Auschwitz » (sur la photo), un carnet de tissu rose en forme de cœur, dans lequel des prisonnières du sinistre camp écrivirent des mots d'encouragement et des vœux de fête à une codétenue nommée Fania, dont c'était le vingtième anniversaire, le 12 décembre 1944.

5151, chemin de la Côte-Sainte-Catherine

08 - TK : RESTOBAR PHILIPPIN

Pour ce qui est du décor intérieur, le TK ressemble à une grosse boîte de bois. Vous ne connaissez rien à la cuisine philippine ? Voilà un endroit où vous initier à la moins connue des cuisines asiatiques. Essayez donc le « sisig crépitant » (ou *sizzling sisig*), un plat de tête de porc (ou d'autre viande ou de tofu) mariné dans un liquide acidulé (par exemple du citron) puis salé et épicé, notamment avec du chili. À l'occasion de ma visite, aucun des mets offerts au menu ne dépassait 13$, ce qui est vraiment un bon prix. Parmi les boissons offertes : mojito à la pomme et sangria de lychee.

5940, avenue Victoria

09 - GOURMETTI : PIZZÉRIA CACHÈRE VÉGÉTARIENNE

C'est mon coup de cœur dans les environs de la station Côte-Sainte-Catherine. Comment décrire la pizza qui est faite ici ? C'est l'antithèse de Pizza Hut, avec ses croûtes ultra-grasses farcies de saucisse. Depuis 2009, Gourmetti sert des pizzas végétariennes, surtout des formats « new-yorkais » de 18 pouces. Sur place, vous avez aussi l'option d'acheter des pointes. Les propriétaires, Rafaël (qui prépare lui-même toutes les pizzas – une tâche herculéenne) et son épouse Solange (qui s'occupe des desserts, dont les brownies avec ganache au chocolat belge), forment une belle équipe, franchement sympathique. C'est ouvert de 11 h à 21 h, tous les jours sauf le samedi (pour cause de sabbat). À en juger par les enfants hassidiques sur place que j'ai vus se goinfrer avec bonheur (pendant que leurs mamans s'évertuaient à leur débarbouiller le visage après chaque bouchée), que cette pizza soit « santé » ne semble rien ôter au plaisir qu'on éprouve à la manger.
5795, avenue Victoria

10 - LES PLACES CAMPDEN ET BRADFORD

Elles ont quelque chose de féerique, ces places qui se distinguent de tout ce qui a été bâti dans le cœur de Montréal. Des demeures ont leur adresse sur les places Campden (sur la photo) et Bradford. Mais il n'y a pas de rue à proprement parler, plutôt un simple trottoir, parfois presque un sentier, qui sépare ces belles vieilles maisons qui se font face. Cela donne une sorte de parc. Les résidents utilisent une ruelle de service pour leurs voitures. Une curiosité urbanistique vraiment charmante. Entre le chemin de la Côte-Sainte-Catherine et l'avenue Dupuis, juste au nord de l'avenue Victoria et de la station Côte-Sainte-Catherine

Villa-Maria

INAUGURATION septembre **1981**

La station Villa-Maria est située dans le quartier Notre-Dame-de-Grâce, à proximité de Westmount. Le métro débouche sur le boulevard Décarie et se trouve à l'entrée est du village Monkland traversé par une artère au développement fort dynamique.

FRÉQUENTATION
3 017 037

4331 boulevard Décarie

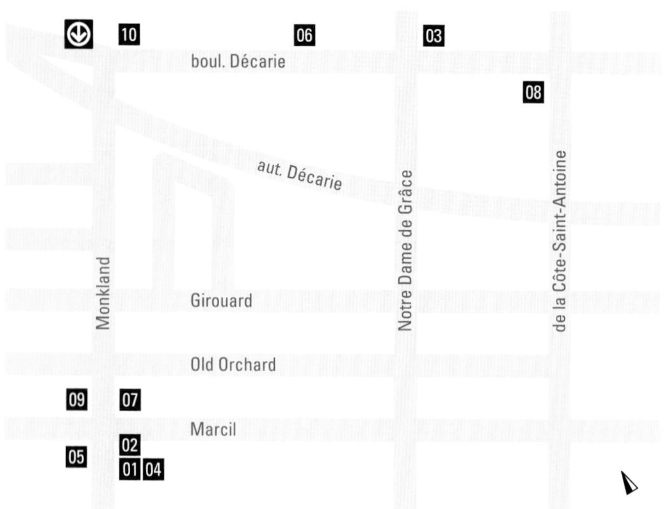

01 - LUCILLE'S OYSTER DIVE

Ce précurseur des bars à huîtres à Montréal a ouvert ses portes en 2009. On y trouve une vaste sélection d'huîtres, ainsi que des plats de fruits de mer et même du steak pour les amateurs de viande. Le restaurant a également son *foodtruck* qui sillonne les rues de Montréal.
5626, avenue de Monkland

02 - CHOCOLATS GENEVIÈVE GRANDBOIS

La réputée chaîne de chocolateries a ouvert en décembre 2014 une nouvelle boutique sur l'avenue de Monkland. On y retrouve plusieurs variétés de chocolats, du chocolat chaud et même du délicieux caramel salé à tartiner. La propriétaire et chocolatière, Geneviève Grandbois, a tout récemment acheté une plantation de cacaoyers au Costa Rica, dans l'espoir d'utiliser ses récoltes pour confectionner son chocolat. Ça promet ! 5600, avenue de Monkland

03 - 4CATS

Ce centre artistique offre un éventail de cours et d'ateliers d'art pour les petits et les grands. On peut également y suivre des cours d'histoire de l'art et on y trouvera du matériel artistique et un service de planification de fêtes pour tous les âges. Réveillez l'artiste en vous !
3857, boulevard Décarie

04 - CHO'COLA BAKE SHOP

Cette pâtisserie se spécialise tout particulièrement dans les cupcakes. Chaque jour, la boutique présente cinq sortes de petits gâteaux différents à découvrir, et surtout à déguster ! Autre particularité : l'assortiment impressionnant (et délicieux !) de pâtisseries sans noix et sans arachides. On y retrouve également des macarons, des gâteaux, des chocolats, des pains et des sandwichs, frais du jour, que les clients peuvent consommer sur place.
5601, avenue de Monkland

05 - MELK BAR À CAFÉ

Ce petit café offre une agréable solution de remplacement aux grandes chaînes de l'avenue de Monkland. L'ambiance est chaleureuse (on s'y sent comme à la maison) et on y retrouve une belle sélection de cafés spécialisés. Les amateurs de thé peuvent également choisir une infusion de la réputée maison Camellia Sinensis. 5612, avenue de Monkland

06 - CORONA ANTIQUES

Les collectionneurs et amateurs d'objets anciens trouveront chaussure à leur pied au magasin d'antiquités Corona Antiques. La boutique met en vente lampes, vaisselle, meubles et objets divers. 4095A, boulevard Décarie

07 - ENFANTINO

Enfantino, c'est une vaste sélection de produits pour bébés et enfants, incluant des jouets éducatifs, des jeux de société, des vêtements, des chaussures et des articles-cadeaux. La boutique se targue d'ailleurs d'offrir des jouets uniques et des vêtements « qu'on ne retrouve nulle part ailleurs ». À noter : il est possible de célébrer l'anniversaire de vos enfants sur place. 5560, avenue de Monkland

08 - PISCINE COMMUNAUTAIRE DE NOTRE-DAME-DE-GRÂCE

Fermée pour maintenance pendant plus d'un an, la piscine Notre-Dame-de-Grâce a rouvert ses portes au début de l'année 2015. Bains libres, cours de groupes (pour enfants ou adultes) et cours privés y sont offerts.
3760, boulevard Décarie

09 - YE OLDE ORCHARD PUB & GRILL

Cette chaîne de resto-pub bien connue dans le milieu anglophone montréalais a ouvert son premier établissement en 1996 au cœur du village Monkland. Le décor et le menu d'inspiration celte sont complétés par une offre de bière intéressante. On peut notamment y boire une bonne pinte de Griffon, de Saint-Ambroise ou de McAuslan en fût.
5563, avenue de Monkland

10 - LEZVOS

Entrées chaudes et froides, plats de poisson frais et entrecôtes succulentes se retrouvent sur le menu du Lezvos, un restaurant de cuisine grecque qui vous fera voyager.
À noter que des salles privées sont disponibles pour votre anniversaire ou vos réunions d'affaires. Service de voiturier disponible. 4235, boulevard Décarie

Vendôme

INAUGURATION septembre **1981**

L'immense centre hospitalier flambant neuf du Centre universitaire de santé McGill (CUSM), qui réunit plusieurs hôpitaux et instituts de recherche dans un même ensemble d'édifices, justifierait à lui seul l'existence de la station Vendôme. À certaines heures, la circulation humaine qui va ou vient du méga-hôpital à la station rappelle une colonne de fourmis. Près du métro Vendôme, il y a la gare de trains de banlieue du même nom, où des lignes desservent les Basses-Laurentides (jusqu'à Saint-Jérôme), le West Island (puis L'Île-Perrot et Vaudreuil) et la Rive-Sud (Candiac). Sachez qu'une frontière, en théorie invisible, mais assez facile à reconnaître quand on y fait attention, sépare Notre-Dame-de-Grâce, là où est la station, et Westmount, un peu à l'est, qui commence à la rue Claremont. Le quartier populaire échevelé et la zone bourgeoise plus léchée se côtoient un peu comme l'huile et l'eau : sans se mélanger. Sur Sherbrooke, c'est évident : soudainement, quand on passe de NDG à Westmount, les bannières de restauration rapide font place à des boutiques de luxe.

FRÉQUENTATION
5 583 770

5160, boulevard de Maisonneuve Ouest

01 - PLAY IT AGAIN : ARTICLES DE SPORTS USAGERS ET NEUFS

Avez-vous déjà cherché une boutique d'articles de sports usagers à Montréal ? Ce n'est pas évident à trouver. Pourtant, dieu sait que ça coûte cher, s'équiper ou – pire – équiper sa marmaille pour le hockey, le baseball ou le ski. Chez Play it again (tout près du métro), environ 30 % du stock est usagé. Baseball, lacrosse, tennis, hockey, soccer, golf ; patins, raquettes, skis et planches à neige : on y trouve de tout pour tous les sports. À l'arrière de la boutique, il y a un atelier de réparation et de restauration d'équipement sportif. Une adresse utile pour les sportifs ou parents de sportifs. 2100, boulevard Décarie

02 - CENTRE DES ARTS CROWLEY : SALLES MULTIFONCTIONNELLES

Ce centre ne pourrait exister sans la présence du CUSM juste à côté. Que ce soit pour des conférences de presse, congrès ou réunions, le Centre Crowley offre ses locaux et son service de traiteur. « Je suis exactement comme un hôtel, mais sans chambres à coucher », dit à la blague le propriétaire Nick Patulli. Une clinique au deuxième étage permet à certains des 1300 médecins du CUSM de louer un espace pour faire des heures de clinique. Ce genre de « commerce périphérique » autour du CUSM montre bien que ce dernier modifie ses environs. 5325, avenue Crowley

03 - LE CUSM : SITE GLEN

C'est une sorte de gigantesque village (avec quelque 12 000 employés) que le Centre universitaire de santé McGill, quoique personne n'y réside, à l'exception bien sûr des patients… C'est une partie du cœur de Montréal qui s'est déplacée ici puisque, pour presque chacun d'entre nous, Montréalais, il y aura un jour où nous viendrons y visiter un être cher hospitalisé – à moins que ce ne soit nous… En parlant avec les gens du coin, on se rend compte que personne ne mesure encore l'impact qu'aura le CUSM sur ses parages immédiats. Un restaurateur m'a dit espérer voir sa clientèle augmenter: ça paraît probable. Quant aux résidents, ils redoutent le trafic: des rues auparavant tranquilles, avec de nombreuses places de stationnement, deviennent plus passantes, et des interdictions de se garer font leur apparition. 1001, boulevard Décarie

04 - LE CHALET BBQ

Ce restaurant fondé en 1944 n'a pas commis l'erreur de « moderniser » sa décoration pour essayer de suivre la mode. Son cachet demeure intact; à lui seul, il vaut le détour. Il s'agit de l'une des rares rôtisseries de poulet indépendantes à toujours faire des affaires, malgré la quasi-hégémonie de la marque St-Hubert au Québec. L'animateur Gilles Proulx est un habitué de ce restaurant qui demeure fidèle à sa formule initiale: rôtir le poulet lentement dans des fours de brique au charbon d'érable. « Les gens viennent de très loin jusqu'ici parfois pour avoir leur *fix* de poulet », me dit Diane, qui est serveuse ici depuis 17 ans. 5456, rue Sherbrooke Ouest

05 - TEHRAN : RESTAURANT IRANIEN

Je ne pouvais pas ne pas vous parler de cette adresse parce que c'est très rare, à Montréal, un restaurant iranien. Encore plus rare : un restaurant iranien à succès, dont les affaires roulent depuis longtemps. Fondé en 1989, à l'origine dans un petit local, le Tehran a pris de l'expansion ; son chef propriétaire a même fini par acheter l'immeuble et par occuper tout l'étage (125 places). Vous savez ce qu'est un *kobideh* ? Moi non plus, je ne le savais pas. Il s'agit d'une sorte de brochette perse à l'agneau ou au poulet. C'est en vedette au menu. Les purées d'aubergine *mirza* et *bademjan* avec ail, oignon frit, yogourt de chèvre et menthe, à déguster avec du pain pita, sont délicieuses en entrée.
5065, boulevard de Maisonneuve Ouest

06 - BEN & TOURNESOL : DÉCORATION ET ACCESSOIRES

Voici une belle boutique de décoration et d'accessoires pleine de surprises et de curiosités, dont un cochon-tirelire de résine moulée sur un vrai porcelet. C'est un peu comme chez Zone, mais en plus fou, avec davantage de couleurs et d'audace dans les objets proposés. Il y a de nombreux produits « élégants et irrévérencieux » de l'artiste new-yorkaise Kate Spade et des produits « végétaliens » (sans cuir) des designers montréalais Matt et Nat. Une étonnante mixité sur les étagères fait se côtoyer l'objet très cher et celui qui ne coûte presque rien ; j'ai rarement vu ça dans une boutique. L'adresse d'à côté, W&A, qui vend des instruments de cuisine, dont du haut de gamme, est relié directement à Ben & Tournesol. W&A, c'est pour Wilfrid et Adrienne, les grands-parents de l'actuel propriétaire, qui tenaient jadis un magasin général à Saint-Adolphe-d'Howard.
4915, rue Sherbrooke Ouest

07 - WANT APOTECARY

Nous sommes à Westmount, alors payons-nous du luxe… ou, du moins, allons faire un peu de lèche-vitrine. Cette adresse est étonnante. C'est une boutique qui se prend pour un apothicaire. Elle a adopté délibérément un cachet XIXe siècle, mais elle ne vend que des vêtements, souliers ou sacs qui se veulent indémodables, éternellement classiques, de toutes les époques, donc intemporels.
La boutique est aérée : elle offre seulement les produits d'une poignée de petites marques haut de gamme avec lesquelles elle entretient une relation commerciale à long terme. Probablement la seule boutique de luxe où je n'ai rien vu de quétaine ou de tape-à-l'œil. La seule critique que l'on pourrait formuler à l'endroit de WANT, c'est d'être excessif dans la sobriété (si une telle chose se peut).
4960, rue Sherbrooke Ouest

08

08 - L'ÉGLISE UNIE DE WESTMOUNT PARK ET LA FILM SOCIETY : CINÉMA MUET AVEC INSTRUMENTATION

C'est une magnifique église protestante que celle-ci. Elle sert parfois de « théâtre » fort pittoresque, gothique à souhait, à la Film Society qui y organise des visionnements de films en noir et blanc et muets avec des musiciens pour accompagner l'action. Par exemple, en mai 2015, la Film Society y a projeté *Le voleur de Bagdad*, un film fantastique de 1924, avec un pianiste, un clarinettiste et un percussionniste. Parce que c'est du cinéma, même dans une belle vieille église de Westmount, il y a bien sûr du *popcorn*. Entrée : 13$.

4695, boulevard de Maisonneuve Ouest
cineclubfilmsociety.com

09 - LA FOUMAGERIE : SANDWICHERIE

Richard Barland et Michel Cool – deux anciens du Paradis du fromage, au Marché Atwater – ont acheté cette fromagerie en 1995 et se sont rapidement rendu compte que la clientèle n'était pas au rendez-vous. Mais le comptoir-lunch roulait bien, lui…
Le commerce s'est donc peu à peu transformé en sandwicherie – c'est du moins de cette nouvelle vocation que provient l'essentiel de son chiffre d'affaires. Le midi, pour localiser la Foumagerie sur la rue Sherbrooke, cherchez du regard la file de gens qui attendent dehors pour commander leur lunch. C'est la course pour servir tout ce beau monde. Jusqu'à 210 sandwichs par midi !

4906, rue Sherbrooke Ouest

10 - SHAÏKA CAFÉ

Un beau café confortable et très prisé des gens du quartier. L'endroit est assez vaste et le plafond est haut. Dans un décor inspiré des cafés cubains, Shaïka offre les grains du torréfacteur Santropol. Le mardi soir, de 21 h à 22 h 30, il y a un « micro ouvert » pour humoristes (en anglais) – l'évènement s'appelle *Ladies and Gentlemen*. Le mardi aux mêmes heures, c'est au tour des musiciens et chanteurs. Presque tous les soirs, il y a de la musique. Ce café est une institution culturelle dans le quartier NDG.

5526, rue Sherbrooke Ouest

Place-Saint-Henri

INAUGURATION avril **1980**

De quartier ouvrier reconnu pour ses nombreuses tanneries, Saint-Henri est devenu un quartier très recherché, autant par les commerçants que les résidents. L'endroit a connu un essor considérable au cours des dernières années et a vu apparaître bon nombre de tours à condos auxquelles sont venus se greffer des commerces originaux visant à desservir ces nouveaux occupants. Située en plein cœur de ce quartier émergeant, la station de métro Place-Saint-Henri est entourée de commerçants locaux qui brillent par leur unicité.

FRÉQUENTATION
2 399 930

555, rue Saint-Ferdinand

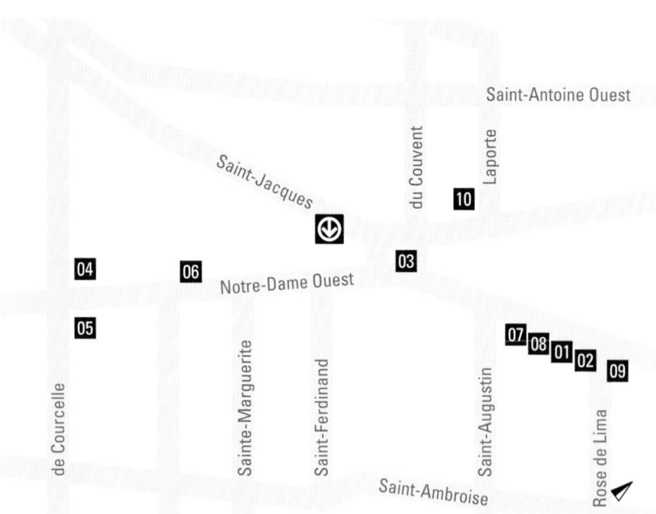

01 - SAINT-HENRI MICRO-TORRÉFACTEUR

Ouvert en 2011, ce petit café au décor industriel (agrémenté d'anciens bancs d'église) est un endroit idéal pour travailler, étudier, papoter ou encore lire son journal tranquillement. Le propriétaire, Jean-François Leduc, est un passionné de bon café et il torréfie fraîchement (et en petites quantités, alors faites vite) les meilleurs grains disponibles à Montréal, directement sur place.
3632, rue Notre-Dame Ouest

02 - SUMAC

Ce restaurant qui porte le nom d'une épice du Moyen-Orient est arrivé dernièrement dans le secteur. On y retrouve de délicieux shawarma, de croustillants falafels, du houmous crémeux et des pitas grillés. Du comfort food à l'oriental ! L'ambiance est chaleureuse et une grande table communale est installée au centre, « pour que tout le monde puisse partager », précise David Bloom, un des deux propriétaires. 3618, rue Notre-Dame Ouest

03 - LUDGER

Cette sympathique buvette de quartier est l'endroit idéal pour prendre un verre et manger un morceau en bonne compagnie. L'ambiance est décontractée, la carte de cocktails élaborée, les huîtres délicieuses et le décor vintage. Bref, on aime ! 4001, rue Notre-Dame Ouest

03

04 -
TEJANO BBQ BURRITO

Simple (recettes et ingrédients traditionnels mexicains), amusant (le Mexique rencontre le Texas, avec ses saveurs riches et enfumées), créatif (chaque client créé son propre mélange) : le restaurant Tejano est tout ce qu'il y a de plus original ! Carnivores autant que végétariens s'y rendent pour déguster d'excellents burritos sur le pouce ou encore de délicieuses salades de saison. Un nouveau concept tex-mex rapide et relax à Montréal. 511, rue De Courcelles

05 -
TUCK SHOP

Depuis son ouverture en août 2010, le Tuck Shop est un incontournable du quartier Saint-Henri. En fait, il s'agit d'un des premiers restaurants (digne de ce nom) à s'être établi dans le coin. Ici, le chef s'inspire des ingrédients frais de saison pour concocter ce que l'on appelle une cuisine du marché. Le menu change donc au fil des mois et s'adapte aux arrivages de la journée, le point de ravitaillement (le Marché Atwater) n'étant qu'à quelques coins de rue. De plus, on consomme local, autant que faire se peut : homard du Québec, agneau de Kamouraska, pétoncles de la Gaspésie. Surveillez le compte Twitter du restaurant pour demeurer à jour quant au menu et à la carte des vins. 4662, rue Notre-Dame Ouest

06 -
L'ARCHIVE – VINTAGE FRAMES COMPANY

Parce que le vintage a la cote, Corey Shapiro en a fait son fer de lance et gagne aujourd'hui sa vie à titre de lunetier des stars, lui qui habille les yeux de Lady Gaga, d'Elton John et de Katy Perry, pour ne nommer que ceux-là.
M. Shapiro se spécialise dans la vente de lunettes vintage qu'il retape et vend à travers le monde via sa boutique en ligne. Après 10 ans d'activité, son tout premier point de vente physique a vu le jour l'an dernier, dans le quartier Saint-Henri, et possède un look tout aussi singulier que les lunettes qu'on y vend. L'inventaire (avoisinant les 200 000 pièces) compte des montures allant d'une centaine de dollars à quelques milliers de dollars. Il y en a pour tous les goûts... et tous les budgets ! 4411, rue Notre-Dame Ouest

07 - HENRI SAINT-HENRI

Pour un lunch d'affaires express, un 5 à 7 autour de quelques huîtres ou un souper décontracté entre amis, le restaurant Henri Saint-Henri est l'endroit par excellence pour profiter d'une ambiance confortable et animée. Dans un décor industriel (ou sur la magnifique terrasse avant), l'endroit propose une belle liste de cocktails, une (impressionnante !) carte de vins, ainsi qu'une cuisine nord-américaine moderne (et fraîche à souhait) qui sauront plaire à une clientèle aussi diversifiée que le quartier qui l'abrite. 3734, rue Notre-Dame Ouest

08 - LA RACK GALERIE

Dans cette galerie d'art « différente », les artistes visuels émergents sont rois. Sise dans un décor rustique où la brique, la pierre et le bois se marient à merveille, la Rack Galerie a pour mission d'offrir une plate-forme pour les nouveaux talents et une visibilité accrue pour leurs créations. La galerie siège dans l'enceinte de l'Espace Notre-Dame, lieu de diffusion culturelle pluridisciplinaire qui produit et accueille des événements culturels, éducatifs et privés de toute sorte. L'idée est donc de mélanger les disciplines artistiques pour rendre l'expérience riche et multisensorielle. 3714, rue Notre-Dame Ouest

09 - CROSSOVER COMICS

Si vous cherchez une bande dessinée spécifique, c'est sans doute ici que vous la trouverez. La librairie Crossover Comics offre une grande variété de BD, allant de créations d'artistes locaux aux tirages de grosses maisons d'édition comme Marvel. L'objectif des propriétaires : démocratiser la bande dessinée et en faire la promotion à grande échelle. 3560, rue Notre-Dame Ouest

10 - MARMITE SU'L FEU !

La rue Saint-Jacques peut parfois être surprenante. C'est du moins le cas avec le restaurant Marmite su'l feu !, tenu par un couple originaire de l'île de la Réunion, qui offre une cuisine typique et des spécialités de l'endroit. Caris, samoussas, bouchons, bonbons piments, desserts… tout est délicieux ! À noter qu'il est possible de commander la formule « petites bouchées » pour vos cocktails ou réceptions de bureau, ainsi que le souper complet si vous recevez famille et amis à la maison. 3911, rue Saint-Jacques

Georges-Vanier

INAUGURATION avril **1980**

C'est la station la moins achalandée du réseau de métro. Surplombé par le monstre bétonné de l'autoroute Ville-Marie qui sépare le quartier de la Petite-Bourgogne du centre-ville, l'unique édicule de la station donne sur un bout de ville presque purement résidentiel. Voilà qui explique le peu d'affluence. On entend parfois les sociologues parler de « désert alimentaire » pour désigner les zones d'habitation où la nourriture est difficilement accessible. C'est clairement le cas ici. Même les dépanneurs sont rares ! Quartier natal de grands noms du jazz comme Oliver Jones et Oscar Peterson, la Petite-Bourgogne a perdu presque tous ses édifices patrimoniaux, et la plupart de ceux qui restent, même ceux qui appartiennent à la Ville, tombent en ruine... Malgré la quasi-absence de commerces, la Petite-Bourgogne grouille de vie, car il y a beaucoup d'enfants et de jeunes.

FRÉQUENTATION
840 722

2040, rue Saint-Antoine Ouest

01 - ARSENAL : CENTRE D'ART CONTEMPORAIN

Cet édifice abritait jadis une énorme fabrique de bateau. C'est devenu un tout aussi gigantesque centre d'art et d'exposition. Il y a une collection privée et un studio d'artiste. Des événements, comme des projections de film, y ont lieu régulièrement. On pourrait y tenir des défilés de mode ou y organiser des galas. Bref, le vocable à la mode « multifonctionnel » est un adjectif qui sied parfaitement à Arsenal et à ses 86 000 pieds carrés. 2020, rue William

02 - LA VIEILLE BIBLIOTHÈQUE GEORGES-VANIER

Croyez-le ou non, c'est la plus vieille bibliothèque publique francophone du Canada. (Les autres étaient soit privées, soit gérées par l'Église.) Cet édifice date de 1904, à l'époque où l'homme le plus fort de tous les temps, Louis Cyr, était policier au village de Sainte-Cunégonde (il devait être intimidant en uniforme). Ce bâtiment qui servait à la fois d'hôtel de ville, de caserne de pompier et de poste de police garde sa vocation très polyvalente puisque c'est désormais, en plus d'une bibliothèque, un centre culturel consacré à la danse, à la musique et aux arts visuels. 2450, rue Workman

03 - JOE BEEF

Avec Toqué ! et Le Pied de cochon, Joe Beef est devenu l'une des adresses incontournables parmi les restaurants montréalais… du moins pour les gastronomes qui ont de l'argent ! Joe Beef est l'un des restaurants les mieux cotés de Montréal. C'est pourtant un plat inspiré d'un sandwich ultra-calorique de Poulet Frit Kentucky, le Coup double (*Double Down* en anglais), qui séduit le plus sa clientèle. Chez PFK, le pain du sandwich est remplacé par des tranches de poulet pané ; chez Joe Beef, ce sont des tranches de foie gras. Le sandwich comporte en tout environ 120 grammes de foie gras pané et apprêté comme du poulet frit. Au milieu, il y a du cheddar fumé, une mayonnaise maison, du bacon et du sirop d'érable. Ce mets est aussi offert en demi-portion.
2491, rue Notre-Dame Ouest

04 - LE MARCHÉ AL MUBARAK

L'absence d'épicerie dans la Petite-Bourgogne est si flagrante que je juge pertinent de mentionner ce dépanneur que vous apercevrez en sortant de la station. Il y en a deux ou trois autres seulement dans le quartier, ce qui en fait sans doute, parmi les zones les plus densément peuplées de la ville de Montréal, une des moins bien desservies par des commerces de proximité. Le cliché voulant qu'il y ait « un dépanneur à chaque coin de rue à Montréal » n'a pas cours ici. Heureusement, Al-Mubarak est l'un de ces dépanneurs qui prend son nom au sérieux et qui offre effectivement un grand nombre de services pour « dépanner » ses clients : de la viande et des légumes, des sandwichs, etc. Tout pour essayer de pallier l'absence de supermarchés et de restaurants abordables.
1984, rue Saint-Antoine Ouest

05 - L'ÉGLISE SAINT-JOSEPH (SALON 1861)

Si vous regardez des photos de l'époque de la construction de l'autoroute Ville-Marie, où presque toute la vieille Petite-Bourgogne a été rasée (afin d'être massivement « modernisée »), vous verrez se tenir dans ce champ de désolation l'église Saint-Joseph, préservée du pic des démolisseurs. Érigée par les sulpiciens en 1861 à la demande de Mgr Ignace Bourget et classée bâtiment patrimonial en 1991, cette église de style néo-gothique a encore une longue vie devant elle, bien qu'elle ne soit plus le siège d'une paroisse depuis 2003. En effet, un ambitieux projet appelé « Salon 1861 » veut la faire renaître en tant que centre culturel et salle de spectacle. Espérons que ça se concrétise bientôt.
550, rue Richmond

06 - GRINDER : VIANDES ET VINS

C'est à ma connaissance le seul restaurant à avoir comme commerce voisin sa propre boucherie haut de gamme. La boucherie Grinder (au 1654, rue Notre-Dame Ouest) est la petite sœur du restaurant Grinder viandes et vins. (D'ailleurs, *grinder* est le mot anglais pour dire « hachoir », qui est aussi le nom d'un restaurant à tartare du Plateau conçu par le même groupe de proprios.) Au menu : tartare, tataki, ceviche, carpaccio, steak et viandes grillées ou braisées. La terrasse, protégée par des parasols-tulipes en été, est magnifique.
1708, rue Notre-Dame Ouest

07 - LE BOUCAN

Les brownies au chocolat de Mélanie Avelar ne sont pas seulement « cochons » au sens figuré. Ils le sont aussi au sens propre, car ils contiennent des morceaux de bacon. La chef pâtissière du restaurant Le Boucan cherchait à créer de nouveaux desserts pour l'ouverture du commerce en 2010. Au début, les clients se sont montrés réticents à essayer ce curieux plat sucré-salé, mais les brownies au bacon sont depuis devenus le dessert emblématique de ce restaurant réputé pour ses grillades fumées et son porc effiloché. Les côtes levées et le poulet sont offerts en combo pour 26$. Deux choses inusitées : la sœur du chef Jonathan Nguyen a inventé une sorte de « Mr Freeze de luxe » artisanal (vous pouvez demander s'il y en a) et le restaurant offre une insolite « tarte liquide », c'est-à-dire un lait frappé à la tarte.
1886, boulevard Notre-Dame Ouest

08 - L'ALLUMEUR : LAMPISTE

En entrant dans la boutique L'Allumeur, on est frappé par le fatras de luminaires anciens suspendus au plafond. Réparer des lampes anciennes ou en créer de nouvelles avec les matériaux d'autrefois, c'est la vocation du lampiste Roger Greffard. Il en loue également. Le nom de son commerce fait un clin d'œil au personnage de l'allumeur de réverbères du *Petit Prince* de Saint-Exupéry. Une boutique à visiter pour le plaisir des yeux.
1904, rue Notre-Dame Ouest

09 - CHEZ NINI LES BOULETTES

Parfois, la mode fait bien les choses. Les boulettes de viande, qui sont en vogue dans les quartiers new-yorkais les plus branchés, étaient déjà considérées comme un plat national par les Québécois : avec le ragoût, c'est la nourriture de bûcheron par excellence. Temple consacré à ce met réconfortant, Nini se définit comme une *meatball house*. Dans un décor blanc et lumineux, on sert de délicieuses boulettes sauce tomate et parmesan ; bacon, cheddar, BBQ fumé ; crevettes et porc thaï aux arachides ; porc et chorizo sauce chimichurri ; poulet Buffalo sauce fromage bleu ; sauce aux champignons sauvages ; veau parmigiana sauce tomate épicée ; falafel sauce au yogourt ; végétarienne sauce coco et cari ; végétarienne sauce pesto épinard basilic ; fromage de chèvre, noix et miel épicé ; tartare de bar et citron ; thon et mayonnaise épicée ; saumon, gingembre, wasabi au sésame et sauce soya, etc. Ne venez pas me dire que ça ne vous met pas l'eau à la bouche ! Chose sûre, les gaillards qui « montaient dans le Nord » pour « bûcher » du bois n'avaient certainement pas droit à des boulettes aussi raffinées. Et pour achever de convaincre les sceptiques, Nini offre en dessert des sandwichs à la crème glacée. 1752, rue Notre-Dame Ouest

10 - L'ÉCLUSE SAINT-GABRIEL

Ce fut ici le cœur de l'industrialisation canadienne lorsque, grâce à l'énergie fournie par le courant d'eau qui passait sur le domaine de Saint-Gabriel (là où Jeanne Mance accueillit les Filles du Roy), de grandes usines s'y installèrent, dont les chantiers maritimes d'Augustin Cantin et la raffinerie de sucre Redpath.

Lucien-L'Allier

INAUGURATION avril **1980**

La station Lucien-L'Allier est située sous la gare dont les voies ferrées passent par-dessus la rue du même nom. Lucien L'Allier est probablement le moins connu des personnages historiques ayant servi à baptiser les rues et les stations de la ville. Il s'agit de l'ingénieur en chef du métro de Montréal, qui en a supervisé la construction, ainsi que le maître d'œuvre de l'agrandissement des îles Sainte-Hélène et Notre-Dame, réalisé avec la terre excavée pendant le creusage des tunnels. Cette station du métro de Montréal rend donc hommage au principal orchestrateur du chantier pharaonique qui a doté Montréal, sur le tard (60 ans après Paris et 70 ans après Londres), d'un système de métro souterrain. Rattaché à la station, il y a bien sûr le Centre Bell, le plus grand amphithéâtre du Québec. La station est aussi proche du centre-ville et de la rue Crescent (qui est presque vis-à-vis la rue Lucien-L'Allier) que de Griffintown.

FRÉQUENTATION
1 831 467

955, rue Lucien-L'Allier

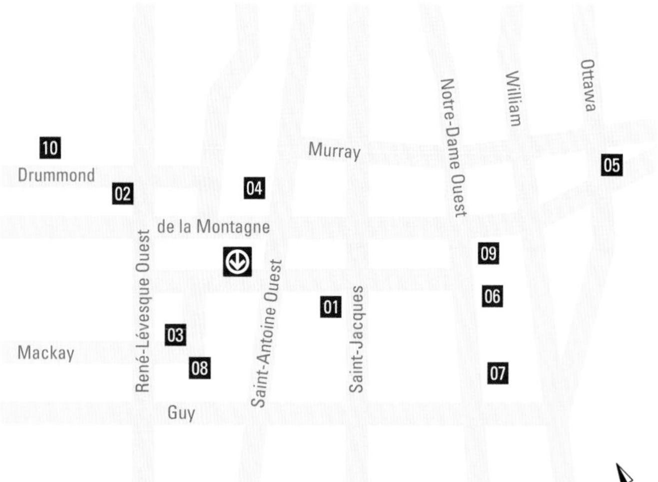

01 - ALEXIS LE GOURMAND : L'ÉPICERIE GOURMET DE GRIFFINTOWN

Garage et atelier de machinerie dans les années 1920, devenu en 2010 une vaste épicerie haut de gamme lumineuse, Alexis le Gourmand fait flèche de tout bois. Oui, c'est une épicerie où l'on trouve de tout, mais c'est aussi une boucherie, une poissonnerie, un café et un traiteur. Il y a même un camion de bouffe de rue Alexis le Gourmand, qui veut réhabiliter la viande de dinde (mystérieusement mal-aimée) auprès des Montréalais avec un menu « complètement dinde »: burger de dinde, poutine à la dinde et dinde effilochée. Le personnel d'Alexis le Gourmand est sympathique, ce qui ne gâche rien. 1407, rue Saint-Jacques

02 - BIER MARKT

Oubliez la piquette brassicole insipide du bar sportif moyen. Ici, à côté du Centre Bell, il y a plein d'écrans pour suivre les matchs, mais la bière est bonne ! Il y a quelque 150 sortes en fût (ce qui est énorme !), chacune gardée à la température et à la pression requise, et servie comme en Belgique dans un verre conçu expressément pour elle. Le personnel est formé à la « biérologie » afin de conseiller d'éventuels clients dépassés par la complexité de la carte. Le décor est magnifique (c'est l'édifice de l'ancienne Queue de Cheval) et la nourriture est étonnamment abordable. 1221, boulevard René-Lévesque Ouest

03 - MAISON DE LOUIS-HIPPOLYTE LAFONTAINE

Toutes les vieilles maisons n'ont pas le même statut, et celle-ci, malgré sa piteuse apparence (sur la photo), est patrimoniale. Pas question de la détruire ! Le gigantesque chantier de condominium en cours devra donc l'intégrer à ses plans. Si vous lisez ce texte quelques années après sa parution, la rénovation sera probablement chose faite. 1395, rue Overdale

04 - CENTRE BELL

Le temple du hockey intimement associé au Canadien de Montréal fut longtemps le vieux et auguste Forum (devenu un centre commercial appelé Forum Pepsi, comme la boisson gazeuse). Au moment d'inaugurer le « nouveau Forum », appelé à l'origine Centre Molson (comme la bière), un des membres de la famille Gillette (comme les rasoirs) qui était alors propriétaire du Canadien a organisé un rituel de transfert des « fantômes du Forum » de l'ancien amphithéâtre vers le nouveau, de nuit, avec des chandelles... mais les résultats furent mitigés. (Après tout, le Canadien n'a pas gagné la coupe Stanley depuis 1993...) Il faut noter qu'au moment où les Molson ont racheté le club à la famille Gillette, le Centre ne s'appelait plus Molson mais Bell (comme la compagnie de télécommunication). 1909, avenue des Canadiens de Montréal

05 - LE HORSE PALACE DE GRIFFINTOWN

Peu de Montréalais le savent, mais il y a une écurie en pleine ville. Au cœur de l'effervescence verticale de Griffintown où les grands immeubles à condominiums poussent comme des champignons, il y a le Horse Palace qui, franchement, malgré son nom, n'a rien d'un palais... Ça ressemble davantage à une cabane croulante rapiécée. Mais il faut bien quelque part où loger les chevaux des calèches du Vieux-Port, non ? En réalité, aux dernières nouvelles, deux chevaux seulement logeaient encore ici. Une fondation pour sauvegarder le Horse Palace, qui est l'une des plus anciennes écuries urbaines en Amérique du Nord, recueille des fonds : griffintownhorsepalace.com. 1220-1226, rue Ottawa

06 - CAFÉ GRIFFINTOWN

Quel bel endroit ! Qui n'a pas envie d'un pareil décor pour manger ? Les brunchs de la fin de semaine (de 10 h à 15 h) attirent un grand nombre de gens, tandis que les vendredis et samedis soir, on soupe en écoutant des musiciens de jazz. Délice à noter dans le menu, outre les tartares : la poutine au jus de canard. Enfin, le mot *café* dans le nom « café Griffintown » est trompeur : il s'agit véritablement d'un restaurant. 1378, rue Notre-Dame Ouest

07 - LA BISTROTE

Ce restaurant est le projet de la chef propriétaire Dana Elsliger. Le décor, fort joli (comme en témoigne la photo), c'est elle qui l'a pensé. Le menu, c'est elle aussi. La cuisine, toujours elle. Bref, la Bistrote pourrait s'appeler Chez Dana. Parce que les mets sont abordables, l'établissement compte beaucoup d'habitués parmi les professionnels qui travaillent dans Griffintown et qui se nourrissent ici le matin, le midi et l'après-midi. Du lundi au vendredi, le restaurant ferme à 17 h (parce qu'il faut bien que Mme Elsliger se repose de temps en temps !). 1510, rue Notre-Dame Ouest

08 - AUBERGE DE JEUNESSE HI-MONTRÉAL

Voici une bonne adresse pour quiconque n'est pas Montréalais, puisqu'en théorie, cette auberge n'est accessible qu'aux voyageurs. Pour des milliers de nouveaux venus au Québec, l'auberge Hi-Montréal sera leur toute première adresse, avant de se trouver un logement. 1030, rue Mackay

09 - LUDOVIK : LE DESIGN ACCESSIBLE

La mode, le design, le mobilier dernier cri, ça coûte une fortune ! Mais pas ici. Bien sûr, ce n'est pas donné non plus. Le concept consiste à fournir des éléments de décoration de qualité, parfois très originaux, voire saugrenus, sans pour autant viser une clientèle de millionnaires. Le propriétaire, Benoît Lacas (sur la photo), est un monsieur franchement sympathique. Il est très heureux du succès de sa boutique, ouverte depuis 2007.

1318, rue Notre-Dame Ouest

10 - FOONZO

Nostalgique d'Atari, de Coleco ou de Nintendo ? Foonzo offre des postes de jeu, avec ces consoles branchées à de vieilles télévisions, pour que vous puissiez y jouer. L'utilisation de ces machines rétro est gratuite : l'établissement fait ses sous avec la vente de bière et de nourriture. On peut aussi y voir des groupes d'amis jouant à des jeux de société, notamment à Jenga, et un aquarium à tortues qui divertit la clientèle. Un commerce vraiment étrange ! Dans un sous-sol sombre, c'est peu invitant, mais les gens y sont amicaux, ce qui compense. D'ailleurs, cette atmosphère de souterrain rappelle vaguement les sous-sols humides de bungalows où nombre d'entre nous ont fait l'expérience des vieux jeux auxquels on joue ici.

1245, rue Drummond

Bonaventure

INAUGURATION février **1967**

Vous aimez ça, vous sentir perdu ? Tant mieux, car c'est le sentiment que vous aurez en sortant du wagon de métro à la station Bonaventure. Il y a un si grand nombre de destinations possibles à partir d'ici (sans avoir à mettre le nez dehors puisque vous êtes au beau milieu du « Montréal souterrain ») que les pancartes d'indications donnent le vertige. La place qui porte le même nom que la station est un gigantesque golem de béton sans charme (sauf peut-être pour les architectes qui ne dédaignent pas le style brutaliste). Elle accueille pourtant un si grand nombre d'événements culturels et de salons, dont celui du livre et celui de l'habitation, que presque tous les Montréalais y ont mis le pied un jour ou l'autre. Le sommet de ce géant gris-brun est auréolé d'un jardin en toit-terrasse, avec piscine bien sûr, appartement à l'hôtel Hilton, qui occupe la partie supérieure de l'immeuble.

FRÉQUENTATION
8 163 468

1166, rue de La Gauchetière Ouest
955, rue de la Cathédrale

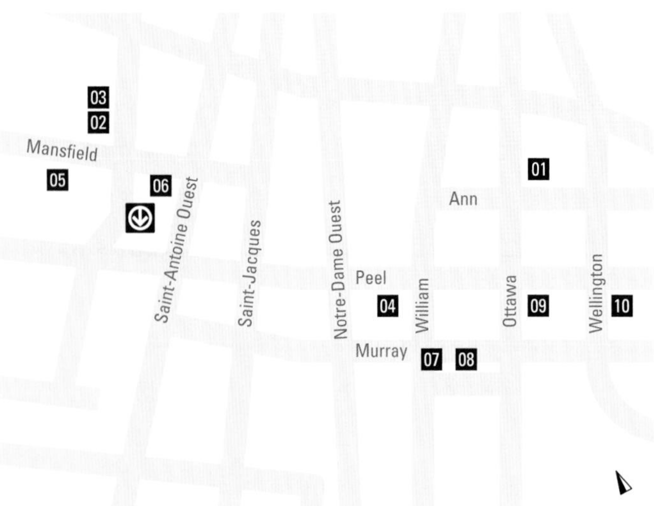

01 -
NEW CITY GAS

Voilà un bel exemple de préservation du patrimoine industriel. L'ancienne usine qui alimentait les réverbères et les édifices montréalais en gaz naturel au XIXe siècle est devenue un complexe multifonctionnel où s'organisent plusieurs centaines d'événements, en général festifs, chaque année. C'est un lieu très à la mode et magnifiquement rénové. 950, rue Ottawa

02 -
GARE CENTRALE

C'est la plus importante gare du Québec. Ici, vous êtes à quatre jours de train de Vancouver. Que ce soit pour aller vers les provinces de l'Atlantique ou à l'opposé, vers les Prairies, les Rocheuses et jusqu'à l'océan Pacifique, le train est le meilleur moyen de transport pour mesurer toute l'étendue est-ouest du Canada. La construction du chemin de fer transcanadien a cherché à concrétiser la devise canadienne (« D'un océan à l'autre ») et à consolider le commerce entre les différentes parties du pays. Remarquez bien les bas-reliefs qui ornent les murs aux deux bouts de la station et qui rendent hommage aux principales industries canadiennes des années 1940: il s'agit d'une œuvre de l'artiste Charles Comfort. 895, rue de La Gauchetière

03 - LA FAUSSE BIBLIOTHÈQUE (HALLES DE LA GARE)

Les Montréalais, qui ne sont pourtant pas des Hobbits, jouissent d'une vaste ville souterraine. La salle à manger la plus populaire des Halles de la Gare est une fausse bibliothèque qui donne l'impression de se trouver « hors terre ». Un artiste a peint les murs pour donner l'impression d'une pièce chaleureuse. Est-ce réussi ? L'illusion ne trompe personne, mais c'est mieux que rien. Tapies dans les fondations de l'hôtel Le Reine Élizabeth, les Halles offrent un panorama gastronomique assez complet. Il y a même un restaurant mexicain santé, La Estacion, qui se targue d'offrir des versions « allégées » des mets nationaux, pour ceux qui aiment la cuisine mexicaine mais tiennent à leur ligne. 895, rue de La Gauchetière

04 - L'ÉCOLE DE TECHNOLOGIE SUPÉRIEURE (ETS)

Peu de gens savent que l'ancien Planétarium Dow est maintenant la propriété de l'ETS qui, tel un joueur de Monopoly, peut se targuer d'avoir acheté le terrain du voisin. L'école qui forme un ingénieur sur quatre au Québec occupe donc maintenant les quatre coins de l'angle des rues Peel et Notre-Dame. Bonne nouvelle : l'ETS compte pérenniser la vocation publique du vieux Planétarium et préserver le bâtiment historique. Une « place publique » sera aménagée là où se trouve aujourd'hui le stationnement. Même si l'ingénierie ne vous intéresse pas, rien ne vous empêche d'aller prendre un verre au bar étudiant dont le nom, inspiré par un jeu de mots, s'appelle Le 100 génies.

1100, rue Notre-Dame Ouest

05 - LA CATHÉDRALE MARIE-REINE-DU-MONDE

C'est l'une des plus belles églises du Québec. L'une des plus imposantes aussi. Ses murs sont ornés de peintures et de vitraux représentant l'histoire du Québec depuis la création de la Nouvelle-France. Un vitrail montre par exemple le sieur de Maisonneuve et ses hommes en train de hisser une croix sur le mont Royal. Un autre montre Jacques Cartier débarquant à Gaspé. Dans une crypte où reposent de nombreux anciens évêques se trouve le tombeau, orné d'un gisant, de Monseigneur Ignace Bourget, une figure politique marquante du XIXe siècle.

1085, rue de la Cathédrale

06 - L'ATRIUM DU 1000 DE LA GAUCHETIÈRE

Cette belle patinoire intérieure en plein centre-ville est accessible à longueur d'année et attire des milliers d'adeptes jeunes et moins jeunes. Qu'il fasse 40 degrés Celsius en juillet ou moins 30 en janvier, on profite d'une glace quasiment parfaite sans devoir souffrir les humeurs de Dame Nature. Détail agréable : une portion vitrée du plafond laisse la lumière du soleil entrer. Il y a des patins et des casques en location, et des cours sont offerts. On peut y organiser des fêtes d'enfants ou profiter des sessions de patinage thématique, notamment les Samedis en folie, qui ont lieu chaque premier samedi du mois et où l'on peut patiner de 18 h à 21 h tout en écoutant, par exemple, du Led Zeppelin et d'autres classiques du rock.

1000, rue de La Gauchetière

07 - LE FANTÔME DE MARY GALLAGHER

C'est le fantôme le plus populaire de Montréal. Un prêtre catholique irlandais a même longtemps organisé des veillées à la chandelle avec les gens du quartier les nuits où il est dit que Mary Gallagher revient à la recherche de sa tête perdue… Mlle Gallagher était une prostituée d'origine irlandaise qui, en 1879, se fit décapiter à la hache et couper en morceaux par une consoeur jalouse. Si vous faites une visite guidée nocturne en quête des fantômes de Montréal, il est à peu près certain que l'on vous conduira à cette intersection (visible sur la photo, qui ne montre malheureusement pas le fameux fantôme). La légende veut que le spectre décapité de Mary Gallagher revienne ici aux sept ans.

Angle des rues Murray et William

08 - ARTÉ : MARCHÉ AUX PUCES

Voici une adresse de Griffintown aussi intéressante que méconnue. Je suis très heureux de l'avoir trouvée. Dans un ancien entrepôt des défunts supermarchés Steinberg se retrouvent plusieurs dizaines de milliers d'items usagés, mais toujours fonctionnels, dont des antiquités, certaines très intéressantes, et relativement très abordables si l'on compare avec les prix des antiquaires de la rue Notre-Dame, par exemple. ARTÉ est l'acronyme d'« Artisan du renouveau et de la transformation écologique ». Ce point de chute des sept écocentres montréalais est une caverne d'Ali Baba pour les amoureux de belles vieilles choses. 290, rue Murray

09 - ALPHAPLANTE

Vous avez probablement vu plusieurs fois l'œuvre de cette entreprise de jardinage intérieur sans du tout vous en douter. AlphaPlante loue des plantes, qu'elle entretient, à plus d'un millier de clients commerciaux, dont plusieurs grandes compagnies, hôtels et centres commerciaux. Ce magasin aménagé dans un ancien entrepôt offre des meubles de patio de luxe (mieux vaut avoir beaucoup de sous dans sa tirelire) et des plantes d'intérieur (certaines tout à fait abordables). J'ai eu un coup de cœur pour le dispositif de muraille-jardin qui permet de transformer son mur en jardin vertical avant de presque faire une crise cardiaque en regardant l'étiquette de prix. 230, rue Peel

10 - STARBUCKS GRIFFINTOWN

Une fois n'est pas coutume : cette chronique n'a pas l'habitude de parler de commerces comme Starbucks (puisque, de toute façon, il y en a tellement que vous les trouverez même sans les chercher). Cependant, le sud de Griffintown est si dépourvu de commerces de proximité que ce café est… le seul. Eh oui. Merci à Raul pour le sandwich qui a rassasié le journaliste à la fin de son exploration du quartier. Ce café comporte peu de place, mais communique avec le vestibule, confortable et magnifique, de l'hôtel Le Germain (Alt Montréal). 1080, rue Wellington

Square-Victoria–OACI

INAUGURATION février **1967**

Voici probablement le coin de Montréal où se retrouvent le plus de gens d'affaires ou de travailleurs prospères, et donc le plus fourni en bons restaurants et en belles boutiques. Le midi, c'est parfois la cohue ; mieux vaut reporter son dîner à 13 h ou 13 h 30, question d'éviter la foule. Pour les 5 à 7, il y a un nombre ahurissant de possibilités dans les environs. Vous cherchez un restaurant familial et abordable ? Il n'y en a pas vraiment. Le grand public ne sait pas que l'OACI est l'Organisation de l'aviation civile internationale, un organisme de l'ONU qui a ses bureaux à Montréal depuis 1947 et dont la mission consiste à fixer les règles qui régissent le fonctionnement le l'aviation commerciale partout sur terre. La présence de cet organisme explique en partie l'essor de l'industrie aéronautique dans le Grand Montréal. En 2013, le Qatar a essayé de ravir le siège social de l'OACI pour le déménager à Doha ; Montréal a eu la frousse et, dès la menace passée, a inscrit l'organisme à même les noms de son système de métro, question d'officialiser l'enracinement montréalais du puissant organisme onusien.

FRÉQUENTATION
5 086 207

605, rue Belmont
601, avenue Viger Ouest
601, rue St-Antoine Ouest
605, rue St-Jacques Ouest

01 - LE MUSÉE DE L'IMPRIMERIE

C'est presque un secret que ce petit musée, tellement il est méconnu. Il comporte pourtant des pièces impressionnantes, dont une réplique, fonctionnelle, de la machine à imprimer de Gutenberg. Ce musée est rattaché à une imprimerie familiale, celle des Lovell, fondée en 1835, qui en est à sa 5e génération et dont les presses fonctionnent toujours. Toutefois, on ne peut le visiter que sur rendez-vous : museeimpression.org. Avis aux professeurs : il y a des possibilités de visites scolaires.
423, rue Saint-Nicolas

02 - CANTINHO DE LISBOA

Cette boutique-épicerie-traiteur-comptoir, dont le nom signifie « Le coin de Lisbonne », séduit autant par ses odeurs fort alléchantes que par son décor coloré et accueillant. Il s'agit du 3e commerce de la chef Helena Loureiro, déjà propriétaire de Portus Calle et de Helena. Cantinho sert des repas comme dans une « cantine » ; libre à vous de les emporter pour les manger ailleurs ou de vous repaître ici puisqu'il y a une quarantaine de places assises. 356, rue Saint-Paul

03 - BRIT AND CHIPS

Pourquoi a-t-il fallu si longtemps pour que des restaurants de fish and chips de qualité fassent leur apparition au Québec ? Je suis partisan d'une explication peu scientifique : celle de la malédiction du Capitaine High Liner. En raison de cette marque de surgelé, le Québec s'est longtemps contenté d'insipides bâtonnets enrobés de chapelure comme si c'était la même chose. Or, le vrai poisson pané à la britannique, peut-être le seul met savoureux jamais conçu par l'Angleterre, a la consistance d'un nuage et fond dans la bouche comme du foie gras. C'est une nourriture presque abstraite tellement elle se défait dans le gosier. Seuls les barbares utilisent la fourchette ; il faut y aller avec ses doigts. Je salue bien bas le succès de ce restaurant qui n'a que quelques années, et qui a déjà une 2e succursale sur Côte-des-Neiges, et celui de son rival Comptoir 21 qui a pour sa part déjà trois succursales.
433, rue McGill

04 - CAFÉ DIFFÉRANCE

Probablement un des petits cafés les plus réputés de Montréal qui essaie le moins d'impressionner par son décor, volontairement banal. La différence entre un café du terroir et un café ordinaire ressemble à celle qu'il y a entre un thé de qualité et une poche de Salada. Idéalement, le café doit être bu dans le mois suivant sa torréfaction, pas plus ; si une compagnie n'indique pas sa date de torréfaction, changez de marque. Le secret est dans une torréfaction douce, respectueuse du grain de café. La clientèle de ce café situé aux abords du square Victoria porte souvent le veston.
449, avenue Viger Ouest

05 - CENTRE DU COMMERCE MONDIAL

Un des plus beaux endroits de la ville ! Même les tunnels qui relient le Centre du commerce mondial à la ville souterraine sont beaux, ce qui est exceptionnel. Au centre du Centre, non loin de la fontaine que vous ne pouvez pas manquer, se trouve un kiosque d'information : prenez une brochure du plan des lieux et de son histoire. Ici s'érigeaient des fortifications qui, au milieu du XIXe siècle, quand il devint évident que les États-Unis n'allaient pas essayer de nous envahir, furent partiellement détruites. La plupart des institutions financières y érigèrent ensuite leurs édifices. Aujourd'hui encore, la Power Corporation, la plus puissante compagnie canadienne, y a son siège social. La ruelle des fortifications est désormais protégée par une verrière : le quadrilatère d'édifices est donc clos, mais lumineux. Un morceau du mur de Berlin est gardé ici en souvenir du despotisme communiste.
747, rue du Square-Victoria

06 - BOTA BOTA

Le Bota Bota est un bateau spa qui mouille dans le port de Montréal. Il s'agit de la 3e vie et du 3e nom de cette embarcation. D'abord, en tant que *Arthur Cardin*, elle servit de traversier entre Sorel et Berthier. Ensuite, rebaptisée *L'Escale*, elle fut pendant 40 ans un bateau-théâtre sur le Richelieu. Depuis 2010, ayant pris le nom de Bota Bota, elle peut enfin se « reposer », fixée à un quai. La vue à partir du bateau est magnifique. Ne ratez pas l'occasion d'aller vous mouiller dans le fleuve dans la petite piscine grillagée située à l'arrière du bateau.
358, rue de la Commune Ouest,
Quais du Vieux-Port de Montréal

07 - SALMO NATURE

Bien qu'il soit une légende du monde de la pêche et une vedette de la télévision, Paul Leblanc reste très accessible et accueillant. Vous pouvez lui rendre visite dans sa boutique de la rue McGill. L'une de ses activités favorites consiste à confectionner des mouches, ces appâts ayant des formes d'insectes ou de petits animaux, pour ses clients. Ici vous trouverez tout l'équipement nécessaire pour partir à la pêche, du plus abordable au très haut de gamme. Quand on entre dans cette boutique entièrement consacrée à la pêche, on est pris de l'envie de se trouver loin, loin du centre-ville, les deux jambes dans les eaux vives d'une rivière à ouananiches. 110, rue McGill

08 - BOUTIQUE ZONE ORANGE

Cette petite boutique sympathique est l'un des meilleurs endroits pour acheter des produits d'artisanat à l'effigie de Montréal ou de ses lieux cultes. Il y a, par exemple, des coussins représentant le Stade olympique et des étuis protecteurs pour téléphones montrant l'enseigne des farines Five Roses. Même ceux qui n'aiment pas « magasiner » se surprennent ici à flâner un peu pour observer les centaines de curiosités. 410, rue Saint-Pierre

09 - CENTRE D'HISTOIRE DE MONTRÉAL

Ce musée dans une ancienne caserne de pompier fait de l'histoire de Montréal, de sa fondation, de son développement, de ses catastrophes et de ses quartiers disparus, son unique sujet. À l'entrée, sur le mur à votre gauche, vous trouverez une gigantesque carte de la ville à l'échelle. Si vous avez vu l'exposition des années précédentes, sachez qu'il y en a une toute nouvelle : l'exposition permanente a été renouvelée en mai 2014. Devant l'escalier qui mène au deuxième étage, vous pouvez saluer l'amiral Nelson, dont la statue, qui ornait jadis la colonne du même nom devant l'hôtel de ville, s'est réfugiée dans ce musée (une réplique la remplace sur la place Jacques-Cartier) depuis que le FLQ a tenté de la faire exploser. Quels « stigmates » la statue a-t-elle gardés de la bombe ? Difficile de le dire. 335, place d'Youville

10 - LES SŒURS GRISES

Situé dans le quadrilatère originel de Montréal, ce restaurant microbrasserie occupe les lieux qui furent habités par les sœurs dites « grises » (parce qu'elles aimaient fêter une fois leurs dures journées de travail terminées) de Marguerite d'Youville. Des éléments de mobilier de l'ancien couvent ont été incorporés dans le bar, notamment certaines chaises. Les bières brassées ici par le biérologue Martin Poirier portent des noms de circonstance, comme *L'Amère supérieure* (avec son arrière-goût d'épinette), la *Saison jupon* ou la *Marquis de Vaudreuil*. Méfiez-vous de la bière dorée amère parfumée au miel de bleuet appelée la *Sensei Master Ninja* : elle comporte plus de 11 degrés d'alcool. 32, rue McGill

Place-d'Armes

INAUGURATION octobre **1968**

La station Place-d'Armes est le sous-sol du Palais des Congrès, qui sert de « trait d'union », si l'on peut dire, entre la vieille ville au sud et le quartier chinois au nord.

FRÉQUENTATION
6 188 162

960, rue Saint-Urbain

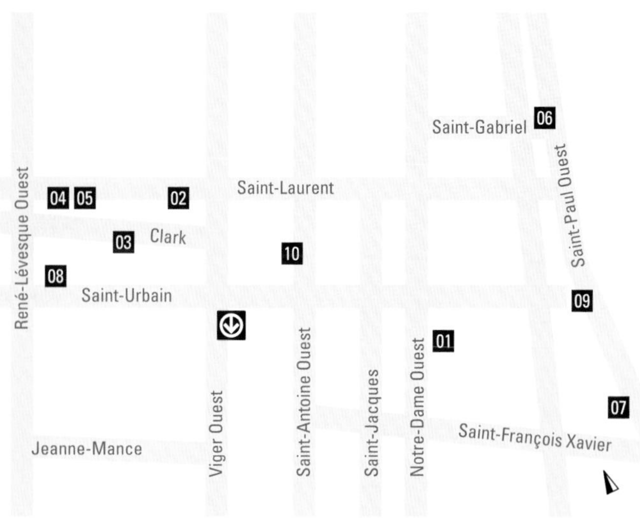

01 - BASILIQUE NOTRE-DAME

C'est l'une des plus belles (et grosses) églises du Québec. Allez voir au fond à droite le vitrail qui montre le sieur de Maisonneuve en train de hisser avec ses hommes une grande croix sur le mont Royal. La basilique comporte, en plus de la grande église, une chapelle, plus petite, construite après coup, au fond. La chapelle de Notre-Dame-du-Sacré-Cœur a été détruite par un incendie en 1978 et refaite en 1982 avec une décoration d'une modernité surprenante. Un magnifique et gigantesque retable de bronze de Charles Daudelin surplombe l'autel et reçoit la lumière du soleil à travers une ouverture. De toute beauté !
110, rue Notre-Dame Ouest

02 - LE CRISTAL CHINOIS : LES CANARDS LAQUÉS

Au lieu de « commander du chinois », pourquoi ne pas passer au comptoir du Cristal chinois pour acheter (pour 21 $) un canard laqué (à la pékinoise) cuit à la broche ? Vous ajoutez du riz ou des nouilles et des légumes verts à la vapeur, et le tour est joué. À en juger par le succès du Cristal chinois, on se dit que les supermarchés, qui offrent des poulets BBQ rôtis depuis au moins un quart de siècle, auraient du succès s'ils ajoutaient ce mets à leur offre. 998, boulevard Saint-Laurent

03 - CHEZ CHILI : GASTRONOMIE DE LA CHINE SÉCHOUANAISE

Je ne suis pas un spécialiste du quartier, mais des amis gastronomes soutiennent que ce petit restaurant en sous-sol, simple et propret, est l'un des meilleurs, sinon le meilleur, du quartier chinois. Le service en français est impeccable – un gros « morceau de robot » pour ça ! Son nom nous semble spontanément plus mexicain que chinois, mais il fait référence à l'épice qui agrémente et pimente la cuisine chinoise de la région du Séchouan. Oui, il y a le piment de Séchouan, une espèce indigène à cette partie de la Chine, et qui a son goût particulier, mais il y a aussi, carrément, du chili, que la cuisine séchouanaise importe depuis la découverte des Amériques et utilise abondamment dans ses plats. Un jeune restaurant chinois à découvrir. Surtout si vous en avez assez du sempiternel buffet médiocre à volonté que vous fréquentez depuis 30 ans. 1050B, rue Clark

04 - LE MAL NÉCESSAIRE : BAR À COCKTAIL

C'est peut-être le plus beau nom de bar à Montréal. Et ce bon goût se répercute partout dans l'établissement. Même le logo de néon vert en forme d'ananas (parce que des ananas évidés servent ici souvent de contenants) est charmant. La décoration est belle ; la clientèle l'est tout autant. Quant à la qualité de ce qui est servi, on y met du soin. Le Mal nécessaire accueille une fameuse compétition montréalaise de bartending appelée le « Drunken Master » qui se tient aux deux mois. Impossible de savoir si ce bar vieillira bien ; ce qui est sûr, c'est qu'il est arrivé à maturité et qu'il s'est taillé une place importante chez les amateurs de cocktails. 1106B, boulevard Saint-Laurent

05 - LA CAPITAL : TACOS TRADITIONNELS

Encore un commerce intéressant dans le quartier chinois qui n'a rien de chinois pour autant. Quelques semaines après son ouverture au printemps 2015, ce restaurant mexicain s'imposait déjà comme un incontournable. Les trois jeunes chefs d'origine mexicaine voulaient ouvrir une *taqueria* classique. Le décor est sobre. Leurs recettes de tacos sont simples et traditionnelles : porc mariné, bœuf *rib eye* AAA grillé ou crevettes panées. De la jeune cuisine avec de vieilles recettes ! À essayer : le *chicharron de queso*, du fromage gratiné sur une plaque qui ressemble à une sorte de croustille, à déguster avec de la salsa. Le prix de l'entrée tourne autour de 3,50 $ et celui des assiettes de trois tacos autour de 10 $. On ne se demande pas pourquoi c'est aussi populaire ! 1096, boulevard Saint-Laurent

06 - LA BOUTIQUE EMPREINTE : COOPÉRATIVE D'ARTISANS PROFESSIONNELS

Vous en avez assez des boutiques souvenirs pleines d'objets quétaines fabriqués en Chine qui polluent les zones touristiques de Montréal et de Québec ? Voici son antithèse. La boutique n'offre que de l'artisanat québécois authentique. Plusieurs dizaines d'artisans vendent leurs choses ici. Les prix demeurent raisonnables parce que c'est une coopérative : les artisans en sont eux-mêmes les proprios. Si vous venez ici avec un enfant, assurez-vous de lui faire essayer l'« arbre à billes » appelé *Concerto* pour feuilles du boisselier Emmanuel Péluchon : vous allez voir, c'est amusant ! Sacs à main, bijoux, tasses, décorations, etc. Ici, rien n'est banal. 88, rue Saint-Paul Est

07 - MUSÉE POINTE-À-CALLIÈRE : L'ÂME DE L'ARCHÉOLOGIE

Ce musée de l'archéologie érigé lui-même sur un site archéologique (de sorte que sa raison d'être s'inscrit dans ses propres fondations) occupe le lieu de naissance de Montréal. Allez vous placer sur la pointe de la pointe devant ce musée et imaginez qu'il n'y a autour de vous que de la nature sauvage : des arbres à perte de vue et de l'eau – il y a à peine 400 ans, c'était le cas. 350, place Royale

08 - KAM FUNG : LES DIM SUMS

Un *dim sum*, c'est, pour ainsi dire, un buffet roulant. Vous demeurez assis ; c'est le buffet qui vient à vous. Quand, sur l'un des comptoirs roulants qui circulent près de votre table, passe quelque chose qui vous tente, vous faites signe : on vous donne le plat voulu et on le note dans le petit carnet sur votre table (avec lequel on calculera votre facture). Attention : si vous êtes assis dans un coin de la salle, la dame qui pousse le comptoir à soupe won ton en rond autour du restaurant est élusive et difficile à « attraper ». Et si vous ne laissez pas le couvercle de votre théière ouvert pour signifier qu'elle est vide, on ne vous versera pas d'autre thé. Mieux vaut réserver une table et venir tôt au moment du brunch plutôt qu'en après-midi (les réservations ne sont alors plus acceptées) et qu'une file de gens en attente fait ressembler les corridors adjacents au Kam Fung à une salle d'urgence bondée. 1111, rue Saint-Urbain

09 - TAVERNE GASPAR

Un bel endroit sympathique, la Taverne Gaspar. On y offre l'huître à 1 $ de 17 h à 19 h tous les jours, fish and chips à volonté et un litre de bière pour 25 $ le mardi. La terrasse sur le toit de l'Auberge du Vieux-Port est l'une des meilleures du Vieux-Montréal, notamment pour voir les feux d'artifice. 89, rue de la Commune Est

10 - STEVE'S : MAGASIN DE MUSIQUE

Digne du jeu Monopoly, l'histoire de ce magasin a été ponctuée par l'achat successif des commerces adjacents de manière à occuper (presque) tout un pâté de maisons. Jadis (en 1965), le *Steve's Music Store* (c'était avant la loi 101) occupait le 51 de la rue Saint-Antoine ; officiellement, c'est encore l'adresse. Il a entre-temps acheté toutes les boutiques voisines (sauf la dernière, occupée par un conçurent). Des succursales ont ouvert à Toronto, à Ottawa, à Dollard-des-Ormeaux et à Greenfield Park. Le Steve du nom est mort en 2012, mais certains des employés du magasin de la rue Saint-Antoine ont plus de 30 ans d'expérience. J'aime bien l'aspect « sous-sol humide aux vieux murs délabrés » qui donne à la boutique un cachet vieillot. 51, rue Saint-Antoine Ouest

Champ-de-Mars

INAUGURATION octobre **1966**

Même si elle paraît parfois isolée, en raison de l'autoroute Ville-Marie qui la coupe du Vieux-Port de Montréal, la station de métro Champ-de-Mars donne accès à un coin de la ville qui a beaucoup à offrir. Le quartier historique du Vieux-Port déborde en effet de petits restaurants, galeries d'art et attractions diverses qui font la joie des Montréalais, qui se réapproprient tranquillement les lieux, et des touristes venus des quatre coins du monde.

940, rue Sanguinet

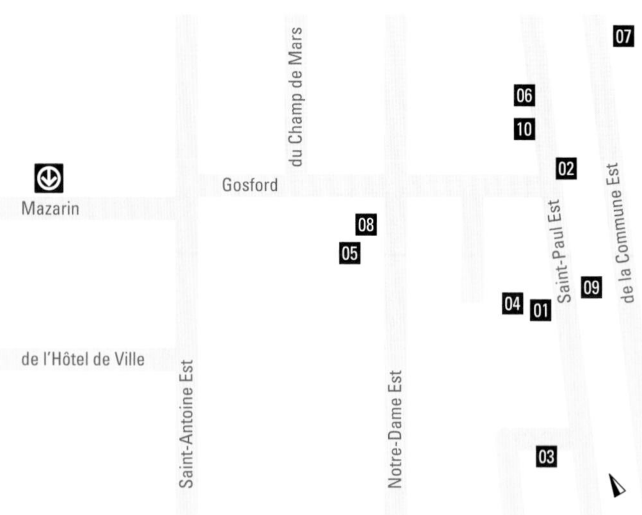

01 - JARDIN NELSON

Restaurant incontournable du Vieux-Montréal, le Jardin Nelson est réputé non seulement pour sa magnifique cour intérieure, mais aussi pour ses fameuses crêpes salées. Transportez-vous dans une petite oasis et détendez-vous dans ce décor enchanteur au rythme de la musique jazz. Le restaurant offre un menu très varié, composé de salades, de pâtes et de fines pizzas, en plus de présenter un bon choix de viandes. 407, place Jacques-Cartier

02 - CHEZ L'ÉPICIER

Ayant pignon sur rue depuis l'an 2000, Chez L'Épicier offre une cuisine à la fois créative et raffinée, conçue par un de nos plus grands chefs, Laurent Godbout. Avec un menu d'inspiration française, le restaurant/bar à vin s'assure d'offrir des plats mettant en valeur les produits du Québec, tels le magret de canard du lac Brome ou la salade de crevettes de Sept-Îles. Annexé au restaurant, on retrouve également une boutique gourmande où des produits fins du terroir québécois côtoient une variété de produits d'importation. 311, rue Saint-Paul Est

03 - LA RUE SAINT-AMABLE

Surnommée jusqu'à tout récemment la rue des Artistes, la rue historique Saint-Amable accueille chaque été (depuis 1969) une poignée d'artisans québécois qui la transforment en véritable galerie d'art à ciel ouvert. Cette petite rue de 4,9 mètres de largeur est aujourd'hui piétonne et fort prisée des nombreux touristes en raison de sa proximité avec la place Jacques-Cartier. Rue Saint-Amable

04 - LA PLACE JACQUES-CARTIER

Entourée de petits cafés et de restaurants d'inspirations diverses, la place Jacques-Cartier est un des endroits les plus animés du Vieux-Montréal. Ce lieu (réservé aux piétons) rassemble artisans, amuseurs publics et musiciens, qui y offrent produits et performances pour le plus grand bonheur des touristes qui s'y massent par centaines, aussitôt que les premiers rayons de soleil mettent l'hiver en fuite. C'est aussi à cet endroit que la colonne dédiée à l'amiral Horatio Nelson est érigée.
Entre les rues Notre-Dame Est et de la Commune

05 - PLACE VAUQUELIN

Bien qu'elle ne soit pas des plus impressionnantes, la fontaine centrale de la place Vauquelin (située entre l'hôtel de ville de Montréal et l'ancien palais de justice) attire à elle seule des mannes de touristes depuis qu'elle a figuré dans *X-Men : Apocalypse*, tourné à Montréal à l'été 2013.
275, rue Notre-Dame Est

06 - MARCHÉ BONSECOURS

Longtemps considéré comme le plus important marché public de Montréal, jouant à l'époque un rôle primordial dans le développement de la ville, le marché Bonsecours regroupe aujourd'hui restaurants, terrasses et boutiques de créateurs québécois. Il s'agit donc de l'endroit parfait pour trouver des cadeaux et souvenirs originaux… *made in Québec.* 350, rue Saint-Paul Est

07 - QUAI DE L'HORLOGE

Depuis le début du XXe siècle, la tour de l'Horloge, située à l'entrée du Vieux-Port de Montréal, constitue un point de repère visuel et historique sur les berges du fleuve Saint-Laurent. Il est maintenant possible de s'y rendre pour profiter des journées ensoleillées, car, à même le quai de l'horloge, une plage urbaine a été aménagée. Avec son sable fin, ses chaises longues, ses parasols et la fraîcheur de ses brumisateurs, l'ambiance de vacances est au rendez-vous. Près des rues de la Commune et Berri

07

08 -
HÔTEL
DE VILLE DE
MONTRÉAL

Siège de la démocratie montréalaise, l'hôtel de ville de Montréal réunit les élus municipaux de la métropole. Le bâtiment a été édifié au XIXe siècle, mais, à la suite d'un violent incendie en 1922, seul l'extérieur de la bâtisse a été conservé. Tous les jours, il est possible d'y visiter le hall d'honneur, inspiré du style Beaux-Arts. Des expositions y sont parfois présentées. 275, rue Notre-Dame Est

09 -
JACK
SALOON

Avec son concept de bar festif (poussé à l'extrême !), le Jack Saloon est le nouveau temple de la cuisine éclatée (de type *smoke house*), des drinks inventifs et du rock'n'roll dans le Vieux-Port. Dans ce *trashy saloon* (digne des films de Tarantino), tout a été pensé dans le but de créer une ambiance à couper le souffle. Il y a la partie restaurant et le show-bar, avec une scène pour des spectacles et un comptoir bouffe offrant des poutines et des tacos inventifs. Ici, c'est « Bouffe, Jack et Rock'n'roll » ! 262, rue Saint-Paul Est

10 -
LA
CHAMPAGNERIE

Qu'on ait envie d'un champagne prestigieux ou d'un mousseux plus accessible, on est le bienvenu à La Champagnerie puisque celle-ci s'est donné la mission de démocratiser les bulles ! Dans ce bar du Vieux-Montréal (qui possède l'une des plus longues listes d'importations privées en ville), les clients peuvent même s'essayer à sabrer leur bouteille, en suivant les conseils avisés du personnel. La Champagnerie sert aussi un menu raffiné, concocté selon les arrivages locaux. À noter que les fins de semaine y sont électriques et dansantes !
343, rue Saint-Paul Est

Sherbrooke

INAUGURATION octobre **1966**

C'est reconnu, le Plateau-Mont-Royal est le quartier général des artistes de tout horizon. Conscients de cette réalité, bon nombre de commerces « sur mesure » sont apparus au cours des dernières années, dans le but de répondre aux demandes de cette clientèle hétéroclite. Aux abords de la station de métro Sherbrooke se trouve donc une foule d'adresses tantôt excentriques, tantôt classiques fréquentées par une faune tout aussi diversifiée.

FRÉQUENTATION
4 436 062

3580, rue Berri
3585, rue Berri

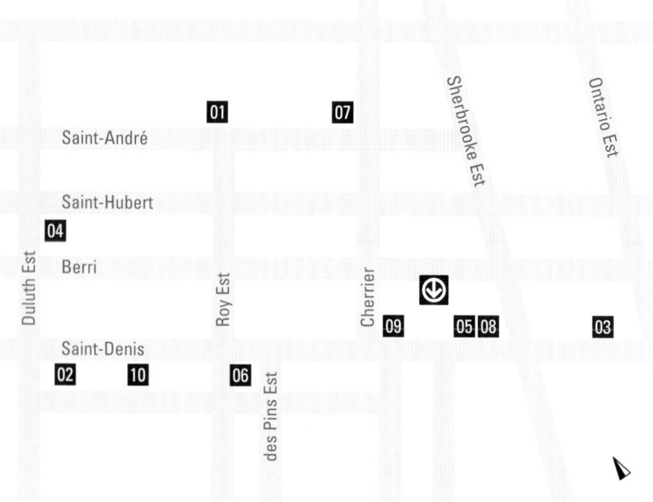

01 - L'GROS LUXE

L'un des restos de quartier les plus courus du Plateau, L'Gros Luxe a su conquérir le cœur des Montréalais grâce à son concept « sur mesure » qui répond aux besoins de la clientèle locale. Ici, le menu (réconfortant et abordable) est modifié selon les préférences des clients. Et difficile de ne pas se sentir comme chez soi dans ce décor vintage où les lustres et les miroirs d'époque côtoient des portraits anciens qui rappellent nos grands-parents.
3807, rue Saint-André

02 - LE SAINT-JUDE ESPACE TONUS

Club privé unique en son genre, le Saint-Jude offre à ses membres la chance de vivre une expérience complète et haut de gamme dans un cadre qui unit les services d'un club sportif et d'un spa. Ce gym nouveau genre allie ainsi l'idée du club d'entraînement plus que complet et la zénitude de l'expérience thermale d'un spa… en milieu urbain ! L'accès aux cours de groupes, les services d'entraîneurs et de kinésiologues, les massages sportifs ainsi que l'accès aux saunas, hammams et bains thérapeutiques sont inclus à chacune des visites. 3988, rue Saint-Denis

03 - L'AMÈRE À BOIRE

Cette brasserie artisanale sans prétention de la rue Saint-Denis est fort appréciée par les amateurs de houblon, qui s'y rendent fidèlement depuis 1996. S'inspirant des grands brassicoles européens, L'Amère à Boire brasse sa propre bière (d'une qualité remarquable) sur place et propose une sélection de tapas, de burgers et de plats de saison pour compléter l'expérience. 2049, rue Saint-Denis

04 - AU PIED DE COCHON

Reconnu pour sa cuisine décadente où le foie gras est roi, le restaurant Au Pied de cochon possède également une cabane à sucre désormais ouverte à l'année et un camion de bouffe de rue qui laisse flotter de délicieux effluves derrière lui. Ici, inutile de compter les calories (vous seriez découragé !), il suffit de s'asseoir et d'apprécier le spectacle culinaire que nous offre le chef Martin Picard.
536, avenue Duluth Est

05 - X-20 RIO

Destination rêvée pour les amateurs de bottes Dr Martens et de souliers Converse, ces deux boutiques underground (situées l'une en face de l'autre) appartiennent au même propriétaire, qui a voulu en faire une destination incontournable. Pour les petits, les grands, les classiques et les excentriques, les deux boutiques possèdent un inventaire de chaussures à couper le souffle, sans parler des vêtements de style punk. 3456 et 3459, rue Saint-Denis

06 - DISQUES BEATNICK

Ce disquaire spécialiste met en vente une quantité impressionnante de disques vinyle neufs et usagés de styles très variés, allant du pop au rock en passant par le jazz et le country. Le vaste assortiment de Disques Beatnick devrait plaire aux collectionneurs à la recherche de la perle rare pour compléter leur collection. Un des meilleurs endroits à Montréal où trouver vinyles et CD neufs et usagés. 3770, rue Saint-Denis

07 - ATELIER LE GRAND CYCLE

Véritable garage pour vélos, cet atelier répare et remet à neuf n'importe quel type de bicyclette. Le magasin offre une variété de services pour votre véhicule à deux roues, dont la mise au point, la réparation sur le « fly », la location, la vente (vélos urbains, hybrides, de montagne, de cyclotourisme) et même une douche à vélo à prix très modique. 901, rue Cherrier Est

08 - LIBRAIRIE DU SQUARE

Cette librairie indépendante, qui fête son 30e anniversaire cette année, accueille bon nombre d'étudiants et de résidents du quartier, qui font confiance aux conseils judicieux de la propriétaire Françoise Careil. Malgré son minuscule local de 750 pieds carrés, la librairie offre des livres de tous genres, aussi fascinants et insolites que nécessaires. 3453, rue Saint-Denis

09 - CAFÉ CHERRIER

Le Café Cherrier est un incontournable de la rue Saint-Denis, voire une institution à Montréal. Voisin du square Saint-Louis, ce bistro français tout ce qu'il y a de plus classique offre un menu respectant les traditions de la cuisine française matin, midi et soir, et possède une magnifique terrasse entourée de vigne. Depuis 1931, le restaurant se positionne comme lieu de rencontre du monde culturel, politique et sportif. 3635, rue Saint-Denis

10 - THÉÂTRE D'AUJOURD'HUI

Depuis 1968, le Théâtre d'Aujourd'hui se consacre exclusivement à « la création, la production et la diffusion de la dramaturgie québécoise et canadienne d'expression française ». Ce petit théâtre de 250 places, dont 41 au balcon, encourage donc les artistes de la relève et les créateurs d'ici. Le théâtre abrite également la salle Jean-Claude Germain, qui peut quant à elle accueillir quelque 75 spectateurs, dans une ambiance plus intime. 3900, rue Saint-Denis

Mont-Royal

INAUGURATION octobre **1966**

Le quartier populaire ouvrier dépeint par le romancier Michel Tremblay s'est métamorphosé. Il est devenu un coin fort prisé par l'immigration européenne, surtout française. Bien que l'expression ne soit pas encore commune, je l'utilise : le Plateau est bel et bien devenu une Petite-France. Devinez quoi ? L'une des grandes qualités de ce quartier est… la bouffe. Comme quoi certains clichés sont vrais, et c'est tant mieux.

FRÉQUENTATION
5 082 275

470, avenue du Mont-Royal Est

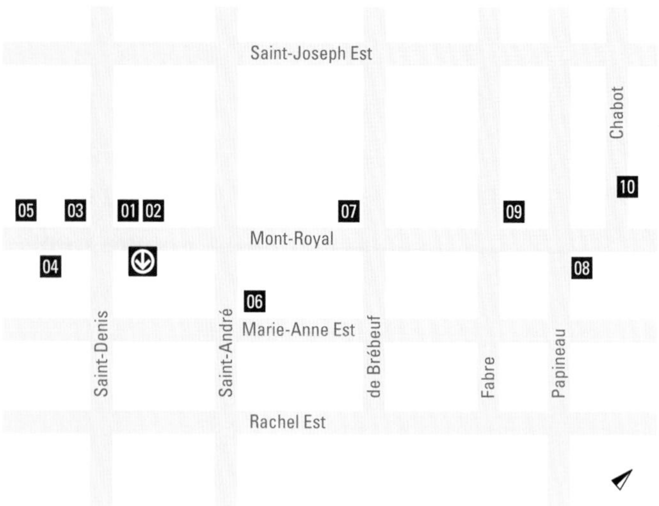

01 - LA DISTRIBUTRICE : COMPTOIR DE CAFÉ

Imaginez un grand placard à balais coincé sous un escalier. C'est à peu près ça, le café La Distributrice. Ce comptoir de café 3e vague haut de gamme sied parfaitement aux contraintes spatiales de ce local, à l'intersection de la rue Saint-Denis et de l'avenue Mont-Royal. Les lecteurs plus âgés se souviennent peut-être de l'interminable suite de petits restaurants à avoir fait faillite dans ce lieu improbable. Ce petit local de rien du tout semble avoir enfin trouvé sa vocation. 408, avenue du Mont-Royal Est

02 - SANCTUAIRE DU SAINT-SACREMENT : UNE ÉGLISE ACCUEILLANTE ET TRANQUILLE

Il y a quelque chose d'incroyablement apaisant dans la quiétude de ce lieu de recueillement, juste à côté de l'hyper-achalandé métro Mont-Royal. Pendant l'heure de pointe, vous grimpez quelques marches pour entrer dans l'église du sanctuaire du Saint-Sacrement et, dès que la porte s'est refermée derrière vous, vous voilà ailleurs. Souvent, les frères et les sœurs de la Fraternité de Jérusalem chantent les psaumes. Leur mission est de vivre une vie de contemplation religieuse au cœur des villes. Leur magnifique église ouverte presque en tout temps aux passants offre un havre de beauté et de tranquillité.

500, avenue du Mont-Royal Est

03 - BILY KUN : BAR DE QUARTIER

Depuis son ouverture en avril 1998, un grand nombre de têtes d'autruches empaillées (emblématiques de l'endroit) ont défilé sur les murs de cette institution qui a gardé l'ambiance et l'énergie des premières années. Le personnel est sympathique et professionnel et les prix sont raisonnables, ce qui en fait probablement un des meilleurs bars de quartier à Montréal. C'est animé presque sept soirs sur sept. (Certains me feront remarquer que la faune médiatique branchée a plutôt tendance à se tenir au Furco dans le centre-ville ; c'est vrai, mais, justement, le Furco et le Bily Kun ont été conçus par les mêmes proprios.) Le succès du Bily Kun (qui veut dire « Cheval blanc » en tchèque) a même entraîné la création du bar Plan B (non loin de là sur Mont-Royal) pour offrir une solution de rechange intéressante aux aspirants-clients du Bily Kun refoulés lorsque l'endroit est plein comme un œuf.

354, avenue du Mont-Royal Est

04 - TRIP DE BOUFFE : LE PRÊT-À-MANGER LIBANAIS

Ce boulanger-traiteur libanais offre des sandwichs faits avec son propre pain fraîchement sorti du four, parfois encore fumant – imaginez la différence que ça fait. Ajoutez à cela l'atmosphère amicale et les bons prix : difficile de ne pas adopter ce commerce quand on l'a essayé. L'auteur de ces lignes confesse sa dépendance aux sandwichs faits avec ce pain à mi-chemin entre le pita italien et le naan indien.

277, avenue du Mont-Royal Est

05 - LIBRAIRIE LE PORT DE TÊTE : *PUSHER* DE BONS LIVRES

La petite fraction des Montréalais qui aiment vraiment la littérature et la pensée trouve ici un sanctuaire. Si vous cherchez un essai rare de René Girard ou de Mircea Eliade ou encore un pamphlet anarchiste de l'obscur collectif français Tiqqun, vous le trouverez ici. En s'adressant aux grands bibliophiles et aux intellectuels sans faire de concession aux banalités commerciales (de toute façon trouvables partout ailleurs), la librairie Le Port de tête s'assure une clientèle non seulement fidèle, mais prête à dépenser beaucoup. À ceux pour qui les livres sont une drogue, il faut un *pusher* capable de fournir du bon *stock*. J'ai un ami qui a flambé près d'un millier de dollars en un an ici... La moitié de la boutique est consacrée aux bandes dessinées et aux livres pour enfants. Il y a aussi des livres de collection comme l'édition originale de *Prochain épisode* d'Hubert Aquin (sur la photo) à 200 $.
262, avenue du Mont-Royal Est

06 - LE MOINEAU MASQUÉ : CAFÉ ET GAUFRES

Un peu à l'écart de la circulation de l'avenue du Mont-Royal, dans un charmant petit local de la rue Marie-Anne, se trouve un commerce peu connu (et c'est tant mieux pour ses habitués) qui offre du bon café (notamment celui du torréfacteur québécois Café Saint-Henri) et d'excellentes gaufres. Il y a une douzaine de places seulement à l'intérieur. 912, rue Marie-Anne Est

07 - PIZZÉDÉLIC MONT-ROYAL : RESTO-BAR FAMILIAL DE QUARTIER

Contrairement à ce que son nom peut laisser entendre, Pizzédélic Mont-Royal est un restaurant indépendant. Tôt en soirée, il y plein de familles ; ça se remplit de jeunes gens à la mode un peut plus tard. Certains enfants qui raffolaient de la pizza dans les années 1990 et début 2000 ont aujourd'hui la vingtaine et reviennent d'eux-mêmes. Le service est rapide et courtois, le prix raisonnable. Quand la cuisine est bien gérée et que les clients sont contents, les affaires suivent. Le décor « psychédélique » conçu en 1994 par Jean-Pierre Viau n'a peut-être plus l'air extra-terrestre qu'on lui trouvait à l'origine, mais il est toujours aussi agréable, coloré et sympathique.
1250, avenue du Mont-Royal Est

08 - LE DOGGY CAFÉ : RESTAURANT « APPORTEZ VOTRE CHIEN »

C'est le seul restaurant « apportez votre chien » à Montréal. Il est encore peu connu parce qu'il n'a ouvert ses portes qu'en janvier 2015. Et devinez quoi ? Ça déborde de vie ! Les chiens se comportent autour des tables comme dans un parc : ils se sentent les uns les autres et se courent après. Autant les cafés à chats s'avèrent ennuyeux, autant le Doggy Café est amusant. L'entrain des chiens, c'est contagieux, et ça donne un spectacle qui met de bonne humeur. Sachez qu'un chien saucisse grisâtre appelé Jean-François sert de mascotte officieuse au commerce. Parfois, un chien qui a faim vole le repas dans l'assiette de quelqu'un, et ça fait rire tout le monde. Chapeau à la proprio, Gabrielle Aubin, qui parvient à gérer ses deux clientèles : humaine et canine. 4493, avenue Papineau

09 - LE PÉTRIN FOU : BOULANGER DE GRAINS ANCIENS

Récipiendaire du prix du meilleur pain aux grains anciens de l'Expo *Manger santé et vivre vert* en 2014, le boulanger Mario Pariseau est passionné par son métier ; si vous lui posez une question sur son travail, il devient intarissable. Vous êtes curieux ? Il vous laissera goûter à des « échantillons » de tous ses pains. Ses fougasses aux olives et au fromage bleu sont excellentes, ses petits pains « Buffalo Bill » au fromage de bufflonne et aux champignons se dévorent en quelques bouchées et ses pains sucrés, au caramel ou au chocolat, souvent parfumés à la lavande, font fureur comme dessert. Chaque samedi et dimanche, M. Pariseau propose des recettes spéciales.

1592, avenue du Mont-Royal Est

10 - DUMPLINGS ET CHINOISERIES : COMPTOIR DE RAVIOLIS CHINOIS

Ce commerce est juste assez en retrait de l'avenue du Mont-Royal pour échapper à l'attention de la plupart des passants. C'est dommage. (C'est si facile à faire, des dumplings !) Le proprio, Claude Brûlé, est un peu bourru de prime abord, mais il s'avère rapidement sympathique (une fois qu'on le connaît) ; il veut seulement s'assurer que vous sachiez exactement comment (et comment ne pas) faire cuire ses dumplings si vous les achetez surgelés (dans des sacs d'une vingtaine de morceaux, à 10 $, au poulet ou au porc). Vous pouvez aussi les déguster sur place à une table ou les prendre pour emporter.

4507, rue Chabot

09

Laurier

INAUGURATION octobre **1966**

C'est une station dont les édicules sont très éloignés. Le premier donne sur Saint-Joseph, juste à côté de l'École supérieure de ballet. Un grand nombre d'étudiants de l'Université de Montréal transitent par ici en raison de la ligne d'autobus 51 qui va jusqu'au pavillon Jean-Brillant et aux HEC en moins de dix minutes. Quant à l'édicule de l'avenue Laurier, ses abords comptent parmi les plus esthétiques et achevés. Un petit parc s'érige à la sortie, assez agréable pour que des gens s'y installent. En marchant cinq minutes vers l'est, on arrive à l'un des espaces verts les plus charmants de Montréal : le parc Laurier.

FRÉQUENTATION
4 357 433

5113, rue Rivard
495, rue Gilford

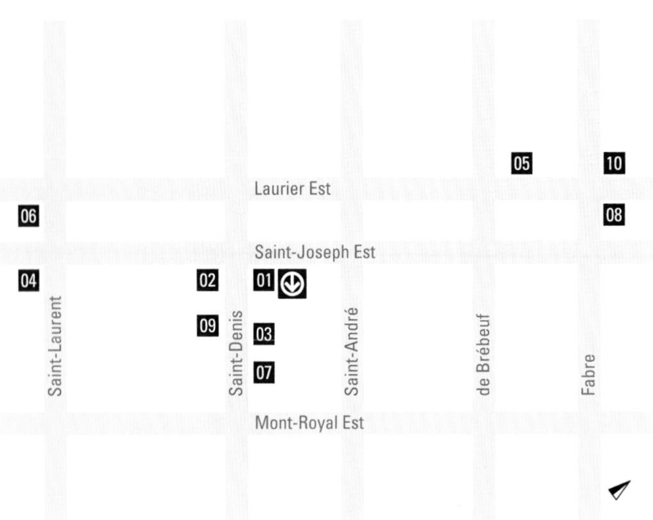

01 - ÉCOLE SUPÉRIEURE DE BALLET DU QUÉBEC

Quiconque aime le ballet et souhaite s'y initier est le bienvenu ici, même les gens d'âge mûr sans espoir de carrière dans le domaine. Bien sûr, l'École supérieure a pour vocation principale de former la relève de l'élite professionnelle du ballet, ce qui se fait surtout avec de jeunes danseurs talentueux, souvent à la faveur d'un programme de sport-étude au primaire, au secondaire et au collégial. Mais le soir et la fin de semaine, ça se démocratise. Il faut cependant être sérieux et être prêt à s'investir pendant plusieurs semaines d'effort.
4816, rue Rivard

02 - CHARME ET SORTILÈGE : BOUTIQUE DE MAGIE BLANCHE

Je ne crois pas en la magie, mais comment ne pas vous parler de cette boutique assez peu commune dans les parages de la station Laurier ? Ici vous trouverez de « vraies » baguettes magiques, des grimoires de sorcier et des ingrédients pour vos potions. Avouez que c'est rare, comme fonds de commerce. Marie-Renée Patry, une comédienne qui a joué dans plusieurs téléséries bien connues, est l'une des propriétaires (et druidesse). Cette boutique prend la magie au sérieux, alors ne venez pas ici à la recherche de jouets ou de farces et attrapes pour prestidigitateurs.
4933, rue de Grand-Pré

03 - NUSPACE

Voici une belle et vaste boutique de mobilier haut de gamme, de jolis luminaires, d'éléments de décoration et d'objets de collection. Les abat-jour des designers québécois OTRA sont remarquables. La collection de coussins et poufs de marque Fatboy donne envie de s'y écraser. Il y a énormément de possibilités de petits cadeaux originaux : par exemple, des bouteilles munies d'un morceau de charbon pour filtrer l'eau et des boîtes à lunch humoristiques dont l'une ressemble à une glacière à organes de transplantation. Il y a aussi des répliques de jouets fétiches, tel ce téléphone Fisher Price sur la photo. Bref, NuSpace conjugue avec bonheur le chic et l'amusant, le spectaculaire et le comique.
4689, rue Saint-Denis

04 -
PUB SIR JOSEPH

Ce nouveau restaurant aux allures de pub anglais offre du fish and chips et, pour citer la barmaid Sophie, « de la bouffe pour absorber la bière ». Il y a des charcuteries faites maison et des huîtres. On ne lésine pas sur la gastronomie, mais tout reste abordable. Il y a un grand choix de gins, de scotchs et de vins. Beaucoup de jeunes couples et de groupes passent la soirée ici à boire et à manger. L'Espace Go n'est pas loin, et les spectateurs, ainsi que les acteurs, se retrouvent souvent ici après une pièce. Pour ma part, j'ai pris un cocktail aux « épices de Montréal » (oui, oui, les épices à steak typiques de la métropole), un Bloody Mate contenant gin, Clamato, Worcestershire, Tabasco et épices de Montréal. C'était délicieux ! 4902, boulevard Saint-Laurent

05 -
LAPIN PRESSÉ

C'est l'une des premières « grilled cheeseries » au Québec. Proprio du Lapin Pressé, Sylvain Paré a inventé le terme pour désigner son établissement. « Je n'ai pas fait breveter le mot, mais c'est quand même mon bébé. » Parmi les recettes fétiches : raclette, bacon, poivre noir ; Saint-Paulin, thym, lapin confit ; emmental, jambon, moutarde de Dijon ; etc. Les recettes varient selon la saison. Le café servi, à partir des grains torréfiés par Café Saint-Henri, est excellent. L'étroitesse du local du Lapin donne à sa minuscule salle à manger vaguement rectangulaire quelque chose d'utérin. On est comme dans un cocon ici.
1309, avenue Laurier Est

06 - DIEU DU CIEL

Depuis 1998, ce bar connaît un succès presque indécent par son ampleur et sa continuité : le rêve de tout propriétaire ! Le Dieu du Ciel est plein presque sept soirs sur sept. Même le jour, c'est souvent très occupé et la diversité de la clientèle est impressionnante. Tandis que l'inculture brassicole affligeait encore l'écrasante majorité des bars de la province, qui offraient des bières insipides, le Dieu du Ciel a immédiatement misé sur des brassins artisanaux, aux arômes très prononcés. Une seule mise en garde : si vous y venez le soir, prévoyez une solution de remplacement parce que ce sera probablement plein. 29, avenue Laurier Ouest

07 - LE COUTEAU : CAFÉ HAUT DE GAMME

Le local est lumineux, les murs blancs, le mobilier minimaliste. Le Couteau sert de l'excellent café, un peu plus cher qu'ailleurs, et c'est sa vocation. Ne cherchez pas les sandwichs, paninis ou autres à-côtés typiques des cafés qui se « restaurantifient » pour essayer d'augmenter leurs profits. Ici, à part quelques grignotines, on existe pour le café, le café, le café. Peu importe ce que vous commanderez, ce sera bon et on vous expliquera précisément les subtilités gustatives des grains de café que vous aurez choisis. Pourquoi ne pas prendre un café-filtre ? Il est de si bonne qualité qu'il se boit noir (le lait affadirait son arôme), et si peu torréfié qu'il goûte encore le fruit. 4627, rue Saint-Denis

08 - LE SAIN BOL

Le propriétaire du Sain Bol n'est pas du genre à rechercher la publicité. Il n'en a pas besoin, le bouche-à-oreille lui suffit. Comment décrire sa cuisine ? Je dirais : minimaliste. Il accorde autant d'importance à la qualité des ingrédients qu'à la manière de les cuisiner. Si un fromage, un pain, un légume ou un fruit a bon goût, pourquoi l'altérer avec des épices ou des modes de cuissons, disons, agressifs ? Le Sain Bol est moins soucieux de « cuisiner » ses aliments que de les mettre en valeur. J'ai découvert ce restaurant au cours d'une « quête » du meilleur grilled cheese à Montréal. Seul le Sain bol offrait une recette simplement composée de pain et de deux fromages, le tout d'une épaisseur scandaleuse. Attention : c'est fermé le mercredi. 5095, rue Fabre

09 - ÉPICERIE DE GRAND-PRÉ : DÉPANNEUR GASTRONOMIQUE

L'épicerie De Grand-Pré est ce que l'on pourrait appeler un dépanneur gastronomique haut de gamme. Tout ou presque y est artisanal et chaque type de produit, ceux que l'on retrouve habituellement dans les dépanneurs, est fourni par une seule marque. Le lait, par exemple, est du Nutrinor (le meilleur qui soit au Québec). Les croustilles ? Des Kettle. La confiture est du confiturier Simon Turcotte. Les épices, de Marie Michèle. La moutarde et l'huile viennent de la Maison Orphée. Les terrines et rillettes, de Concept Connivence. Même les vins sont de qualité supérieure à ce que l'on retrouve habituellement dans ce type de commerce. Une autre différence majeure avec les autres dépanneurs : l'épicerie Grand-Pré ne vend pas de cigarettes ou de billets de loto. 4800, rue de Grand Pré

10 - BUK & NOLA

Cette petite boutique de décoration de l'avenue Laurier vaut le détour. Ses deux jeunes propriétaires sont curieuses et savent dénicher des coussins, des rideaux, des petits meubles et toutes sortes d'objets colorés et agréables. Sur la photo : un mobile pour enfants avec toutous d'oiseaux fabriqué par l'artisane Kim Gadbois. 1593, avenue Laurier Est

Rosemont

INAUGURATION octobre **1966**

« Bonne chance avec la station Rosemont, il n'y a rien là-bas ! » m'ont dit plusieurs amis. C'est faux. Mais cela en dit long sur l'image qu'a cette station. Située le long de la voie ferrée et près d'un grand échangeur sans charme, il n'y a pas si longtemps, elle était entourée de vieux édifices industriels vétustes. Maintenant, l'explosion d'immeubles à condominiums à proximité modifie radicalement la donne. Les alentours de la station se sont tellement dynamisés que la voici soudainement voisine d'une belle bibliothèque neuve, d'une « université » (la TELUQ a ses bureaux dans l'édifice du 5800, rue Saint-Denis) et d'un quartier résidentiel prometteur.

FRÉQUENTATION
5 082 275

420, boulevard Rosemont

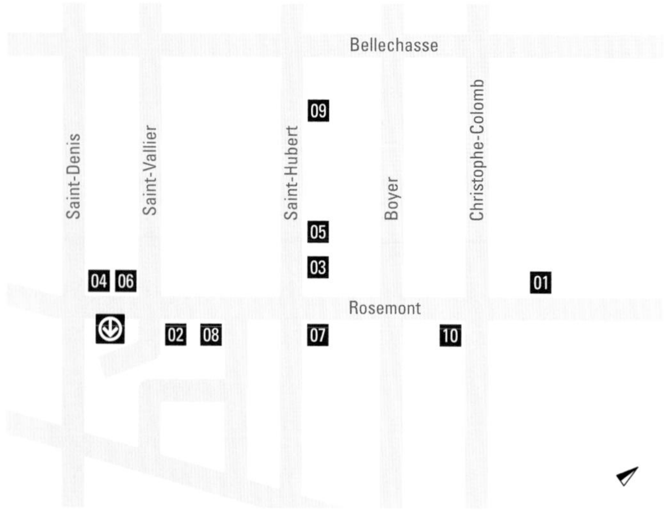

01 - NORTH END : BAR À HUÎTRES

Le North End était le surnom du quartier avant qu'il ne s'appelle Rosemont. C'était longtemps avant Ahuntsic et Montréal-Nord. Un malentendu tenace fait croire aux gens que ce bar est un resto. Détrompez-vous. Sans doute parce qu'on y sert des huîtres, la décoration, très réussie, est résolument axée sur une thématique maritime. Fréquenté surtout par de beaux jeunes gens bien mis, par des couples en sortie romantique (et par des « dates » Tinder), le North End s'efforce d'attirer aussi une clientèle régulière plus décontractée. Autrement dit, pas besoin d'être sur son 36 pour venir ici prendre une bonne bière (et engloutir des huîtres).
5800, rue de la Roche

02 - BIBLIOTHÈQUE MARC-FAVREAU

Ce qui distingue une nouvelle bibliothèque d'une vieille se résume en un mot: luminosité. Il y a des fenêtres partout, partout. C'est l'architecte Dan Hanganu, à qui l'on doit notamment le Théâtre du Nouveau-Monde, le Musée de la Pointe-à-Callière, la bibliothèque de droit de McGill et la nouvelle abbaye de Saint-Benoît-du-Lac, qui signe le design de la lumineuse nouvelle bibliothèque de Rosemont, qui honore le comédien Marc Favreau, connu pour son rôle de Sol, le clochard-poète. Les résidents des environs sont choyés d'avoir un lieu si accueillant et si beau pour la lecture et le travail. Il y a même une salle de lecture au milieu de laquelle se trouve un foyer.
502, 622 Boulevard Rosemont

03 - STUDIO 9 BD

Le propriétaire de Studio 9 BD, Marc Jetté, a tellement le physique et la personnalité de l'emploi que l'on imagine son appartement personnel à l'image de sa boutique : plein de livres et d'affiches. Les amateurs de *comic books* abonnés viennent chercher ici leurs numéros mensuels. Il y a des livres qui traitent de l'art du dessin. Il y a aussi des biographies des grands noms de la bande dessinée. Le proprio est là sept jours sur sept.
5835, rue Saint-Hubert

04 - DES FLEURS ET DES SOINS

Ce fleuriste/salon de thé/salon de massage/chocolaterie/comptoir à cupcakes, à macarons, à petits toutous mignons tout doux et à coussins avec des mots gentils écrits dessus, repousse les limites de la polyvalence pour offrir dans un même lieu les 56 choses qui peuvent faire plaisir à madame (la clientèle servie est à 99,9 % féminine). Un bon endroit pour acheter des paniers-cadeaux qui comportent des fleurs, du chocolat, de l'huile à massage, du thé, etc.
539, boulevard Rosemont

05 - CAFÉ 8 OZ

Pourquoi faire compliqué quand on peut faire simple ? Chez 8 oz, on sert du bon café et on offre de grandes tables commodes et confortables pour travailler. Les étudiants et travailleurs autonomes apprécient. Il y a un coin pour les enfants avec des jouets. Bref, tout le monde est le bienvenu. C'est un petit torréfacteur de Portland dans le Maine, appelé Tandem Coffee Roasters, qui fournit, en exclusivité au Québec, le café 8 oz.
5851, rue Saint-Hubert

06 - PHO ROSEMONT

Ce modeste restaurant vietnamien n'a l'air de rien, mais il a bonne réputation dans le quartier. Les murs en faux bois, le plancher en faux marbre et le vieux plafond suspendu (ceci dit parfaitement propres) nous indiquent qu'ici, on met l'accent sur ce qui compte : la nourriture. J'ai essayé la soupe-repas et... mioum ! L'abondance de légumes m'a fourni l'énergie nécessaire pour poursuivre ma route. C'est bon pour la santé et ça ne coûte pas cher. Pendant ma visite, il y avait des travailleurs de la STM et un facteur. Un bon endroit où manger sans nuire à sa santé ou à son porte-feuille. 437, boulevard Rosemont

07 - PUB SAINT-ÉDOUARD

C'est le bar de quartier emblématique du nouveau « sud de Rosemont » et de sa nouvelle population de jeunes professionnels. On n'a pas lésiné sur la décoration et sur le mobilier : le bar est vraiment beau ! Dans les toilettes, je me suis demandé si on n'en avait pas fait trop : une sonorisation indépendante fait que l'on va au petit coin aux sons d'un match de boxe ou de gentille musique. Rosemont était auparavant une rue sans bar (si l'on excepte les établissements louches). Entre le Plateau au sud de la voie ferrée et la rue Beaubien plus au nord, il y a maintenant quelque chose d'intéressant. 808, boulevard Rosemont

08 - MARCHÉ STATION 54

Je suis entré à reculons dans ce mini-supermarché et j'en suis ressorti enchanté. Comment décrire l'endroit ? Disons que c'est comme un Couche Tard, mais en dix fois mieux. On y trouve pratiquement que de bons produits. Le mur de micro-brasseries québécoises est hallucinant (en fait, il s'agit de deux murs entiers). Certaines boutiques spécialisées dans la bière n'offrent pas un tel éventail de choix. Vous pouvez créer votre propre « caisse de six » en choisissant plusieurs sortes au prix équivalent. Il y a un comptoir de boucherie avec des produits de La Maison du Rôti. En 2013, l'épicerie a acheté le local d'à côté pour s'agrandir et ajouter un café-boulangerie, qui sert des grains du torréfacteur Le Brûloir et du pain de la boulangerie Arhoma. Pour une petite épicerie entourée de centaines d'immeubles à condominiums, c'est difficile de faire mieux. Ce concept de croisement entre le dépanneur traditionnel et l'épicerie haut de gamme fonctionnerait sans doute dans plusieurs autres quartiers.
760, boulevard Rosemont

09 - FIXE CAFÉ BISTRO

Fixe est à la fois un café et un restaurant. Et il est totalement les deux, ce qui est rare. Presque exclusivement café à l'origine, Fixe s'est quelque peu transformé par la suite. Ses brunchs sont réputés, notamment grâce à la cuisine de la chef Marta Menes, une ancienne de Laloux, Crudessence et Les Cons servent. Malgré le succès de son côté restaurant, qui s'est affirmé jusqu'à supplanter l'aspect café, celui-ci demeure intact. Difficile de ne pas remarquer la rutilante machine à espresso Mistral Marzocco : environ 13 000 $ l'unité. 5985, rue Saint-Hubert

10 - AA EXPERT EXTERMINATION INC.

Situé à l'angle des rues Rosemont et Christophe-Colomb, AA Expert Extermination est un commerce mythique du quartier. Pendant longtemps, il s'est illustré par sa vitrine pleine de reproductions géantes de bibittes pas forcément ragoûtantes. L'intérieur aussi ressemblait à un terrier d'insectes. Bref, vous saviez, et vous ne pouviez pas oublier, que vous aviez affaire à un exterminateur. Pour ajouter une couche d'extravagance à ce décor inoubliable, pendant plusieurs années trônait au-dessus de l'exterminateur un… club échangiste. Mais les choses ont bien changé. Le club échangiste louche a disparu et a cédé la place à de jolis condominiums, et l'exterminateur a ôté sa décoration repoussante. Mais l'imaginaire montréalais a été marqué. Durablement.
5790, avenue Christophe-Colomb

Beaubien

INAUGURATION octobre **1966**

Toutes les stations de métro ne sont pas égales ; certaines sont mieux situées que d'autres. La station Beaubien fait partie des privilégiées. Elle donne sur un quartier effervescent depuis le tournant de la décennie 2010. L'originalité des commerces des alentours est indéniable. Ailleurs en ville, on s'émeut de l'ouverture d'une « bagelerie »... Ici, on est rendu plus loin : on a des bars qui offrent une thématique axée sur la lutte mexicaine (le Nacho Libre) ou du pâté chinois au bacon (Chez Brutus). Deux des meilleurs endroits où déguster des bonnes bières artisanales à Montréal sont dans les parages : l'Isle de Garde et le Vice et Versa. On compte de nombreux charmants cafés. Il y a même un restaurant malgache (c'est-à-dire de Madagascar). La Plaza Saint-Hubert demeure une promenade commerciale importante. Un boucher, Marc Bourg, offre des viandes de luxe faisandées pendant deux ans à (seulement) 730 $ le kilo – originale, la rue Beaubien, je vous disais... L'avenue du Mont-Royal, coincée mentalement dans les années 1990 qui ont été son âge d'or, est terne et conventionnelle, chère et décevante, en comparaison de la rue Beaubien.

FRÉQUENTATION
3 560 357

6530, avenue de Chateaubriand

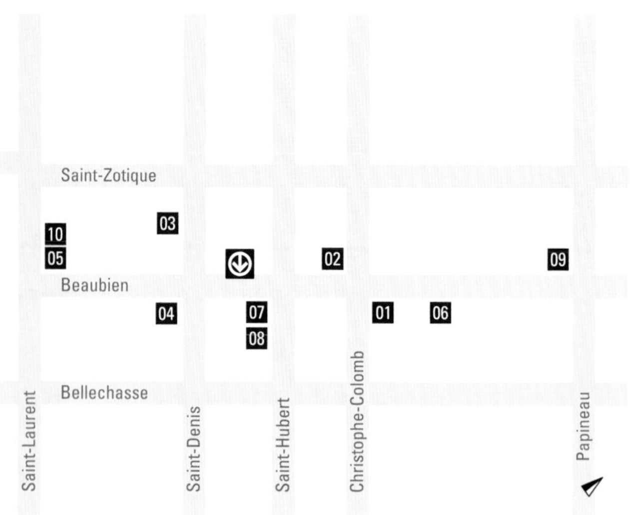

01 - LES EMPOTEUSES

Les jeunes propriétaires Claudia et Nadine aiment à « popoter », au sens propre. Dans des pots Mason qu'elles vendent à leur restaurant (mais que vous retrouverez aussi chez Rachelle-Béry), elles préparent des confitures (de cerises de terre, de poires, de fraises, de rhubarbe, de litchis), des compotes, des gelées, des légumes marinés, du ketchup aux fruits, etc. Elles utilisent ces produits pour les repas qu'elles servent à leurs clients dans leur petit local ensoleillé. Les Empoteuses se sont rapidement imposées dans la Petite-Patrie comme une bonne adresse pour le brunch le samedi et le dimanche. Le déjeuner est servi toute la journée. Item remarquable au menu : la poutine déjeuner. 1106, rue Beaubien Est

02 - ISLE DE GARDE

Un bel établissement qui sert de la bonne bière artisanale à des prix raisonnables, ça ne rate jamais. Les plats préparés sur place sont savoureux et abordables. Depuis l'ouverture de l'Isle de Garde à l'automne 2014, la place ne désemplit pas. C'est le seul défaut que je lui trouve : il y a souvent trop de monde. À mon dernier passage à l'Isle de Garde, j'ai dégusté une pinte de Quantum Libet, des Brasseurs du Temps, qui accomplit l'exploit d'offrir un goût prononcé de bière forte, malgré un degré d'alcool extrêmement bas (2,4 %) – parfait pour l'été. 1039, rue Beaubien Est

03 - BOUTIQUE ENDURANCE

C'est une institution à Montréal que la boutique Endurance. Longtemps avant que la mode de la course fasse naître des chaînes commerciales pour coureurs, la boutique Endurance avait pignon sur la rue Saint-Denis (quoiqu'un peu plus au nord au début). En décembre 1985, Endurance a ouvert ses portes, notamment sous l'instigation d'un héros québécois de la course à pied, Philippe Laheurte, mort prématurément à 34 ans, ce qui a mis toute la communauté québécoise de la course en deuil. Vingt-cinq ans plus tard, on se souvient encore de lui. Un parc de l'arrondissement Saint-Laurent porte d'ailleurs son nom. Bref, la boutique Endurance n'est pas un effet de mode; le commerce n'existe pas seulement pour tirer profit d'un phénomène soudainement populaire. C'est une boutique profondément connectée sur la communauté. Quand je dois me procurer de l'équipement de course, devinez où je l'achète.
6579, rue Saint-Denis

04 - TSAK-TSAK

Avouez que vous n'utilisez pas souvent l'adjectif « malgache ». Les Malgaches, ce sont les habitants de l'île de Madagascar. On ne peut pas dire qu'ils forment une communauté très nombreuse à Montréal. Éric et Riana Andriamanoelison sont arrivés au Québec en 2008 et ont ouvert leur restaurant un an plus tard. Voici donc l'adresse malgache par excellence (et la seule) à Montréal: le Tsak-Tsak. J'ai un couple d'amis accrocs à leurs brunchs. Ça ne coûte pas cher et l'assiette est copieuse. Quitte à se casser la tête, par honneur et parce que c'est une chose que les Malgaches aiment faire apparemment, les Andriamanoelison font eux-mêmes presque tout ce qu'ils servent. La sauce piquante sur la table? Ils l'ont faite. Le pain? Ils le font. Ils confectionnent même leur propre Nutella avec de vraies amandes grillées (et sans la détestable huile de palme). Vous voulez un secret bien gardé: le soir de 19 h à 21 h et sur réservation seulement, les Andriamanoelison proposent, pour 35$, un grand souper malgache typique, servi à une grande table, de sorte que tout le monde partage. C'est un peu étrange de se retrouver assis avec des inconnus au début de la soirée, mais rapidement les langues se délient.
280, rue Beaubien Est

05 - CAFÉ MOUSTACHE

Bien qu'elle n'en ait pas une elle-même, Maude Pinard (sur la photo) aime les moustaches. Vraiment beaucoup. De là le nom de son charmant petit café. Pour la décoration, elle s'est inspirée des plus beaux établissements de Brooklyn qu'elle a eu l'occasion de visiter. Le café qu'elle sert est fait à partir des grains du torréfacteur équitable Café Rico. Les étudiants et travailleurs autonomes raffolent de son commerce (même si d'aucuns déplorent qu'il ferme trop tôt !). Son mot de passe pour le WiFi est toujours – par principe – ridicule : au moment de ma visite, c'était « jesuistomselleck ». Car Tom Selleck, bien sûr, a une belle… moustache. Chapeau pour les recettes de frappés qui sortent de l'ordinaire, dont celle baptisée Énergie solaire qui contient de l'avocat, de l'ananas, du chou frisé, du lait de coco, de la coriandre, des protéines de chanvre bio et de la lime.

35, rue Beaubien Est

06 - BRUTUS : BAR À BACON

Ce bar est un temple qui célèbre le dieu Bacon. Celui-ci est partout, même dans les cocktails, où il décore le verre, sous forme de rose de bacon, comme sur la photo qui montre un Bloody Bacon. Au menu, des plats joliment nommés lui sont consacrés, tel le Kevin Bacon (un hamburger puissamment « baconé »), le Party chinois (un pâté chinois avec bacon haché), le sushi au bacon, le hot-pig (un hot-dog avec une saucisse 100 % bacon), les boulettes frites de macaroni au fromage et bacon et les Dunkin Bacon « Bonjour la Police » avec bacon et caramel. 1290, rue Beaubien Est

07 - LES DÉLIRES DU TERROIR

N'est-ce pas extrêmement présomptueux d'affirmer que l'on vend « la meilleure tarte du monde » ? C'est pourtant ce que fait ce petit commerce de bières et de fromages du Québec de la Plaza Saint-Hubert. Les Délires du terroir vendent en exclusivité à Montréal la tarte dite « Fameuse » du traiteur de Charlevoix appelé Al Dente. Il s'agit d'une tarte au chocolat, framboises et bleuets avec une pâte de biscuit Graham. C'est si bon, apparemment, que les Délires mettent leurs clients au défi d'en trouver une meilleure... et que personne n'y est encore arrivé. « Certains passent en auto sur Saint-Hubert et, par leur vitre baissée, ils nous crient : "C'est vrai qu'elle est bonne, votre tarte !" » Elle est vendue surgelée à 13$. Un bon moyen d'impressionner ses amis quand il faut apporter quelque chose à un repas collectif. 6406, rue Saint-Hubert

08 - LIBRAIRIE RAFFIN

C'est un repaire à littéraires. Ici les libraires savent de quoi ils parlent ; ils aiment vraiment les livres et la littérature, et certains sont écrivains. La section jeunesse est très fournie. Cette librairie existe depuis 1930 et a des succursales à la Place Versailles et à Repentigny. 6330, rue Saint-Hubert

09 - MARCHAND DU BOURG

Le boucher Marc Bourg peut se vanter de vendre la viande la moins fraîche en ville. Et il la vend cher ! En fait, sa viande longuement faisandée est un produit de luxe. Son bœuf vieilli un an en chambre froide coûte 365 $ le kilo. Quant à son bœuf vieilli (seulement) 180 jours, il coûte – vous l'aurez deviné – 180 $ le kilo. Vous ne devez surtout pas trop cuire cette viande : « Il ne faut pas gâcher le goût et l'expérience de la viande faisandée », explique M. Bourg. Ce que ça goûte, du bœuf cru vieux d'un an ? La charcuterie, je dirais. Mais avec une texture très particulière, une chair très tendre qui fond dans la bouche. J'ai aussi dégusté son bœuf vieilli deux ans (à 730 $ le kilo) et c'était délicieux : sa texture tendre et ses arômes de vieux bleu en font un délice qui ne ressemble en rien à ce qu'une viande « normale » peut offrir.

1661, rue Beaubien Est

10 - TEQUE TEQUE

Un gros bâtonnet de pâte de pain farci de fromage blanc onctueux : mioum ! Ayant à peu près la forme oblongue et le format de cigares cubain *Cohibas*, les *tequeños* sont un délice typiquement vénézuélien dont l'étymologie renvoie à la ville de Los Teques. Les *tequeños* sont au Vénézuéla ce que la poutine est au Québec : une religion culinaire populaire. Teque Teque a ouvert en octobre 2014. Wilmer Angulo, son proprio – un Vénézuélien, vous l'aurez deviné – a enrichi certaines de ces recettes d'ingrédients qui nous sont familiers pour les « québéciser », en ajoutant du bacon ou, encore, pour les rendre extrêmement « cochonnes », en les fourrant de Nutella. À ma connaissance (et si j'en crois Google), le Teque Teque est le seul restaurant spécialisé dans les *tequeños*. Longue vie à ce petit restaurant sympathique !

6583, boulevard Saint-Laurent

09

Jarry

INAUGURATION octobre **1966**

Figurant parmi les stations de métro les plus achalandées, Jarry est une porte d'entrée dans un quartier en pleine effervescence. Profitant de l'affluence, artisans, restaurateurs et autres commerçants ont choisi de venir s'y établir au cours des dernières années. Avec les nombreux restaurants, cafés et plus récemment une première librairie de quartier, il y a de quoi plaire à tous.

FRÉQUENTATION
3 168 910

504, rue Jarry Est

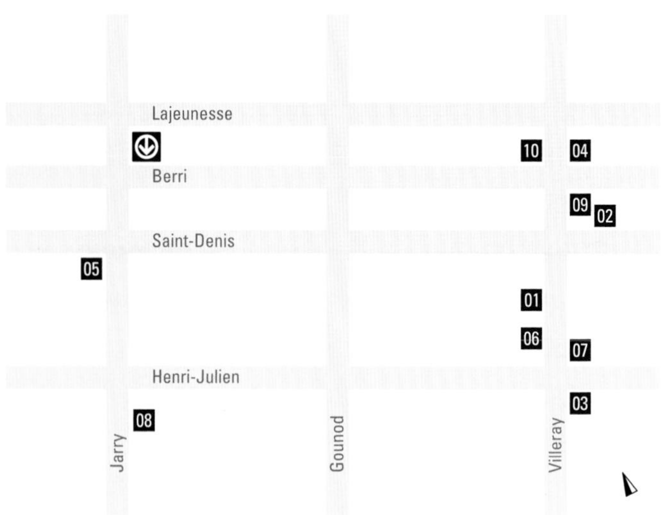

01 - MLLE GÂTEAUX

On s'y rend principalement pour la variété de viennoiseries et autres pâtisseries, dont le délicieux gâteau au velours rouge (red velvet) et les sélections de saison. Pour célébrer une occasion spéciale, on opte pour un gâteau sur mesure. Les copropriétaires, Fanny et Isabelle, travaillent de concert avec leurs clients dans le but de créer le meilleur gâteau qui soit, selon vos goûts et votre budget.
363, rue Villeray

02 - HUIT CLOS

Bien plus qu'un simple bar de quartier, le Huit Clos offre un menu vin et bouffe étoffé. En effet, en plus des huîtres (la spécialité de l'endroit), on y propose tartares, mac'n'cheese, hot-dog de luxe, ainsi que de fameux plateaux à partager: fromages, charcuteries, terre et mer, etc. L'établissement a d'ailleurs su faire sa place rapidement dans le quartier, principalement grâce à ses «5 à huîtres», du samedi au mercredi, où l'on peut déguster 5 huîtres pour 8$, de 17h à 20h.
7659, rue Saint-Denis

03 - MISS VILLERAY

À plus de 54 ans, Miss Villeray fait encore tourner les têtes. Ce bar de quartier, qui a ouvert ses portes en 1960, demeure un des endroits les plus en vue de Villeray, encore plus depuis qu'il a subi une cure de rajeunissement en 2009. Malgré son nouveau look, l'endroit a gardé son ambiance unique, d'autant plus que chaque jour se termine par une soirée thématique. 220, rue Villeray

04 - CHEZ VINCENZO

Tout prétexte peut devenir l'occasion d'un arrêt Chez Vincenzo, mais le meilleur reste l'envie de déguster une délicieuse glace italienne. Offrant 12 saveurs de *gelato*, concoctées sur place, Vincenzo insuffle un peu d'Italie au cœur du quartier Villeray. Ses glaces respectent les traditions italiennes et les ingrédients sont importés du pays. En plus de ses délices glacés, Chez Vincenzo offre café et viennoiseries dès 7 h. 500, rue Villeray

05 - ETOH BRASSERIE

À quelques pas du métro, la brasserie EtOH propose une sélection de bières artisanales servies à trois températures différentes, en fonction de leur style. Ouvert dès 15 h, l'endroit est idéal pour les 5 à 7 entre amis… sans prétention ! 8100, rue Saint-Denis

06 - RESTAURANT MESON

Meson, c'est une cuisine d'inspiration espagnole signée Marie-Fleur St-Pierre. Situé au cœur du quartier Villeray, ce bistro propose des plats audacieux et typiques de la péninsule ibérique, dans un environnement décontracté et une atmosphère vibrante. Le décor est inspirant, le service courtois et l'expérience unique. À visiter en bonne compagnie ! 345, rue Villeray

07 - BOUTIQUE ARTICHO

À la recherche de produits originaux et fabriqués au Québec ? La boutique Articho a de quoi plaire à tous les types de clientèles. Bijoux, céramique, accessoires décoratifs… on y retrouve les œuvres d'une centaine d'artisans québécois. Une section bébé y est même aménagée au grand bonheur des futurs et nouveaux parents. 300, rue Villeray

08 - PÂTISSERIE MERCIER

Ayant pignon sur rue depuis 1956, la pâtisserie Mercier est une histoire de famille, transmise de génération en génération. Bien implanté dans le quartier, l'endroit offre une variété de délices gourmands, dont des gâteaux de noces. C'est de plus une boulangerie et une chocolaterie. Tout cela sous un même toit ! 200, rue Jarry Est

09

09 - L'ÉCUME DES JOURS

Villeray peut maintenant se vanter d'avoir sa propre librairie de quartier, et pas n'importe laquelle ! L'Écume Des Jours, qui a ravi les lecteurs du Mile-End pendant plus d'une quinzaine d'années, est déménagée au printemps 2015 dans un petit local de la rue Villeray. On y trouve toujours une grande variété d'œuvres d'auteurs québécois. 420, rue Villeray

10 - TAPEO

L'Espagne s'est transportée dans Villeray il y a maintenant 10 ans, lorsque le réputé bar à tapas Tapeo a ouvert ses portes. Depuis, l'endroit demeure un des lieux incontournables pour savourer une cuisine espagnole raffinée : *patatas bravas*, pieuvre grillée et calmars frits sont à l'honneur. Pourquoi ne pas vous offrir un petit voyage culinaire ? 511, rue Villeray

Crémazie

INAUGURATION octobre **1966**

La station Crémazie recèle une double personnalité. Située sous le boulevard du même nom, lui-même surplombé par une autoroute (la 40), ses sorties donnent sur le quartier Ahuntsic au nord et le quartier Villeray au sud. L'explorateur urbain ne va pas s'enthousiasmer en déambulant dans la partie sud d'Ahuntsic, où il fait sûrement bon vivre (et dormir, puisque c'est tranquille à souhait), mais où l'effervescence commerciale fait défaut, malgré la présence de commerces de services essentiels. C'est n'est que plus au nord, sur la rue Fleury, qu'Ahuntsic en impose au reste de Montréal par une concentration de bonnes adresses... mais cet eldorado « ahuntsicois » se trouve plutôt au niveau des stations Sauvé et Henri-Bourassa. En utilisant la sortie sud de la station Crémazie, au nord de Villeray, on trouve tout de même une rue très vivante et sympathique, à deux minutes de marche : la rue de Liège.

FRÉQUENTATION
4 098 114

505, boulevard Crémazie
490, boulevard Crémazie

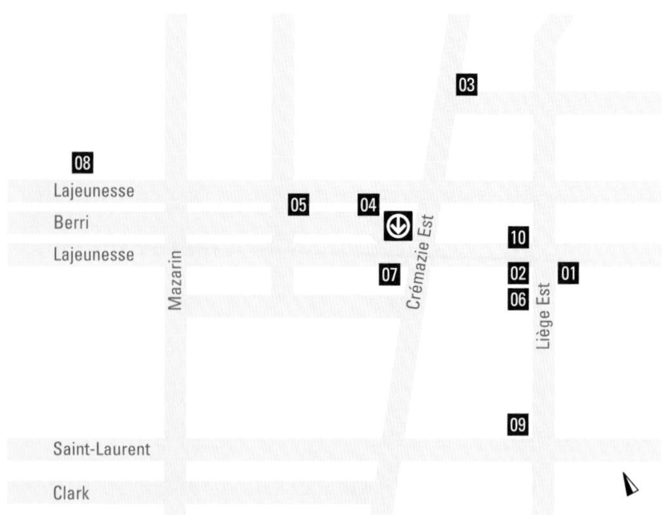

01 - VEUX-TU UNE BIÈRE ?

Difficile de ne pas avoir un coup de cœur pour ce petit magasin qui déborde de bonnes choses et qui a pignon sur la rue de Liège depuis 2010. Comme son nom l'indique, les rayons sont bien garnis de bouteilles de (devinez quoi)… bière ! Mais il y a aussi, dans un réfrigérateur, du poisson de Fou des Îles, que les clients viennent acheter ici au lieu d'aller sur Beaubien. On y trouve également des saucissons de la marque Pork Shop et du café torréfié par Le Brûloir (voir les bonnes adresses de la station Sauvé). Avec tous ces produits du terroir fabriqués par des artisans ou de petites compagnies, pas étonnant que le commerce de Patrice Fortin-Lavoie soit si achalandé.
372, rue de Liège Est

02 - CAFÉ-IN

Les cafés se multiplient à Montréal. Celui-ci était là bien avant la mode. Le Café-In existe depuis 1994. C'est une maison de torréfaction – en témoignent les nombreux sacs de jute de 70 kg de grains de café non encore « cuits » qui occupent le centre de l'établissement. Plutôt de style bistro, avec un menu assez varié, le Café-In n'est pas forcément très chaud à l'idée d'accueillir des étudiants qui s'installent pendant des heures pour travailler… « Nous ne sommes pas une bibliothèque », dit la proprio Marlène Bérubé, qui possède aussi la boucherie Laflèche, adjacente, ce qui lui assure des produits on ne peut plus frais. 8500, rue Saint-Denis

03 - CRÉMERIE CHATEAUBRIAND

« Est-ce qu'on va au château ? » C'est ainsi, pour ceux qui vivent dans les parages du métro Crémazie, que l'on désigne la Crémerie Chateaubriand. Elle a réussi l'exploit de retourner un handicap en apparence insurmontable en sa faveur : son positionnement, juste à côté d'un boulevard achalandé et d'une autoroute, aurait dû empêcher ses affaires de rouler, mais... C'était sans compter sur une idée aussi folle que géniale : peindre tout l'édifice en... gros château rose. C'est ouvert de la mi-mars au début octobre. Pendant les belles soirées, les gens font la file pour acheter leur cornet. Pour ce qui est de la qualité, on ne joue certes pas dans les ligues majeures (avec, par exemple, le Bilboquet ou Les Givrés), mais ce n'est pas grave puisqu'on a un « château brillant » pour charmer les enfants.
740, boulevard Crémazie Est

04 - SANDWICH THAI SAIGON

C'est un restaurant familial bien aimé des gens du quartier et des travailleurs des environs. À l'heure où les grandes bannières de nourriture thaïe, sans âme et toutes pareilles, pullulent à Montréal, on est heureux de se retrouver dans ce restaurateur indépendant, plus authentique. Très populaire et achalandé malgré son espace intérieur minuscule, Sandwich Thai Saigon offre des repas pour emporter, dont des sous-marins vietnamiens bien garnis à 5$.
8774, rue Lajeunesse

05 - AUBERGE DU DRAGON ROUGE : RESTAURANT MÉDIÉVAL

Ce restaurant médiéval animé a plus de 20 ans et ses affaires vont de mieux en mieux. Jadis ouverte seulement le soir, l'Auberge a du succès avec ses repas du midi offerts du lundi au vendredi. (Eh oui, des groupes de collègues viennent ici sur l'heure du dîner pour un « lunch médiéval ».) La fin de semaine, de 9 h à 14 h, on y sert le brunch. Le jour de la visite, une serveuse, alias Clervie Laplume, disait avoir accueilli pas moins de 60 dîneurs plus tôt ce jour-là. Ce qui fait la force de ce restaurant, c'est le talent d'acteur du personnel, formé dans les écoles de théâtre et capable d'allier une gouaille rabelaisienne à un service aux tables efficace, ce qui ne doit pas être évident. Incontournable au menu : le sanglier braisé.
8870, rue Lajeunesse

06 - AUX BABINES SUCRÉES

Le nom de ce commerce qui existe depuis 2003 dit tout. Si c'est sucré, Sophie Dorta, la proprio, en vend. Pendant l'été, il y a un bar laitier. En hiver, l'endroit vend des gâteaux, des macarons, des *cupcakes*, etc. À essayer : les « Häagen-Dazs maison », appelés Mignons tout rond, de Mme Dorta. 367, rue de Liège

07 - LUCIEN LAVERDURE SPORT : LES RAQUETTES

Mort au lendemain des olympiques de 1976, Lucien Laverdure fut au tennis québécois ce que Herman Smith-Johannsen, alias Jack Rabbit, fut au ski : un pionnier et un promoteur acharné. Il a fondé cette boutique en 1939 et, à sa mort, celle-ci a été rachetée par Roland Bourassa, le père de l'actuel propriétaire, Alain. La raquette de tennis la moins cher, pour les enfants qui commencent, est à 13$. D'autres valent plutôt 300$. « Nous offrons toutes les gammes de qualité et de prix et, pour une soixantaine de dollars, on peut s'équiper d'une relativement bonne raquette, dit Alain Bourassa. Le tennis, avec des terrains municipaux souvent gratuits ou à louer pour 10$ de l'heure, ce n'est pas un sport cher. » Tennis, racquetball, squash, badminton et tennis de table : peu importe le sport, Lucien Laverdure Sport aura la balle dont vous avez besoin et ce qu'il faut pour la frapper. Une institution.
8724, rue Saint-Denis

08 - LIBRAIRE NOUVEL ÂGE NOUVELLE CONSCIENCE

Cette librairie ésotérique, anciennement située dans le Quartier latin sur la rue Saint-Denis, a presque cinquante ans d'existence. Quel plaisir de découvrir tous ces titres étonnants ! Il y a une section « Voyage astral » et « Cours en miracle ». Pour ma part, j'ai eu un coup de cœur pour l'ouvrage intitulé *Dialogue avec les végétaux* qui présente la « personnalité » de 74 sortes de plantes. Astrologie, arts divinatoires, chamanisme, etc. Tout y est. Il y a une salle de conférence, un centre de méditation et une école de yoga juste à côté. 9269, rue Lajeunesse

09 - TRILOGIE : SAVEURS ASIATIQUES

Voilà un restaurant qui n'abuse pas des heures d'ouverture. Trilogie a trouvé sa niche : les repas du midi pour les travailleurs des environs. Et c'est tout. Ça ouvre donc seulement de 11 h à 15 h du lundi au vendredi. Bien que ce restaurant soit ouvert à peine vingt heures par semaine, ses affaires vont bien. Sa spécialité : les dumplings (ou raviolis chinois). La proprio a 25 ans, s'appelle Anita et étudie les arts graphiques à l'UQAM. Sa famille, originaire de Hong Kong, l'aide à préparer et à servir. Je me suis cogné le nez à la vitre en y arrivant ; c'était fermé. Ce n'est que partie remise. Si tellement de gens me recommandent de venir ici même si ça n'existe que depuis janvier 2015 et que c'est ouvert « à temps partiel », les dumplings doivent avoir quelque chose de vraiment spécial.
8521, boulevard Saint-Laurent

10 - AUX DEUX GAULOIS : BOUCHERIE

Cette boucherie est une succursale du Deux Gaulois de la rue Masson où se trouvent le séchoir et l'atelier dans lesquel se confectionne le jerky de bœuf maison (dont je suis friand) et le saucisson de canard. Les repas préparés sont populaires auprès de la clientèle. À noter : la tartiflette (au fromage Oka au lieu du Reblochon) est à 16$ le kilo. 8501, rue Saint-Denis

Sauvé

INAUGURATION octobre **1966**

On me pardonnera, j'espère, ce jeu de mots facile, mais on peut dire que l'honneur de la station Sauvé est « sauvé » par la rue Fleury Ouest – à quelques minutes de marche au nord-ouest – qui, depuis quelques années, connaît un âge d'or gastronomique. Là où régnait il n'y a pas si longtemps un désert commercial, où les boutiques fermaient les unes après les autres faute de clients, s'étend désormais une suite de restaurants et de commerces de proximité d'une grande qualité. Mieux : tout ce beau monde semble s'entraider. La boucherie (Ça va barder) fait des saucissons au café avec les grains du torréfacteur d'à côté (Le Brûloir). Le chocolatier (Yves Bonneau) utilise des fruits qui viennent de la fruiterie voisine (Citron que c'est bon). Le propriétaire d'un bar (132 Bar Vintage) m'explique que sa décoration a été réalisée par le père de la chef d'un restaurant à la mode non loin de là (Le Chien rose). Je n'ai jamais vu pareil cas de « convergence artisanale ».

FRÉQUENTATION
3 653 182

9790, rue Berri
9800, rue Berri

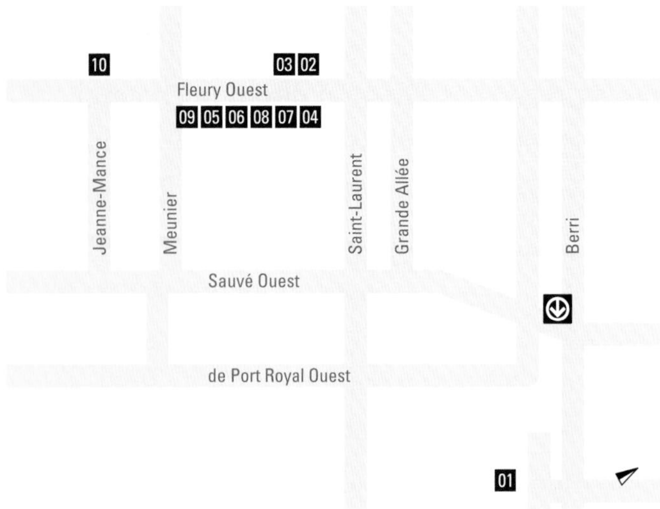

01 - PARC HENRI-JULIEN

À la suggestion des gars de Lucien Laverdure Sport (voir les bonnes adresses de Crémazie), je mentionne le parc Henri-Julien, en raison de ses terrains de tennis flambant neufs et… gratuits. Voilà une occasion dont trop peu de Montréalais profitent. Cependant, pas question de monopoliser un court pendant toute la journée ; il faut libérer le terrain cinq minutes avant la fin de l'heure, pour céder sa place aux prochains utilisateurs. Pour trouver d'autres terrains gratuits à Montréal, voire pour dénicher un partenaire de jeu, consultez le site tennismontreal.qc.ca.

Angle des rues Saint-Denis et Legendre

02 - ÇA VA BARDER : BOUCHERIE ET CHARCUTERIE

Est-ce la meilleure boucherie à Montréal ? Il est un peu tôt pour le dire, mais ça augure bien. Ça va barder n'a ouvert ses portes qu'en mars 2015, après que ses deux jeunes proprios, Jean-Simon Petit et Alexis Bissonnette, se furent acquittés d'efforts herculéens, pendant des mois, à la sueur de leur front, pour aménager leur local, notamment en installant des chambres froides et un atelier de transformation au sous-sol, et ainsi concrétiser leur rêve. Ce sont des artistes de la viande. J'ai beaucoup aimé la saucisse Taco Mama, qui goûte effectivement le taco mexicain, et celle à la ratatouille. On peut y acheter du pepperoni de wagyu de qualité supérieure pour rehausser sa pizza. Au comptoir, dans des sacs, des « bonbons » (constitués de retailles de saucissons) sont offerts pour 3$. Un tel niveau de créativité bouchère n'a pas son pareil, à ma connaissance, à Montréal. 55, rue Fleury Ouest

03 - CHOCOLATERIE BONNEAU

Le chocolatier français de renom Yves Bonneau n'a immigré au Québec qu'en 2009. Sa chocolaterie sur Fleury, qui ne date que de 2011, est en fait une des plus « vieilles » bonnes adresses du coin et elle a déjà fait sa marque : Yves Bonneau a été classé « parmi les cinq meilleurs chocolatiers au Québec » par *Ici Radio-Canada* et son commerce, « quatrième meilleure chocolaterie à Montréal » selon le *Journal de Montréal*. Il faut dire que M. Bonneau a 25 ans de métier derrière lui. Il offre des cours d'initiation à la confection de chocolat haut de gamme, le mardi ou mercredi soir, au coût de 65$ par personne, et des ateliers pour les fêtes d'enfants, moyennant 35$ par enfant, pour 6 à 8 enfants pendant deux heures. Au programme : introduction au cacao, confection et dégustation de chocolats et chocolat chaud. Également pâtissier, Yves Bonneau confectionne aussi des gâteaux. 69, rue Fleury Ouest

04 - CITRON QUE C'EST BON : FRUITERIE

La fruiterie Citron que c'est bon, présente à Mascouche depuis huit ans, s'est invitée dans la métropole en mars 2015 en ouvrant cette succursale sur la rue Fleury Ouest. Cette fruiterie n'a rien de révolutionnaire, mais elle s'illustre par son souci de la présentation. Elle compte un nombre étonnant d'employés – dans un local somme toute assez petit – qui veillent scrupuleusement à ce que les étalages soient toujours bien garnis. De sorte que chaque client a l'impression qu'il est le premier de la journée à y faire ses emplettes. Le personnel de Citron que c'est bon détonne par son dynamisme et sa cordialité. 61, rue Fleury Ouest

05 - LA CONSIGNE

Cette boutique de bières artisanales grosse comme une garde-robe déborde de bonnes choses. Puisque les proprios, Marc Pelletier et Chantal Héroux, sont originaires de la Rive-Nord (où Mme Héroux dirige l'épicerie spécialisée Saveurs unies, à Terrebonne), ils posent ici avec trois bières brassées dans les Basses-Laurentides et Lanaudière : la Simple Malt de Saint-Eustache, la Les 2 frères de Terrebonne et la Kruhnen de Blainville. 168, rue Fleury Ouest

06 - 132 BAR VINTAGE

Ce bar à cocktails n'emploie que des barmen de profession, dont Jean-François Laurence, que l'on appelle *Superman* en raison d'un tatouage sur sa poitrine qu'il a l'habitude de révéler pendant les concours de mixologie en déchirant son chandail à la fin de sa performance (maintenant, vous savez tout). Vous êtes un nouveau client? La maison vous offre un *shooter* en guise de bienvenue. Les mercredis, c'est la soirée dite de « création »: on vous remet un questionnaire où vous détaillez vos goûts et préférences, puis le barman invente un cocktail expressément pour vous. La recette créée à cette occasion aboutit dans un classeur, sur une fiche à votre nom. La prochaine fois que vous viendrez, vous n'aurez qu'à vous nommer pour que n'importe lequel des barmen reproduise votre recette. Un bel endroit. Une bonne atmosphère.
132, rue Fleury Ouest

07 - LE ST-URBAIN : RESTAURANT DE QUARTIER

Lançons des fleurs à ce restaurant, puisque c'est lui qui a amorcé la renaissance de la rue Fleury Ouest. En 2009, Le St-Urbain, avec pour propriétaires le chef vedette Jean-François Royal et la restauratrice Chantal Gervais, s'est posé comme la pierre d'assise du renouveau du quartier. Pourquoi ouvrir un restaurant « au milieu de nulle part »? « Nous sommes des enfants du quartier et nous nous désolions de la désuétude de la rue Fleury », m'explique Mme Gervais. L'atmosphère est si conviviale et détendue que j'ai du mal à croire que je suis ici dans un restaurant aussi réputé (puisqu'en général les endroits très vantés par la critique se « guindent » rapidement). Avec des entrées à environ 15$ et des plats principaux dont le prix oscille autour de 30$, c'est raisonnable. 96, rue Fleury Ouest

08 - LA BÊTE À PAIN

Cette boulangerie est aussi une pâtisserie, une sandwicherie, un restaurant et un traiteur qui offre de la viande fumée, des terrines, mousses et rillettes, des pâtés, des ragoûts, des pizzas, etc. Bref, on pourrait déjeuner, dîner et souper tous les jours, juste avec des produits d'ici. La Bête à Pain avait pour mission originelle de fournir le restaurant Le St-Urbain en bon pain frais, mais son mandat, pour le bonheur des gens du quartier, s'est élargi. Il est devenu, en quelque sorte, la version « pour emporter » de l'excellent restaurant d'à côté. 114, rue Fleury Ouest

09 - LE CHIEN ROSE

La jeune chef et proprio Michèle Desrosiers, alias *Mitche*, est énergique et sympathique. Le Chien rose, m'a-t-on expliqué, était le surnom affectueux un peu ridicule (mais d'autant plus charmant) que sa grand-mère donnait à son père. En tout cas, une grosse face de chien rose sur une pancarte devant un restaurant, ça ne passe pas inaperçu. Pour éviter de sombrer dans la routine culinaire, Mitche et ses complices refont tout le menu chaque mois, toujours selon un thème. À ma visite en mai 2015, c'était « les classiques revisités », le mois suivant, c'était Hawaï et ça a déjà été « Les émissions de télévision ». C'est un apportez votre vin (ou bière) et le menu est simple : environ huit tapas, plus un choix de trois desserts. 234, rue Fleury Ouest

10 - LE BRÛLOIR

L'importateur et torréfacteur de café indépendant Vincent D'Aoust dirige son café sur la rue Fleury depuis 2011. Il fournit en grains des établissements qui figurent dans les bonnes adresses du guide, comme Station W (métro LaSalle), Café Soucoupe (métro Fabre) et Matante Quiche (métro Charlevoix). Ses produits sont en vente à la Fromagerie Copette (métro Verdun), chez Marché Station 54 (métro Rosemont) et chez Veux-tu une bière ? (métro Crémazie). La marque Le Brûloir est en train de se tailler une place de choix dans la gastronomie montréalaise. 318, rue Fleury Ouest

● Henri-Bourassa

INAUGURATION octobre **1966**

En sortant de la station Henri-Bourassa, le trafic quasi-permanent, impossible de se douter que non loin de là, il y a un charmant parc sur le bord de l'eau. Près de cette berge, et jusqu'à Henri-Bourassa, s'étend un Ahuntsic de grandes maisons cernées de vieux arbres : on se croirait à Outremont. Aussitôt que l'on arrive sur Henri-Bourassa, c'est tout autre chose. Des commerces piteux. Des immeubles à logements qui ne paient pas de mine. Je ne connais pas d'autres quartiers à Montréal où le contraste est aussi frappant : depuis le boulevard laid, on ne devine pas le beau quartier ou le parc paisible. Ce quartier résidentiel étant dépourvu de commerces, c'est la rue Fleury Est, plus au sud, qui s'acquitte du rôle de centre commercial du quartier. Il vaut aussi la peine de longer le boulevard Gouin vers l'est afin de se rendre au parc-nature de l'Île de la Visitation, où se trouvent des vestiges de la Nouvelle-France et des sentiers en forêt, et où l'on se sent davantage dans les Laurentides qu'à Montréal. On peut même y pêcher !

FRÉQUENTATION
5 543 254

10670, rue Berri
590, boulevard Henri-Bourassa Est
575, boulevard Henri-Bourassa Est

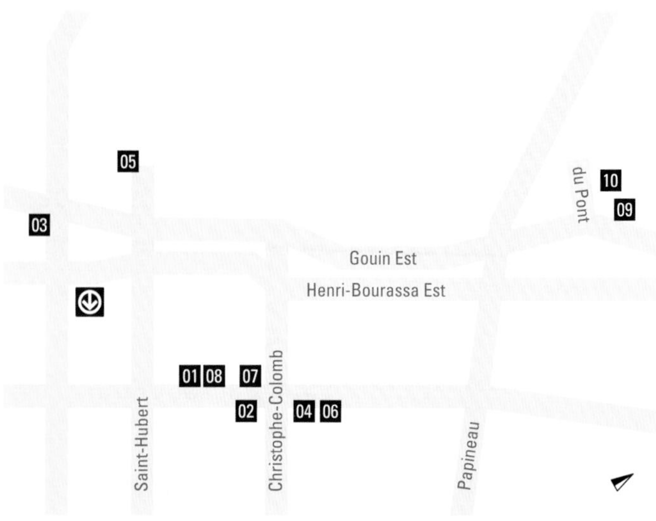

01 - UBER CAFBAR

Difficile de faire plus simple que ce petit bar de quartier (qui a le même propriétaire que Les Incorruptibles). Aucune fioriture dans le décor, tout est carré ou rectangulaire et presque tout est en bois. Le choix de bières n'est pas astronomique ; Uber Cafbar n'a pas la prétention de révolutionner l'idée que vous vous faites du houblon. La barmaid Léa est charismatique et accueillante. Cet établissement semble s'être donné pour mission de faire juste le nécessaire, sans plus – sans forcer la note –, pour être un bon bar de quartier. Un bel endroit pour prendre un verre après le travail ou pour fêter jusqu'aux petites heures du matin. 1011, rue Fleury Est

02 - TORNADE : ACADÉMIE DE COIFFURE

Les étudiantes de l'Académie Tornade se forment à la haute coiffure. Pendant leur programme, elles ont besoin de têtes pour se pratiquer. Leurs services ne sont pas gratuits, mais nettement moins chers que chez les coiffeurs réputés. Bref, si vous n'avez pas les moyens de fréquenter les grands salons, pourquoi ne pas profiter des talents des étudiants de Tornade ? Coupe de cheveux pour femme à 8$; même prix pour une mise en pli ; 23$ pour une coloration ; 33$ pour des mèches ; 35$ pour une « permanente ». Pas mal, n'est-ce pas ? 1308, rue Fleury Est

03 - GAME KEEPER

Quand on dit jeux de société, on pense à Monopoly ou à Carcassonne. Mais il existe toute une industrie (florissante) de jeux de table inspirés de l'univers Donjons et Dragons. Tout comme il y a des « grandeur nature » – aussi appelés « GN » – pour les jeux de rôle, il y a, à l'inverse, des « grandeur miniature », pourrait-on dire, où chaque joueur déplace ses figurines sur la table pour attaquer l'armée de l'adversaire. Sur la photo, une figurine Warhammer de « mégastodonte mastauroc des royaumes ogres » (un fort joli nom) qui coûte 54$. Chaque fois que je visite une boutique de ce genre, j'y rencontre des gens qui devisent de stratégies et de nouveautés, notamment pour le jeu de cartes Magic, the Gathering. Toute une communauté gravite autour de ces jeux, qui mériteraient qu'on les qualifie aussi de « jeux de société » puisqu'ils réunissent plusieurs milliers de jeunes Montréalais lors des compétitions. Dans un monde où les rapports humains se font de plus en plus virtuels, ces activités mettent les gens face à face.
10810, rue Lajeunesse

04 - LA PETITE BOULANGERIE

Pourquoi la baguette de pain coupée en deux est-elle suspendue à un crochet ? Pour vous montrer le « contenu » du pain et vous laisser jauger sa mie. Cette boulangerie, malgré l'humilité de son nom, est primée. En 2014, le *Bakers Journal* interviewait par ailleurs Louis-André Joyal et Sylvie Boissonneault pour un reportage intitulé *The Perfect baguette*. Convainquant, non ?
1412, rue Fleury Est

05 - PARC MAURICE-RICHARD

Avouez que vous ne saviez pas qu'il existait un parc Maurice-Richard à Montréal. Parce que le hasard fait bien les choses, le nom de Richard a été donné à l'ancien parc Stanley, du même nom que la fameuse coupe. Le « Rocket » a en effet grandi dans Ahuntsic. Situé à trois minutes de marche de la station Henri-Bourassa, son parc longe la rivière des Prairies et passe sous le pont Viau. Des sentiers permettent aux marcheurs et aux cyclistes de profiter de la beauté des lieux. Étrange de se trouver dans un endroit aussi apaisant juste à côté d'une voie routière aussi achalandée. Ne cherchez pas de statue de Maurice Richard ou un monument pour l'honorer ici. C'est au Centre Eaton qu'il y a une statue du Rocket, cachée dans un racoin, que personne ne voit. C'est peut-être ici qu'elle devrait être… Avenue Park Stanley

06 - LES INCORRUPTIBLES

Le décor volontairement suranné de ce resto-bar est une preuve de bon goût. La thématique de la prohibition donne souvent lieu à des clichés – partout les mêmes – du genre Walt Disney. Ici, c'est beau et bien fait. En raison des couleurs et des murs de liège, on se croirait *vraiment* dans les années 1930 ! (Faites la visite virtuelle offerte sur lesincorruptibles.ca et voyez par vous-même.) Le personnel est sympathique. Pas surprenant que ce soit un établissement très prisé par les gens du quartier. 1432, rue Fleury Est

07 - CASA LUCA

Vous aimez les belles choses ? Vous dévorez les magazines de design ou de décoration ? La Casa Luca a ce qu'il faut pour réveiller votre Martha Stewart intérieure. 1354, rue Fleury Est

08 - LE TABLIER ROUGE : BOUCHERIE ARTISANALE ET BAR À BURGERS

À ma connaissance, c'est la seule « hambourgeoiserie » qui hache sa viande au moment où vous commandez. Un peu comme un barista moult le grain immédiatement avant de le faire infuser, le proprio Michael Barone ne hache pas sa viande à l'avance (afin de ne pas en dénaturer le goût). « Certains clients veulent leur boulette de viande saignante. Elle est fraîche si ça fait dix secondes que je l'ai hachée. » Le prix du burger est bas : 4,75 $ pour le classique et 5,50 $ pour le cheeseburger. « Je veux attirer un maximum de gens ici puisque je suis aussi un boucher et un épicier. » Le Tablier rouge a donc ouvert un « bar à burger » pour mettre ses produits en valeur et générer de l'affluence. 1031, rue Fleury Est

09 - LA MAISON DU PRESSOIR

C'est un joli musée que cet ancien pressoir à pommes qui servait à faire du cidre et qui est ensuite devenu une maison familiale où des dizaines d'enfants sont nés et ont grandi, avant que ces lieux patrimoniaux soient consacrés à une institution muséale : le musée de Sault-au-Récollet. Pour connaître l'histoire d'Ahunstic depuis le XVIe siècle, il faut venir ici. Des camps de jour d'une semaine pour les enfants de 6 à 12 ans sont offerts en juillet et août. 10865, rue du Pressoir

10 - LA DIGUE DES MOULINS

De 1724 à 1726, le Séminaire de Montréal fit ériger une digue entre l'île de la Visitation et Montréal pour profiter de la puissance du courant et activer trois moulins : un pour scier le bois, un pour moudre le grain et un autre pour carder la laine. Il reste de la digue un joli pont. Le dernier moulin à fonctionner ici a fermé ses portes en 1960. La maison du meunier est devenue un restaurant (le Bistro des moulins), dont la terrasse donne sur les cascades de la rivière des Prairies. C'est pour le moins enchanteur. À partir de la digue, vous êtes tout près du parc-nature, parfait pour une promenade, un pique-nique ou une partie de pêche. 10897, rue du Pont

Cartier

INAUGURATION avril **2007**

Si le boulevard des Laurentides est si mal-aimé, c'est qu'il est malfamé. Pollution et pauvreté s'y côtoient. Le boulevard n'est pas un environnement propice aux bonnes tables. Les devantures des commerces s'encrassent rapidement en raison des vapeurs crachées par les tuyaux d'échappement. Le vent charrie des détritus qui parsèment les trottoirs et les entrées. Et c'est probablement par ici que l'on retrouve la plus grande concentration de bars de danseuses nues au Québec. Plus on s'éloigne du boulevard des Laurentides, à la hauteur de la station, du côté opposé de la clinquante bijouterie Xtrem Gold, il y a un grand parc, vaste et beau, au bord de l'eau. Sur le boulevard Lévesque vers l'est, il y a de paisibles quartiers résidentiels. Vers l'ouest sur Cartier, il y a davantage de commerces, dont un réputé disquaire spécialisé dans les vinyles et un restaurant Au Coq qui innovait, au printemps 2015, en se jumelant à un restaurant italien : le Mozz. Le Canadien de Montréal, par le biais de sa fondation Bleu Blanc Rouge pour l'enfance, s'est engagé à bâtir pour l'hiver 2015-2016 une patinoire extérieure réfrigérée au parc Émile.

FRÉQUENTATION
3 026 859

5, boulevard Cartier Est

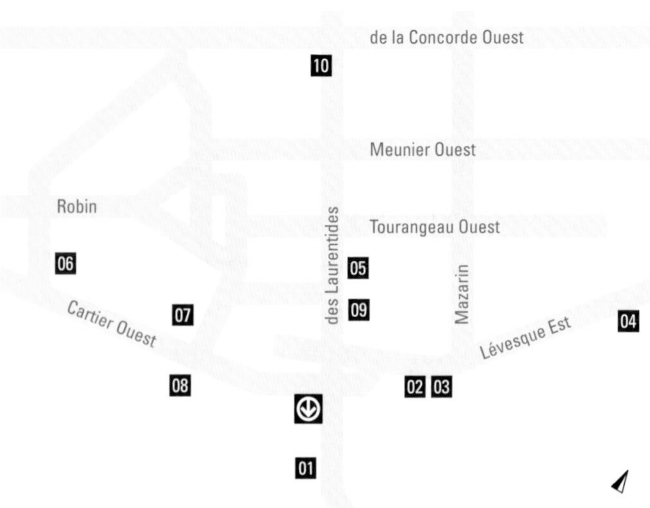

01 - PLANÈTEMUSIK LAVAL

Lorsqu'à l'âge de neuf ans, Éric Major y a acheté sa première batterie, il ne se doutait pas qu'il reprendrait cette boutique en main en 2002 et que, cinq ans plus tard, le métro de Montréal ouvrirait une station à deux minutes de marche de là. Il vend des guitares et des batteries neuves et usagées et assure un bon roulement de son stock en organisant de fréquentes ventes éclair et « blitz de rabais » le dimanche sur son site internet: planetemusik.myshopify.com. Chaque dimanche de blitz, M. Major révèle un nouveau rabais sur un nouveau produit, de sorte que les gens se précipitent chez lui. 18, boulevard des Laurentides

02 - PARC ROSAIRE-GAUTHIER

C'est le seul parc de cette envergure qui donne directement sur une sortie de métro. En sortant de l'édicule, à l'est du boulevard des Laurentides, vous arrivez directement devant ce petit paradis de verdure et de loisirs. Cela ne se trouve pas à Montréal. Il y a des terrains de basketball, de baseball, de tennis, de pétanque et des rampes de planche à roulettes. La piste cyclable y est fort jolie. 125, boulevard Lévesque Est

03 - GÎTE DU MARIGOT

C'est officiellement le seul Bed & Breakfast de Laval. À cinq minutes de marche de la station Cartier (à travers le parc Rosaire-Gauthier), c'est un gîte plus accessible par transport en commun que la grande majorité des couettes et café montréalais. Rénové intégralement il y a deux ans, le Gîte du Marigot est une « grosse cabane » de luxe comme on en trouve à Blainville ou à Lorraine. En voulez-vous du confort ? En v'là. C'est moins cher qu'à l'hôtel ou qu'un gîte à Montréal, et c'est à côté d'un métro et en face du parc Rosaire-Gauthier. 128, boulevard Lévesque Est

04 - LA MARINA COMMODORE

Cette humble marina qui date de la fin des années 1920 ne veut pas mourir. Menacée par un imposant projet immobilier qui allait construire deux gigantesques tours à condominiums sur son emplacement, elle a droit à un sursis depuis que le projet fait l'objet d'une enquête, suite à la démission du maire Gilles Vaillancourt, accusé de corruption. 333, boulevard Lévesque Est

07

05 - HAKARI SUSHI

Sa devanture extrêmement quelconque et peu inspirante n'explique pas le succès de ce restaurant à sushis, Hakari (qui signifie « rayon de soleil » en japonais), qui a bonne réputation dans le quartier (que ses livreurs quadrillent) et dont les prix sont nettement plus bas que ceux de Montréal. Le midi, un spécial offre 11 morceaux pour 5$. Pour un repas sain à bas prix sur un boulevard des Laurentides surtout consacré au fast-food, voici une adresse à connaître. 155, boulevard des Laurentides

06 - L'INDICATIF : SPÉCIALISTE DU DISQUE VINYLE

André Lemieux travaille six jours par semaine dans sa boutique de vinyles et le 7e jour, au lieu de se reposer, il se consacre à dénicher de nouveaux albums susceptibles d'intéresser sa clientèle de collectionneurs et de disc jockeys. On appelle ce genre de dévouement « avoir la vocation ». M. Lemieux offre, entre autres, des albums québécois prisés par les collectionneurs. Avec la venue du CD, les ventes de disques vinyles avaient baissé dramatiquement, mais depuis la révolution numérique, qui fait diminuer la vente de CD, les vinyles reprennent en popularité. Leur son est particulier, chaleureux. De plus en plus de jeunes en collectionnent et plusieurs font un détour à Laval-des-Rapides pour fouiner dans cette caverne d'Ali Baba. 261, 15e Rue

07 - MOZZ (AU COQ)

La marque Mozz – un rejeton d'Au Coq – est entrée en activité le 25 mai 2015, seulement à Laval-des-Rapides, qui est son « laboratoire d'essai ». Ce restaurant partage l'adresse de la rôtisserie, mais utilise une cuisine entièrement indépendante. Le concept : se servir des véhicules avec réchauds d'Au Coq pour vendre aussi des plats italiens. Bref, la fameuse rôtisserie s'aventure dans le merveilleux monde de la pizza – pourquoi pas ? Les logos de Mozz et d'Au Coq se côtoient déjà sur les uniformes des employés. Sur la photo : un des maîtres d'œuvre du projet Mozz, Fred Nadeau (à droite), avec un de ses collègues livreurs.
54, boulevard Cartier Ouest

08 - LA PATINOIRE DU CANADIEN DE MONTRÉAL

Au moment où vous lisez ceci, la vieille patinoire à bandes de bois que vous voyez sur cette photo appartient au passé (ou est sur le point de disparaître). Les jeunes de Laval-des-Rapides se sont fait promettre, pour l'hiver 2015-2016, une patinoire extérieure réfrigérée par la fondation Bleu Blanc Rouge pour l'enfance du Canadien de Montréal. Le but : permettre à une jeunesse pas forcément fortunée de profiter d'infrastructures sportives propres à former de nouveaux talents et à offrir un loisir sportif sain à la communauté. Les aléas de la météo et les dégels rendent souvent les patinoires inutilisables, craquelées ou bosselées, pendant plusieurs jours. Avec une patinoire réfrigérée, les jours d'utilisation de la patinoire seront maximisés, pour le bonheur des petits hockeyeurs. Six autres patinoires de ce genre ont été construites ailleurs au Québec par le Canadien de Montréal. 55, boulevard Cartier Ouest (Parc Émile)

09 - LE CARREFOUR DES AUBAINES

Je n'ai jamais trouvé autant de choses – meubles, vêtements, instruments de cuisine, outils, jouets – à des prix aussi dérisoires. Organisme géré par le Relais communautaire de Laval pour desservir les familles pauvres, le Carrefour des aubaines, avec ses prix minimaux, fait passer les Fripe-Prix Renaissance et Village des valeurs de ce monde pour des boutiques dispendieuses. Chose impressionnante : avec si peu de moyens, le Carrefour est bien tenu et propre. Rien de ce que j'ai vu parmi les objets proposés n'avait mauvaise mine. Il y a beaucoup de marchandise neuve invendue que des magasins donnent au Carrefour. La section des vêtements, au sous-sol, risque de ravir les adeptes du style rétro.
111, boulevard des Laurentides

10 - QUILLES BG LAVAL 2000

Cette salle de quilles bien connue dans Laval-des-Rapides a embauché un artiste peintre, Olivier Gaudette (qui a aussi peint sur les murs de Maeva Surf – voir station Montmorency – et un grand nombre d'autres commerces, organismes, écoles et garderies de Laval), pour refaire sa décoration en peignant des fresques sur les murs. Voilà une belle leçon pour les nombreuses salles montréalaises qui se laissent aller à la décrépitude… Un bon endroit pour les anniversaires d'enfants, d'autant plus qu'Olivier Gaudette a orné la salle qui leur est réservée d'images de héros et de princesses. 472, boulevard des Laurentides

De la Concorde

INAUGURATION avril **2007**

En explorant les environs de la station de la Concorde et en parlant aux employés et clients des commerces avoisinants, j'ai eu, plus qu'ailleurs, l'impression de me trouver dans une sorte de gros village où les gens, à défaut de se connaître, se reconnaissent. « C'est qui, lui ? On ne l'a jamais vu, c'est un nouveau », semblait-on se dire sur mon passage. Le vendeur de la boutique de surfs et de planches Sharks connaît la fille qui travaille à la pâtisserie La Concorde, qui est probablement allée à l'école avec la serveuse du restaurant Le Cartier, dont tous les clients réguliers aiment aller se sucrer le bec à l'occasion à la crémerie Dairy Queen un peu plus loin. Autour de la station de la Concorde, j'ai ratissé large, jusqu'au boulevard des Laurentides à l'est et au boulevard Lévesque au sud, afin de dénicher des adresses variées : un parc bucolique (des Prairies), un vendeur de scooters électriques (Bazoo Scooterre), une école de formation où des étudiants réparent vos vieux appareils électroniques, épilent vos jambes au laser ou changent vos pneus (Compétences 2000) et un sympathique petit restaurant de grillades turques (Istanbul).

FRÉQUENTATION

1 376 835

1200, boulevard de la Concorde

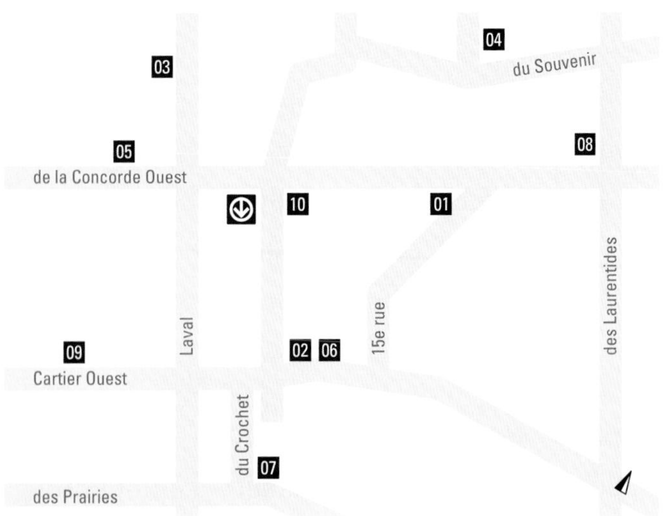

01 - CHEZ GÉRARD

Cette patateterie est une institution. Elle existe depuis 1970 et les employés y sont depuis longtemps. « Ce sont pas des p'tits gars qui font le service *icitte* et on travaille comme des fous », me dit Christo, le propriétaire (depuis 1990), qui n'arrête pas de tourner les boulettes et de couper de la salade et des tomates tout en répondant à mes questions. Vous pouvez mettre dans votre poutine tous les ingrédients que vous voulez. Un item du menu se distingue des autres : le hamburger *triplement* double… Double viande. Double fromage. Double bacon. Pour 7 $, vous en avez plus pour votre argent ici que chez McDonald's.

110, boulevard de la Concorde

02 - LE CARTIER

C'est le parfait delicatessen de quartier. Planté au beau milieu d'un vaste stationnement, il est ouvert sept jours sur sept. On y va autant pour les œufs bacon le matin que pour les tables d'hôte du soir. Les résidences pour personnes âgées non loin de là constituent un bassin de clients fidèles, et on peut dire que la clientèle est composée à 99,9 % d'habitués. « Ma véritable entrevue d'emploi ici, ce n'était pas avec le patron, c'était de voir si les clients allaient m'adopter et m'accepter », raconte Suzan, une sympathique jeune serveuse qui entreprend ensuite de nommer les clients sur place en les saluant. Un endroit convivial.

319, boulevard Cartier Ouest

03 - ISTANBUL : GRILLADES TURQUES SUR CHARBON (DONER ET ISKENDER)

Ce petit restaurant turc sans prétention s'est bâti une clientèle fidèle en offrant de bonnes viandes grillées et des assiettes copieuses à bon prix. La différence avec les grillades maghrébines que l'on retrouve plus souvent à Montréal, c'est, surtout, les épices. Istanbul sert aussi de la pizza, dont l'une contient du bœuf doner. Tant qu'à commander de la pizza chez un restaurant turc, pourquoi ne pas inclure des grillades turques dans sa pizza ? 550, boulevard Laval

04 - COMPÉTENCES 2000 : CENTRE DE FORMATION PROFESSIONNELLE

Il y a 3000 étudiants ici. Pour exercer leurs compétences, ils ont besoin de « cobayes ». Ils offrent donc des services gratuits, ou presque, du mois d'octobre au mois de juin. Pour prendre rendez-vous, composez le (450) 662-7000 et le poste 2040 pour les soins du visage ; poste 2041 pour l'épilation à la cire et les soins des pieds ; poste 2043 pour l'électrolyse (de tout le corps sauf le visage) ; poste 2033 pour l'épilation au laser ; poste 2035 pour faire réparer gratuitement un appareil audiovidéo (les pièces sont à vos frais) ; poste 2063 pour faire retoucher vos vêtements ; poste 2068 pour faire changer vos pneus de voitures. Bien sûr ces services ne sont offerts que si les cours ont lieu et quand le calendrier de formation le permet.
777, avenue de Bois-de-Boulogne

05 - MAISON DES ARTS

Les initiés appellent MDA (pour Maison des Arts) ce centre où l'on propose théâtre, danse, arts visuels (dans la salle Alfred-Pellan) et activités pour les jeunes. On y joue des pièces ou spectacles produits initialement ailleurs au Québec pour offrir une sélection de ce qu'il y a de meilleur aux gens d'ici. Ça ne vient pas à l'esprit du Montréalais de sortir à Laval pour voir du théâtre, pourtant... la MDA est si proche du métro qu'elle est plus accessible que de nombreux théâtres montréalais.
1395, boulevard de la Concorde Est

06 - SHARK : BOUTIQUE DE PLANCHES

C'est le genre de boutique où l'on risque d'avoir une crise existentielle : « Pourquoi est-ce que je ne pars pas dans le Sud pour gagner ma vie comme moniteur de surf au lieu de rester au Québec ? » se demande-t-on en admirant tout cet équipement qui évoque la mer, le plein air, le soleil et le vent marin. Il y a ici des planches pour une vingtaine de sports différents : planche… à voile, à neige, à vagues, à roulettes, longues ou courtes. Le jeune vendeur qui me reçoit s'appelle Sébastien Boisvert et dirige l'école de rouli-roulant Technical Skateboards. Il m'explique que si c'est d'abord la mode de la planche à voile qui a lancé la boutique Shark, c'est maintenant la vogue du kite surfing (qui combine planche et cerf-volant) qui bat son plein.
313, boulevard Cartier Ouest

07 - PARC DES PRAIRIES

Entrer ici, c'est comme sortir de la ville. Votre pouls ralentit. Le parc des Prairies a une superficie de 30 hectares. Il y a un lac avec des canards, un ruisseau et des cascades. En été, on peut y pique-niquer et s'y entraîner (sur des modules Trekfit). En hiver, on y fait du ski de fond (sur 4 kilomètres de pistes), de la raquette, de la glissade ou du patin. L'équipement (patins, raquettes, tapis à glisser, etc.) est prêté gratuitement au chalet du parc. 5, avenue du Crochet

08 -
BAZOO SCOOTTERRE

Quand on a rencontré le propriétaire Patrick Perron, il se préparait à faire un road trip de scooter jusqu'à San Francisco, un périple de 7 500 km sur les petites routes. Avec sa conjointe Sylvie Grimard, M. Perron dirige le concessionnaire de scooters et de triporteurs Bazoo Scooterre. La boutique importe de Chine ses propres modèles 100 % électriques. Les Zen (sur la photo) se vendent à partir de 1 200 $, ont une autonomie d'environ 40 km et vont à une vitesse maximale de 32 km/h. Bazoo offre aussi des vélos électriques, pour ceux qui veulent pédaler, sauf pendant les montées abruptes où ils appellent le moteur à la rescousse. En fait, le vélo électrique est l'exact contraire du vélo stationnaire : au lieu d'une résistance qui augmente l'effort, le modèle électrique contribue à l'effort du pédaleur, qui choisit son pourcentage d'assistance motorisée. « Presque 60 % des scooters vendus au Canada le sont au Québec », dit M. Perron qui attribue la popularité de ce mode de transport à une mentalité européenne plus prononcée. 544, boulevard des Laurentides

09 - LE DAIRY QUEEN

Il y a trois Dairy Queen à Laval. À une quinzaine de minutes de marche de la station de la Concorde, celui-ci est un point de ralliement familial dans Laval-des-Rapides. Pendant quelques minutes, j'ai été interloqué par le trafic automobile qu'il y avait autour; j'ai vite compris que c'était dû à l'affluence d'amateurs de crème glacée en cette belle journée.

393, boulevard Cartier Ouest

10 - BOULANGERIE PÂTISSERIE LA CONCORDE

Voici un commerce très populaire à Laval. Il est actuellement tenu par les frères d'origine portugaise José et Ricardo Resendes, et ses produits vedettes sont la pizza aux tomates – il s'en vend une quantité phénoménale – et les croissants aux amandes – dont le stock est souvent épuisé avant la fin de la journée. Vous pouvez acheter la pizza froide déjà faite ou un kit, contenant la pâte et la sauce, pour la faire vous-même chez vous et régaler vos invités. Quant aux croissants fourrés à la pâte d'amande et recouverts d'amandes grillées et de sucre en poudre (comme sur la photo), ils ont un succès fou. Le personnel est très sympathique. Sur place, des clientes ont immédiatement commencé à couvrir le commerce d'éloges, ce qui est bon signe. Nouveauté : le poulet rôti portugais qui, pour 15$, vient avec la sauce et les pommes de terre – il faut le commander à l'avance et venir le chercher sur place.

608, boulevard de la Concorde Ouest

Montmorency

INAUGURATION avril **2007**

C'est la seule station de métro dont les principaux bâtiments voisins sont des établissements d'enseignement. Le cégep Montmorency était là bien avant la construction de la station du même nom (depuis 1969) et se trouve de l'autre côté du boulevard de l'Avenir ; le Collège Letendre, une école secondaire, est à trois minutes de marche de l'édicule ; l'Université de Montréal, quant à elle, a ouvert son campus adjacent au métro en 2011. L'île de Laval est officiellement une ville unie depuis 1965, mais il lui a longtemps manqué quelque chose de crucial : un centre-ville. On lui en a donc fabriqué un : le Centropolis (qui veut dire « centre ville » en latin), où on y retrouve une SAQ, des restaurants, des cafés, des bars, des salles de jeux, de sports, des boutiques, etc. Les Montréalais qui ont le réflexe de dénigrer l'artificialité de ce genre de quartier doivent y reconnaître un avantage : la vastitude et la luminosité. Dans ces bâtiments neufs généreusement vitrés, on ne manque pas d'oxygène ni de lumière naturelle.

FRÉQUENTATION
4 803 131

555, rue Lucien-Paiement
1800, rue Jacques-Tétreault

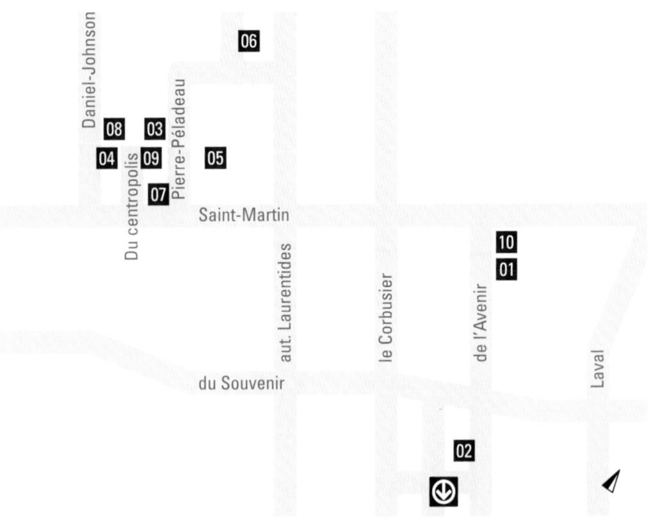

01 - LA MAISON DU JAZZ

On ne l'attendait pas, mais la voici : la résurrection du cabaret traditionnel. Ici la musique est *vivante*. Pas d'enregistrements ; seulement de vrais musiciens. Les gens viennent manger et boire en regardant le spectacle. Cette Maison du Jazz version Laval est un « bébé » du légendaire George Durst, un Alsacien d'origine qui fut le « roi des discothèques » dans les années 1970 et le créateur des Cages aux Sports dans les années 1980 et 1990. Quelque 170 chandeliers tirés de la collection de M. Durst ornent le plafond de l'établissement. Probablement le décor le plus baroque de l'histoire des bars au Québec. 1639, boulevard de l'Avenir *houseofjazz.ca*

02 - CLUB DE TENNIS DE TABLE RÉFLEXE

Jouer au ping-pong, c'est une chose, y exceller en est une autre. Je vous parle de ce club de tennis de table à la suggestion des employés de Lucien Laverdure Sport (une bonne adresse du métro Crémazie). Fondé en 1999, ce club a son local climatisé de 16 tables dans le Collège Letendre et compte une bonne centaine de membres. Pour trouver le local, suivez le bruit des balles ; c'est au dernier étage. Vous pouvez y aller seul, en famille ou en groupe (et pourquoi pas en couple). C'est ouvert aux gens de 5 à 80 ans, mais on ne vous refusera pas l'entrée si vous en avez 81. 1000, boulevard de l'Avenir *clubreflexe.com*

03 - KIYOMI : TAPAS CORÉENS

J'attire votre attention sur ce petit restaurant à tapas coréens. Avec ses menus dépliants rétroéclairés et ses murs lumineux colorés activés par télécommande, le Kiyomi se distingue du restaurant moyen. Il y a souvent des karaokés le vendredi soir dans ce décor futuriste. Populaire au menu : la viande grillée sur roche plate volcanique. On vous apporte une roche chauffée à 400 ou 500 degrés Celsius (à laquelle je vous déconseille de toucher) et vous faites vous-même cuire votre viande. Ça sort de l'ordinaire ! 145, promenade du Centropolis

04 - MAEVA : SURF D'INTÉRIEUR

Comment ça marche, le surf d'intérieur ? La machine à vague projette un puissant tapis d'eau qui remonte la pente à 40 km/h. La gravité, fidèle à son habitude, cherche à vous entraîner vers le bas. En utilisant votre planche pour glisser sur l'eau ou pour lui opposer une résistance, vous descendez la pente ou la remontez ; vous allez à gauche ou à droite. Quand vous tombez, le jet d'eau vous recrache au sommet de la pente. Très amusant. Un bel exercice. En 2015, le Maeva s'est doté d'une terrasse pour permettre à ses clients de relaxer sur place en faisant de « l'après-surf ».
2005, boulevard Daniel-Johnson

05 - SKYVENTURE : SIMULATEUR DE CHUTE LIBRE

C'est une chose qu'il faut essayer au moins une fois dans sa vie. Si la perspective d'un vrai saut en parachute vous effraie, il y a toujours la possibilité d'exécuter une chute simulée dans ce tunnel à soufflerie vertical qui reproduit l'expérience de flotter dans les airs. Vous verrez, ce n'est pas délicat : le vent est si puissant qu'il vous écrase les joues. N'espérez pas avoir l'air gracieux la première fois : c'est difficile de se stabiliser, puisque la moindre dissymétrie dans votre posture vous fait virevolter.

2700, avenue du Cosmodôme

06 - LE COSMODÔME

Avec son musée consacré à l'exploration spatiale, ses jeux de simulation et ses camps de jour pour astronautes en herbe, le Cosmodôme est une institution qui fait la fierté de Laval depuis 1994. Vous savez de quoi il s'agit, mais n'y êtes jamais allé ? Je vous ferai remarquer qu'on s'y rend facilement en transport en commun. À partir de la station Montmorency, on prend l'autobus 61 ou 70, et le tour est joué. Pour les familles montréalaises, le fait de ne pas avoir d'auto n'est donc plus une raison de ne pas partir à la découverte de Mars.

2150, autoroute des Laurentides

07 - CLIP'N CLIMB LAVAL

Voilà une nouveauté dans la grande région de Montréal. On connaissait déjà l'escalade intérieure, mais pas comme celle-là. C'est un concept néo-zélandais qu'Isabelle Landry-Larue et Daniel Mongrain ont décidé d'introduire à Laval. « Nous voulions une activité familiale qui soit aussi agréable pour les enfants ou les adolescents que pour les adultes », explique Mme Landry-Larue. Ici les parois d'escalade prennent l'apparence de modules verticaux et sont toutes différentes. Certaines prises d'escalade, par exemple, sont mobiles : votre poids les déplace tandis que vous grimpez, de sorte que vous devez sans cesse assurer votre équilibre. Il y a aussi ces colonnes sans cesse croissantes : vous passez de l'une à l'autre, toujours en effectuant le même pas, mais à force de monter en altitude, la sensation de vertige commence à vous paralyser, tandis que les colonnes commencent à brinquebaler. Quant au petit silo vertical, vous y êtes plongé dans le noir et ce sont les prises de grimpe qui sont lumineuses. Allez savoir pourquoi, la raison sociale « Clip'N Climb » n'a pas été adaptée au contexte québécois : « Boucle et Grimpe », ça aurait été évocateur, chaleureux et familier. À essayer.

2929, boulevard Saint-Martin Ouest

05

08 - LA BELLE ET LA BŒUF

Tant qu'à « aller veiller » à Laval, aussi bien que ce soit dans un établissement qui incarne la quintessence du sens de la fête des jeunes adultes de banlieue (un peu comme dans le New Jersey). Difficile de ne pas écarquiller les yeux devant le foisonnement d'items décoratifs, les immenses murs de brique, les murales-graffiti, etc. Au menu, des mets qui repoussent les limites de ce qui leur est possible de contenir sans se dénaturer. Le hamburger Epic, par exemple, contient une tablette de chocolat entière : « quadruple galette, beaucoup de brie, beaucoup de bacon fumé, Kit-Kat frite, beurre d'arachide fondu avec sauce aux champignons et porto. » À l'achat de ce monstre, le restaurant vous remet gratuitement une bouteille de Pepto Bismol. Côté drinks, les mixologues se sont aussi « lâchés lousse ». Il y a maintenant une succursale de ce restaurant non loin du métro Guy-Concordia (au 1620, rue Sainte-Catherine Ouest), mais c'est une version montréalaise plus petite, restreinte par la charpente plus modeste du Faubourg Sainte-Catherine. 510, promenade du Centropolis

09 - LE BALTHAZAR – BIÈRES QUÉBÉCOISES

Dans le domaine de la micro-brasserie québécoise, ce bar constitue un tournant. Il ne sert rien d'autre que de la bière artisanale québécoise : 32 sortes en fût et 70 en bouteilles. Et c'est plein de monde le soir. Ai-je besoin d'en dire plus ? Jadis disponibles seulement dans des débits spécialisés fréquentés par les connaisseurs, nos meilleurs petits brasseurs sont désormais accessibles au grand public. Finie la marginalité, la bonne bière se démocratise. Comme le disait un célèbre personnage de télésérie québécoise : « La game vient de changer. » Le Balthazar peut accommoder 200 personnes à l'intérieur et 85 personnes en terrasse.

195, promenade du Centropolis

10 - SALON SACO

Pourquoi des clientes viennent-elles de l'autre bout du Québec pour se faire coiffer ici ? Parce que Luc Vincent est une vedette de la télévision (notamment grâce à l'émission de Jean Airoldi) et un expert du « changement d'image ». Il dirige un salon affilié à un grand nom de la haute coiffure : le Britannique Richard Ashforth. Ce dernier forme ses affiliés à travers le monde (il y a une vingtaine de salons Saco) pour les initier aux modes émergentes, de manière à leur donner une longueur d'avance sur la compétition.

1671, boulevard de l'Avenir

09

Longueuil–Université-De-Sherbrooke

INAUGURATION avril **1967**

Parce qu'il s'agit de la plus grande ville de la Rive-Sud de Montréal, Longueuil a été choisie pour accueillir la seule station de métro au sud de la métropole. Depuis l'inauguration, en 1967, quelques campus universitaires s'y sont même installés, profitant ainsi de la proximité du métro. Située à quelques mètres seulement du centre commercial Place Longueuil, la station Longueuil–Université-de-Sherbrooke dessert également le Vieux-Longueuil, où les terrasses et petits bistros ajoutent au charme unique de l'endroit.

FRÉQUENTATION
7 137 428

100, place Charles-Le Moyne

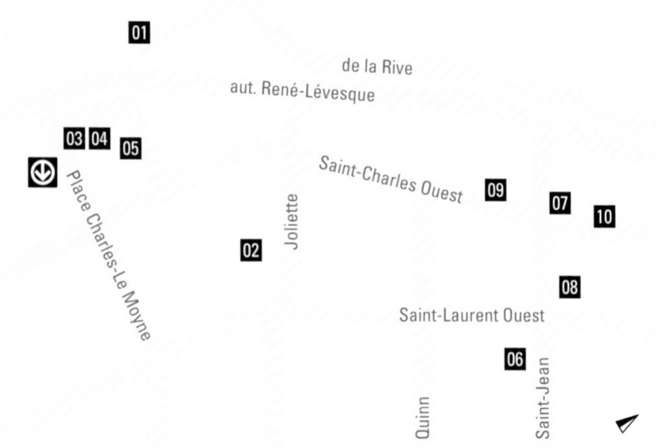

01 - BOUTIQUE 30 NŒUDS

Cette boutique équipe les adeptes de sports nautiques des quatre coins du Québec depuis déjà 30 ans. Spécialisé dans les sports de voile et de vent – comme la planche à voile, le kite surf et le SUP –, 30 Noeuds propose les meilleures marques de l'industrie, ainsi qu'une vaste sélection de matériel usagé et un service de réparation. Sur place se trouve également une école regroupant des instructeurs professionnels, où, il est possible de s'offrir des séances de perfectionnement ou encore d'essayer quelques nouveautés. 985, rue Pierre-Dupuy

02 - PLACE LONGUEUIL

Construit en 1966, ce centre commercial a longtemps été le seul en son genre dans la ville de Longueuil. Victime d'un incendie criminel en 1979 – dans lequel tous les magasins ont été détruits, à l'exception de Steinberg, de Miracle Mart et du cinéma Odéon –, il a été reconstruit en 1981. Aujourd'hui, Place Longueuil compte une centaine de commerces et est très fréquenté par les résidents des quartiers avoisinants. 825, rue Saint-Laurent Ouest

03 - POUTINEVILLE

Il n'y a qu'un seul endroit où se rendre pour déguster des poutines décadentes comme la Steak Filet mignon (steak, champignons, oignons, fromage bleu et fromage en grains, sauce aux poivres), Le Parrain (saucisses italiennes, poivrons rouges, aubergines marinées, fromage en grains, sauce à la viande et mozzarella gratinée), La Bouche en feu (piments forts, sauce épicée, fromage en grains et ailes de poulet 911) et Le Zeus (gyro, oignons rouges, tomates, fromage feta et fromage en grains, sauce au vin rouge): Poutineville ! 99, place Charles-Le Moyne

04 - M FITNESS

Reconnu pour ses cours en salle variés et de qualité, le M Fitness de Longueuil propose de la Zumba, de l'Aqua-FORM, du SUPER Workout, du Yoga, du Boot Camp, du Spinning et du Tae Bo. Tout pour se divertir et se défouler ! Après une longue journée de travail, rien de mieux qu'un peu d'exercice physique, que l'on complète par un petit un moment de détente dans le sauna, la piscine ou le bain à remous. À noter qu'il y a un bar santé sur place et que des programmes personnalisés avec entraîneur privé sont disponibles. 99, place Charles-Le Moyne, suite 201

05 - CENTRE D'ESTHÉTIQUE DANIELLE BENOÎT

Depuis 1987, ce centre d'esthétique propose une gamme complète de soins et de produits de qualité pour le bien-être de tous. Que ce soit pour une séance de relaxation (massage de détente), un soin du corps (facial, exfoliation corporelle), un traitement beauté (manucure, pédicure, maquillage), de la photothérapie, de l'épilation ou pour une perte de poids, les professionnels du centre vous offriront un service personnalisé. Pour eux, chaque client est unique. 110, rue de La Barre

06 - COPAINS GOURMANDS

Cela fait neuf ans que le chef Jean-François Hogue officie en cuisine aux Copains Gourmands, tandis qu'Éric Courchesne règne sur la salle à manger. Les deux propriétaires (et copains d'abord) se complètent parfaitement dans ce restaurant de type bistro français, qu'ils ont ouvert en décembre 2006. Boudin noir en croûte, laqué à la mélasse et aux oignons perlés ; mignon de bœuf et fromage québécois fondant, sauce vigneronne ; ris de veau confits, poêlés à la forestière : ici, les classiques sont revisités et le chef n'a pas peur d'innover.
352, rue Guillaume

07 - CAFÉ TERRASSE 1957 ET BUNGALOW BAR SALON

Les deux immeubles voisins ont décidé d'unir leurs forces afin d'offrir aux clients une expérience unique, principalement durant la période estivale. En effet, ensemble, les deux commerces deviennent la destination-terrasse par excellence sur la Rive-Sud de Montréal. L'ambiance y est relax, la sélection de bières de micro-brasseries impressionnante et la bouffe (de type bistro) succulente... et abordable ! Le point de ralliement de bien des jeunes du quartier.
305 et 311, rue Saint-Charles Ouest

08 - DUR À CUIRE

Ce sont les restaurateurs derrière O'Thym, Les Héritiers, Wellington, Lannes et pacifique, Smoking Vallée, Les Canailles et Monsieur B qui sont à la tête de ce restaurant branché du Vieux-Longueuil. Le concept est simple : premièrement, il s'agit d'un « apportez votre vin » ; deuxièmement, on y déguste une cuisine du marché, d'inspiration française (foie gras, tarte fine, tartare et boudin maison) ; troisièmement, le menu (inscrit à la craie sur l'ardoise : un classique !) varie chaque semaine, au gré des arrivages. L'ambiance est festive (voire quelque peu bruyante) et les plats sont originaux et recherchés. 219, rue Saint-Jean

09 - Ô GÂTERIES

Depuis 1993, ce commerce à mi-chemin entre pâtisserie, boulangerie et traiteur offre une variété de produits maison de qualité, qui brillent autant par leur élégance que leur simplicité. Voilà pourquoi l'entreprise figure parmi les chefs de file dans le domaine des pâtisseries fines. Durant la période estivale, on craque pour les fraisiers, les framboisiers et les tartes aux fruits rafraîchissantes, mais on trouvera aussi, et à longueur d'année, de nombreux pains de fabrication artisanale, des viennoiseries et des gâteaux sur mesure pour mariages, baptêmes et anniversaires. À noter qu'il est possible de consommer les plats du jour directement sur place, à l'intérieur ou encore sur la jolie terrasse. 364, rue Saint-Charles Ouest

10 - LA CHARCUTERIE DU VIEUX-LONGUEUIL

Depuis 1981, cuisiniers, bouchers, poissonniers, pâtissiers, boulangers et fromagers vous donnent rendez-vous dans cette charcuterie moderne, qui est devenue une véritable institution au fil des ans, et ce, autant à Montréal qu'à Longueuil. Grâce au service personnalisé et à des produits frais de première qualité, dont du gibier, du foie gras et des pâtés – sans oublier les produits d'épicerie fine –, l'endroit est une destination de choix. Ainsi, il est possible de faire votre marché en un seul et même endroit.
193, rue Saint-Charles Ouest

Jean-Drapeau

INAUGURATION avril **1967**

Inaugurée en avril 1967, juste à temps pour l'Exposition universelle de Montréal, la station de métro Jean-Drapeau a porté le nom de station Île-Sainte-Hélène jusqu'en 2001, avant d'être renommée – en mars de la même année – en l'honneur de l'ancien maire de Montréal. Aujourd'hui, cette station dessert les principaux attraits de l'île Sainte-Hélène, dont le fameux parc Jean-Drapeau et les nombreuses installations culturelles et sportives de cet îlot de terre situé à mi-chemin entre Montréal et Longueuil.

FRÉQUENTATION

1 381 464

170, île Sainte-Hélène

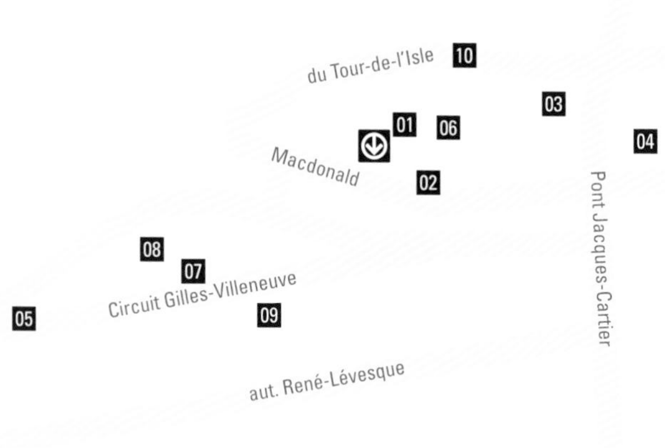

01 - COMPLEXE AQUATIQUE DE L'ÎLE SAINTE-HÉLÈNE

Avec ses trois bassins permanents tempérés (piscine de plongeon, piscine de compétition, piscine récréative), il s'agit de l'un des plus beaux complexes de piscines extérieures au Canada. De mai à septembre, entraînements et compétitions sportives s'y tiennent régulièrement, mais il est également possible de s'y rendre en famille ou entre amis pour profiter d'un bain libre dans l'immense piscine récréative, dont la pente progressive recouverte d'un tapis coussiné facilite l'accès aux tout-petits. île Sainte-Hélène

02 - BIOSPHÈRE

Édifice spectaculaire et emblématique de Montréal, la célèbre sphère d'Expo 67 (ancien pavillon des États-Unis) abrite désormais un musée de l'environnement, ouvert à l'année, qui propose une foule d'expositions tantôt ludiques, tantôt scientifiques visant à mieux faire comprendre les grands enjeux environnementaux. Les différentes expositions (explorant des thèmes liés à la météorologie, au climat ou à la qualité de l'eau et de l'air), présentées à l'intérieur et à l'extérieur de ce chef-d'œuvre architectural, tenteront de vous inspirer à être plus vert au quotidien. 160, chemin du Tour-de-l'Isle

03 - MUSÉE STEWART

Situé au milieu d'un site naturel luxuriant, le musée Stewart occupe le dépôt fortifié britannique de l'île Sainte-Hélène, une construction militaire datant du XIXe siècle. Fondé en 1955 par David Macdonald Stewart, ce centre d'exposition célèbre l'influence des civilisations européennes en Nouvelle-France et en Amérique du Nord, en relatant cinq siècles d'événements politiques, d'expériences scientifiques et de vie culturelle. À noter que ce lieu à la fois historique et moderne est équipé d'une tour de verre de quatre étages, donnant accès à un belvédère offrant une vue remarquable sur Montréal. 20, chemin du Tour-de-l'Isle

04 - LA RONDE

Il s'agit du plus grand parc d'attractions du Québec. Avec plus de 40 manèges, ce lieu d'amusement est une destination de choix en saison estivale. Toute la famille y trouve son compte ! En plus d'offrir les manèges les plus excitants, La Ronde présente une variété d'événements et de divertissements de haut calibre, comme l'International des Feux Loto-Québec. Cette année, le parc a ajouté à son offre une attraction hantée : la Maison Rouge – Labyrinthe de la terreur. Sensations fortes garanties ! À noter que le parc est ouvert de la mi-mai à la fin octobre.
22, chemin MacDonald

05 - ÉCORÉCRÉO

Parcourez le parc Jean-Drapeau en vous divertissant ! Pour explorer l'un des plus beaux parcs de Montréal et découvrir quelques points de vue impressionnants sur la ville et le fleuve, rendez-vous chez Écorécréo pour la location d'équipement de qualité, et ce, été comme hiver. Segway, vélo, tandem, canot, kayak, pédalo, skis, raquettes et encore plus. À noter qu'il est également possible de faire de la planche nautique par télétraction sur le lac de la plage du parc Jean-Drapeau, ainsi que du Flyboard et du SUP (cours et location).
350, circuit Gilles-Villeneuve (Pavillon de la Tunisie)

06 - ART PUBLIC

L'immense structure de Calder, intitulée *L'Homme*, fait partie de la collection d'une quinzaine d'œuvres d'art public réalisées en majorité pour l'Expo 67 et exposées en permanence au parc Jean-Drapeau. Voilà un musée à ciel ouvert à découvrir gratuitement (été comme hiver) dans les sentiers et les jardins du parc. Un panneau d'interprétation situe chaque œuvre dans son contexte. Jean-Drapeau

07 - CASINO DE MONTRÉAL

Le Casino de Montréal, inauguré en octobre 1993, occupe les anciens pavillons de la France et du Québec de l'Exposition universelle de 1967. Avec ses neuf étages (où l'on retrouve plus de 150 tables de jeu, 4 800 machines à sous et jeux électroniques ainsi que l'un des plus grands jeux de Keno en Amérique), le casino est reconnu pour la qualité de ses aires de jeu, son architecture et son prestige. Il abrite également quatre restaurants et une salle de spectacle de 500 places, le Cabaret du Casino de Montréal.
1, avenue du Casino

08 - CIRCUIT GILLES-VILLENEUVE

Le circuit Gilles-Villeneuve ne sert pas seulement à accueillir le Grand Prix du Canada ; il est aussi fort populaire auprès des cyclistes, patineurs, joggeurs et marcheurs durant la saison estivale. Avec ses 4 361 km, cette piste est tout simplement parfaite pour profiter des panoramas de choix, en pleine nature, qu'offrent le parc Jean-Drapeau et la ville de Montréal. Un incroyable terrain de jeux pour les amateurs de sports. Île Sainte-Hélène

09 - BASSIN OLYMPIQUE

Aviron, canoë-kayak, bateaux-dragons, triathlon, natation en eau libre : une foule de compétitions sportives de haut niveau se déroulent chaque année au Bassin olympique, véritable joyau de la ville et héritage des Jeux olympiques de 1976. S'étendant sur 2,2 km (pour un total de 2 000 m³ d'eau calme), le bassin est également un lieu d'entraînement pour plusieurs équipes locales et possède des gradins pouvant accueillir 10 000 personnes. Cette installation d'envergure est la seule spécialement conçue pour l'aviron en Amérique du Nord. Parc Jean-Drapeau

10 - PLAGE JEAN-DORÉ

Saviez-vous qu'il est possible de se faire bronzer et de se rafraîchir à seulement cinq minutes en métro du centre-ville de Montréal ? Au parc Jean-Drapeau se trouve en effet une plage de sable doré (avec une eau de qualité), où il fait bon jouer au volley-ball, faire du pédalo, du kayak ou encore se rafraîchir dans le lac artificiel lors des journées torrides. De plus, pour célébrer le 25e anniversaire de la plage, on inaugure une grande nouveauté cet été : l'Aquazilla, un parcours à obstacles sur l'eau ! Vestiaires, casiers, casse-croûte, prêt de vestes de flottaison et de ballons de volleyball et location de chaises longues sont disponibles sur place. Ouvert de mai à septembre. Parc Jean-Drapeau

Snowdon

INAUGURATION septembre **1981**

L'autoroute Décarie, cette grande crevasse routière qui scinde en deux l'arrondissement Côte-des-Neiges–Notre-Dame-de-Grâce, est flanquée de commerces de qualité, surtout des restaurants et des épiceries. J'avoue que j'ai été étonné de le découvrir. Je n'imaginais pas trouver d'aussi nombreuses bonnes adresses culinaires autour d'une autoroute. Dès la sortie du métro sur Queen-Mary, les commerces pratiques, dont un grand supermarché, abondent. Il y a également beaucoup de commerces juifs et russes (ou géorgiens) dans ce quartier.

FRÉQUENTATION
3 757 855

5111, chemin Queen-Mary

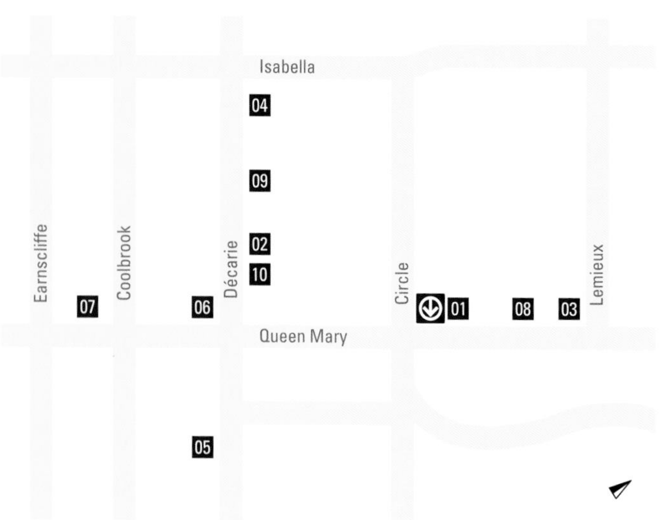

01 - CHEZ BENNY : RESTAURANT CASCHER

Voilà un restaurant qui sort de l'ordinaire. J'ai cligné des yeux quelques fois en lisant le menu, qui puise autant dans la cuisine asiatique (chinoise et japonaise), que moyen-orientale (israélienne). Tout ce que vous trouverez ici est cascher, et une partie de la clientèle vient spécialement pour ça. C'est très populaire le midi et comme les prix sont bons et les portions généreuses, il y a de nombreuses familles. On me dit que c'est très fébrile ici le vendredi midi parce que la clientèle s'active pour boucler ses affaires avant la tombée du sabbat. Une institution locale. Fermé le vendredi soir et le samedi.
5071, chemin Queen-Mary

02 - LE TEMPLE DE LA RENOMMÉE : CARTES SPORTIVES ET AUTRES

Ici, on vend des cartes. Des cartes de baseball, de hockey, de basketball, de football. Des collectionneurs viennent dépenser plusieurs milliers de dollars pour acquérir des sortes de « boîtes à surprise » pour adulte qui contiennent des cartes de joueurs signées, des morceaux de leur chandail et des cartes de recrue. Par exemple, les boîtes Upper Deck The Cup (pour le hockey, comme le nom l'indique) valent chacune plus de 500 $ et il est impossible de savoir ce qu'elles contiennent avant de les acheter. Chaque fois, c'est une gageure. Tant qu'à vendre des cartes de sport, la boutique s'est dit qu'elle pouvait aussi vendre des cartes à jouer, comme celles du jeu Magic, the Gathering.
5155, boulevard Decarie

03

03 - LA PETITE RUSSIE

Faites un petit voyage en Russie en visitant cette boutique de souvenirs. Il y a bien sûr de nombreuses collections de matriochkas (poupées gigognes russes), mais aussi des t-shirts à l'effigie de Vladimir Poutine, des livres en russe ainsi que d'autres pour apprendre la langue, des tasses, des samovars (bouilloire russe), des bibelots orthodoxes… Il y a aussi des drapeaux et des « cossins » à l'effigie de toutes les anciennes républiques soviétiques aujourd'hui indépendantes.
4953-4955, chemin Queen-Mary

04 - SNOWDON DELICATESSEN

Beaucoup de gens des environs aiment à le dire : la viande fumée de ce vieux restaurant de quartier est meilleure que celle de Schwartz's. Précision : c'est Lester's qui fabrique la viande fumée du Deli Snowdon, mais, tandis que Lester's a « modernisé » sa propre recette, celle du Snowdon Delicatessen demeure exactement la même qu'autrefois. Un forfait traiteur permet d'offrir un « bar à sandwichs à la viande fumée » à ses convives ; il suffit de passer sa commande la veille et de venir chercher les boîtes sur place. Les déjeuners sont fort courus. Ce restaurant datant de 1949 est un important lieu de réunion pour la communauté juive ashkénaze. 5265, boulevard Décarie

02

BREWERS
PADRES
PITCHER
NOLAN RYAN P
ANGELS
ANGELS
NOLAN RYAN

04

05 - FAN PHOTO

Robert Fan aime la photographie et il importe lui-même le meilleur de l'équipement pour studio produit en Chine. Résultat ? Il choisit seulement les produits de haute qualité (et il s'y connaît) et, parce qu'il n'y a aucun intermédiaire, le prix est quand même très bas. Une amie qui enseigne la photographie à l'Université de Montréal m'a fait jurer de mentionner ce petit commerce méconnu dans mes bonnes adresses. Si vous faites de la photo, c'est un nom – Robert Fan, un monsieur timide mais sympathique – à retenir.
4954, boulevard Décarie *fanphoto.ca*

06 - LE GEORGIA

C'est le seul commerce géorgien que je connaisse à Montréal. À ne pas confondre avec l'état américain du même nom, la Géorgie est l'une des anciennes républiques soviétiques qui ont retrouvé leur indépendance (en 1991). Mais cette indépendance ne s'est pas forcément inscrite dans l'esprit des gens d'ici : il a beau s'appeler le Georgia, tout le monde le qualifie de « restaurant russe » et il offre aussi de la cuisine russe. Le vendredi et le samedi, pour les soirées de spectacle avec un musicien-chanteur, mieux vaut réserver parce que c'est souvent bondé. Une amie m'a décrit ainsi son expérience au Georgia : « C'était kitsch à souhait avec un chanteur qui interprète les tounes rock « matantes » de son pays, sans oublier la meilleure engueulade de Russes saouls à vie ! Que demander de plus ? » Besoin de dépaysement ? N'hésitez pas à essayer le vin géorgien. La Géorgie se targue d'être la plus ancienne région vinicole du monde.
5112, boulevard Décarie

07 - YIA SOU : GRILLADES GRECQUES

Depuis son ouverture en 2009, ce restaurant à grillades grecques, très apprécié des critiques culinaires et dont le nom – Yia Sou – signifie « bonjour » en grec, attire beaucoup de familles. De 11 h à 16 h la fin de semaine, un enfant mange gratuitement pour chaque adulte qui commande une table d'hôte de trois services qui va de 28 $ à 38 $. Le steak-frites (Angus 12 onces) est offert à 20 $ chaque jour. Poulet, crevettes, agneau, tilapia, saumon et pieuvre sur le grill embaument de leurs arômes la vaste salle à manger. Une trentaine de vins grecs sont offerts. Les propriétaires du restaurant, les frères Chatzidakis, sont des vieux pros (fort sympathiques) qui ont œuvré par le passé, notamment, au succès de la bannière Arahova. Chose surprenante : ce restaurant au décor sobre et plutôt chic effectue aussi des livraisons. 5375, chemin Queen-Mary

08 - MASALA PALACE

Facile de passer à côté de ce restaurant indien sans s'arrêter. Il semble n'avoir rien d'extraordinaire. Pourtant, il a très bonne réputation. Alors que d'autres restaurants indiens masquent la piètre qualité de leurs ingrédients en noyant tout dans les épices, ici la cuisine ne vous agresse pas les papilles (sauf si vous l'exigez) puisque l'on tient à vous faire déguster les vraies saveurs de l'Inde (et non pas la caricature à laquelle nous sommes habitués). De la bouffe indienne haute de gamme, quoi. Il y a des menus rapides et abordables le midi.
4961, chemin Queen-Mary

09 - SUSHI MOUSHI

Une autre adresse surprenante. Sans doute parce que la proximité de l'autoroute Décarie n'est pas très vendeuse et que le loyer est bas, le restaurant sushi Mou-Shi offre des sushis de bonne qualité à de très bons prix. Encore plus étonnant: la décoration est simple et coquette. C'est donc un endroit agréable pour apporter sa bouteille de vin et manger sur place en couple ou entre amis. Quant au nom, Mou-Shi, le propriétaire et maître sushi, Wayne Wan, dit l'avoir choisi pour la sonorité. Il se targue de ne rien préparer à l'avance, pour que tout soit frais. Avec ce nom mignon, facile à retenir, son logo attachant et son local si charmant, on se dit que M. Wang a du talent pour la publicité et le design. Sur place, j'ai discuté avec une cliente qui se réjouissait d'avoir près du métro Snowdon des sushis aussi bons pour aussi peu cher. 5209, boulevard Décarie

10 - TEVA : ALIMENTS NATURELS

Quoi de moins naturel qu'un bord d'autoroute pour une boutique d'aliments naturels ? C'est pourtant sur le très gris boulevard Décarie que l'on retrouve Teva, dont le nom signifie « nature » en hébreu. Cette épicerie fine biologique date des années 1980, et est donc plus ancienne que la mode du bio. Vous y trouverez des légumes frais et une gamme impressionnante de produits et de suppléments alimentaires. J'ai craqué pour les croustilles de choux frisé végétaliennes « meilleures que le cheddar » (puisqu'il n'y a pas de produits laitiers), un snack bon pour la santé, mais un peu cher à 7,60 $ le paquet de 100 grammes. 5143, boulevard Décarie

Côtes-des-Neiges

INAUGURATION janvier **1988**

Lorsque vous prenez l'avion et qu'il survole la ville, essayez de localiser le grand dôme de l'Oratoire, puis trouvez la tour de l'Université de Montréal : la station de métro Côte-des-Neiges, tout comme le chemin du même nom qui serpente la montagne et relie le centre-ville au versant nord du mont Royal, est située entre ces deux monuments emblématiques. Elle donne sur un des quartiers les plus dynamiques et sympathiques de Montréal. C'est comme une combinaison du Petit-Maghreb et du Quartier latin.

FRÉQUENTATION
4 333 699

5316, chemin de la Côte-des-Neiges
5351, chemin de la Côte-des-Neiges

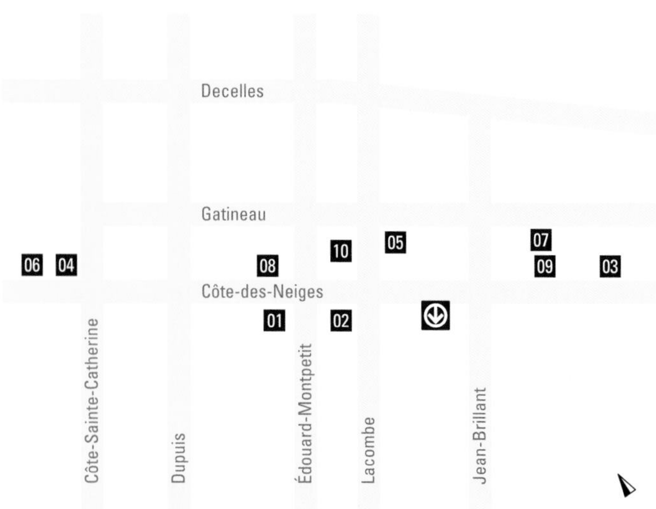

01 - BRIT & CHIPS

Ce restaurant est vite devenu un classique auprès des étudiants. Le fish and chips est à la Grande-Bretagne ce que le hot-dog est aux États-Unis ou la poutine au Québec. Probablement le seul élément de la cuisine britannique (cuisine qui ne brille pas exactement par sa finesse...) qui vaille d'être exporté partout dans le monde. Parce que c'est très gras, quand même, je renonce souvent aux frites : je ne prends que le poisson, c'est bien « en masse ».

5536, chemin de la Côte-des-Neiges

02 - PUB MCCAROLD

C'est le sympathique resto-bar « irlandais » des environs. Il plaît autant aux vieux professeurs qu'aux jeunes étudiants. Son menu est délicieux et les portions généreuses. Pour ma part, j'aime la soupe à l'oignon à la bière La Maudite et le ragoût irlandais, un mijoté d'agneau à la bière noire Guinness. La prochaine fois que j'irai, je compte essayer la « poutine inversée », un met appelé Bouchées de poutine : le cheddar en grain et la sauce sont contenus dans une panure de pommes de terre.

5400, chemin de la Côte-des-Neiges

03 - TAIS-TOI ET MANGE

Ce restaurant ouvert en septembre 2014 sert de la cuisine inspirée du Sud-Ouest américain, du Texas et du Mexique, avec des « accents » louisianais. Ici, avec un groupe d'amis, on peut commander pour 45$ un sceau de métal contenant dix morceaux de poulet frit... un peu comme ce que l'on ferait chez Poulet Frit Kentucky, mais dans une version haut de gamme de ce mets typique du sud des États-Unis. Autre item populaire au menu: le hot-dog coréen avec saucisse de 8 pouces et *kimchi* (sorte de choucroute coréenne). Les cuisiniers sont jeunes et talentueux. Il y a un bar où l'on offre des bières de micro-brasseries. Le décor n'est pas banal, à commencer par les scènes de « bonshommes Playmobil » à l'entrée.
5153, chemin de la Côte-des-Neiges

04 - PHO LIEN

C'est toujours risqué de nommer un restaurant vietnamien dans une chronique de bonnes adresses. Immanquablement, il s'en suit un débat orageux sur les mérites tel ou tel établissement. Chacun a son préféré. Celui-ci est généralement très aimé. Son achalandage constant en témoigne. Il a les qualités essentielles du bon restaurant vietnamien: le service est rapide, les prix bas, la décoration ultrasimple. L'espace est utilisé non pas pour faire beau, mais pour être fonctionnel. Si vous venez ici seul, on vous attribuera peut-être une place à table avec d'autres gens, pour ne pas gaspiller d'espace.
5703, chemin de la Côte-des-Neiges

05 - CARAVANE CAFÉ

Valérie Aubin-Jevremovic et son conjoint, tous deux dans la vingtaine, ont réussi un pari audacieux: ils ont repris un local « maudit » (où tous les commerces échouaient successivement depuis belle lurette) et en ont fait un café qui a du succès. Ils ont arraché toutes les couches de laideur accumulées au cours des années pour mettre à jour les structures d'origine de cet édifice de 1905. En ajoutant des poutres en bois de grange et des éléments de décorations rétro, cela donne un résultat spectaculaire. Pour un café, la cuisine est complète. Il y a des brunchs et des lunchs. Populaire au menu: le sandwich Petit italien, au fromage de chèvre, prosciutto et confit de figues. Ce café n'existe que depuis 2013, mais déjà il s'impose comme une institution auprès des étudiants et des professeurs. 3506, avenue Lacombe

06 - LE BLANCHE NEIGE

Cette vieille cantine populaire québéco-italo-gréco-etc. possède son propre espace-temps. Entrer ici, c'est retourner dans un passé hétéroclite qui emprunte aux décennies 1960, 1970 et 1980. Le menu de poutine est très élaboré, mais, probablement pour épargner des sous, elle est faite avec de la mozzarella, ce qui est une hérésie culinaire ! Quant aux déjeuners à 1,99 $, il s'agit probablement du prix le plus bas exigé pour un deux-œufs-bacon en Amérique du Nord en ce moment. Un voyageur du temps qui visiterait Montréal dans un demi-millénaire découvrirait probablement que tous les commerces du quartier ont disparu, sauf l'immortel restaurant Blanche Neige. 5735, chemin de la Côte-des-Neiges

07 - BOUCHERIE DE PARIS

C'est la « sandwicherie » par excellence dans les parages de l'Université de Montréal. C'est également une vraie boucherie, mais c'est pour venir chercher un lunch que des milliers d'étudiants se rendent chaque semaine dans ce pittoresque petit local blanc (sur la photo).
5774, avenue Decelles

08 - ZONE

Cette succursale de la fameuse boutique de décoration n'est pas l'originale, qui est située sur la rue Saint-Denis, sur le Plateau-Mont-Royal, mais c'est la plus accessible en transport en commun. C'est à deux minutes de marche de la station de métro. Je vais vous révéler un secret: quand j'ai besoin de faire des emplettes de Noël de dernière minute, c'est ici que je viens. Il y a une telle variété dans les objets offerts qu'il y a de tout pour tous. Élément qui ne gâche rien: de beaux jeunes gens sympathiques et serviables offrent un service à la clientèle des plus courtois.
5555, chemin de la Côte-des-Neiges

09 - LIBRAIRIE-BISTRO OLIVIERI

Les librairies-restaurants, ce n'est pas fréquent. Ce sont deux vocations commerciales assez différentes. Olivieri s'acquitte de l'une et de l'autre avec brio. La salle à manger intérieure est belle. Il y a une grande terrasse arrière protégée, quand il pleut, par un rideau de plastique ; comme ce rideau peut également retenir la chaleur à la manière d'une serre, la terrasse peut ouvrir plus tôt et fermer plus tard que les autres. Dans cet enclos protégé du soleil, on est bien même pendant la canicule. Le personnel de cuisine est très professionnel et sympathique.
5219, chemin de la Côte-des-Neiges

10 - MÉCHANT CAFÉ

Ce café ouvert en 2013 sert des grains du torréfacteur ontarien Trebilcock. Si vous avez des dons artistiques et que vous faites un joli dessin sur votre tasse de carton, votre café au lait vous est offert gratuitement. Les plus belles tasses sont exposées sur une étagère. Les habitués du café déterminent la musique qui y joue en indiquant leurs recommandations sur une feuille. Attention : si vous prononcez eXpresso, avec un « x », au lieu de eSpresso, l'établissement se réserve le droit de refuser de vous servir. 3525, avenue Lacombe

Université-de-Montréal

INAUGURATION janvier **1988**

C'est la seule des 68 stations du métro de Montréal creusée directement à flanc de montagne. Elle ne remporte pas la palme de la diversité pour ce qui est des commerces environnants, puisque presque tout ce qu'on trouve dans les parages a quelque chose à voir avec l'Université de Montréal. La plupart des restaurants et des cafés dignes de ce nom gravitent autour du chemin de la Côte-des-Neiges (près de la station du même nom). C'est donc au sein de l'université que j'ai fouillé pour débusquer des restaurants, des boutiques, des salles d'expositions, un musée plein de curiosités scientifiques des siècles passés et une clinique de dentisterie à rabais.

FRÉQUENTATION
3 385 903

2830, boulevard Édouard-Montpetit
5400, avenue Louis-Colin

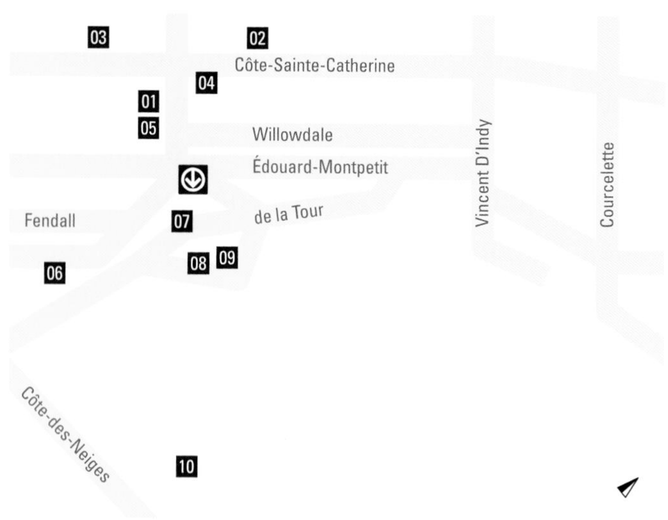

01 - LE CERCLE : LE RESTAURANT DES HEC

Au sixième étage de l'édifice des HEC se trouve un joli restaurant ouvert seulement le matin et le midi (ou le soir pour les groupes de plus de 20 personnes). On y a une très belle vue sur la tour de l'Université et sur le mont Royal (comme on peut le voir sur la photo). Il y a aussi une terrasse sur le toit. Ça se veut haut de gamme et chic (pour les affaires, cela s'impose), mais les prix sont très abordables, notamment parce que ce restaurant est géré par la Coop HEC. Il y a une entrée au menu pendant la saison du homard que j'aimerais bien essayer un jour : le pogo de homard et guacamole épicé. Parmi les plats principaux, la tagliatelle de gigot d'agneau (21 $) et le mijoté de porc à la bière *Alchimiste* (22 $) me semblent appétissants aussi. Pour un déjeuner traditionnel avec deux œufs, c'est 8,50 $. Ajoutez 3 $ et on vous sert un verre de jus d'orange fraîchement pressé. C'est ouvert de 7 h 30 à 14 h 30. La plupart des gens de l'Université à qui j'ai parlé pendant mon exploration n'avaient jamais entendu parler de cette adresse pourtant très intéressante. 3000 chemin de la Côte-Sainte-Catherine

01

02 - CENTRE ÉTUDIANT BENOÎT-LACROIX

Le Centre Benoît Lacroix, qui a ses locaux dans le couvent dominicain de Côte-Sainte-Catherine, organise toutes sortes d'activités pour les étudiants, dont du théâtre. Son fondateur, Benoît Lacroix, un centenaire (né le 8 septembre 1915), semble, en raison de son grand âge et de son activité incessante, avoir vécu plusieurs vies. C'est lui le prêtre qui s'est fait appeler au chevet de Pierre Elliott Trudeau, son ami de quatre ans son cadet, lorsque ce dernier se mourait en 1999. Théologien, philosophe, médiéviste, professeur, écrivain, le père Lacroix, par son caractère extraordinaire, a su fonder un centre étudiant d'un genre unique. 2715, chemin de la Côte-Sainte-Catherine

03 - L'HÔPITAL SAINTE-JUSTINE

Plus que centenaire (il date de 1907), l'hôpital Sainte-Justine est le plus grand centre hospitalier pédiatrique du Québec. En Amérique du Nord, seuls trois hôpitaux pour enfants, situés aux États-Unis, comptent plus de lits. C'est dire toute l'importance dans la vie québécoise de l'établissement affilié depuis 1995 à l'Université de Montréal. Les bénévoles sont toujours très recherchés pour aider à embellir la vie des enfants, mais aussi de leurs proches et des simples visiteurs. Depuis quelques années, Sainte-Justine cherche des bénévoles pour accueillir les visiteurs à l'entrée, voire pour faire le chemin avec eux vers les différents départements, question d'éviter qu'ils se perdent. Quoi de plus désagréable que de se sentir perdu dans un immense hôpital ? Visitez le site (chusj.org) et cliquez sur l'onglet bénévolat. 3175, chemin de la Côte-Sainte-Catherine

04 - LE CENTRE D'EXPOSITION DE L'UNIVERSITÉ DE MONTRÉAL

Dans le sous-sol du pavillon de l'aménagement, il y a une salle d'exposition. Le Centre d'exposition de l'Université de Montréal est à l'image de l'institution à laquelle il appartient : ses expositions peuvent autant avoir une thématique scientifique qu'artistique ou sociologique. Entrée libre.
2940, chemin de la Côte Sainte-Catherine *expo.umontréal.ca*

05 - LA COOP HEC

La Coop HEC Montréal vend des livres et du matériel scolaire à bon prix. Saviez-vous que même si vous n'êtes pas étudiant, vous pouvez quand même vous inscrire à la Coop et profiter de ses prix réduits ? Ça coûte 25 $ et c'est valide pour la vie. « Des gens qui habitent dans les beaux quartiers environnants sont membres depuis plusieurs années et viennent acheter leurs choses ici », m'explique un des préposés de la Coop. Pourquoi acheter chez un gros magasin anonyme lorsque vous avez la possibilité de faire affaires avec une Coop dont vous êtes membre ?
3000, chemin de la Côte Sainte-Catherine

06 - CARREFOUR DES ARTS ET SCIENCES

Dans le Carrefour des arts et sciences, il y a une salle d'exposition et de réception. À en juger par les expositions qui ont eu lieu ici par le passé, ça vaut la peine de faire le détour. En juin 2015, l'exposition *La télévision mobile : du meuble RCA Victor aux lunettes Google* présentait des postes de télévision des années 1930 et de l'équipement rare issu du fonds de la Cinématèque québécoise. En 2014, il y a eu une exposition au sujet des *azulejos*, ces fameux carrelages portugais peints à la main. Bref, impossible de prévoir de quoi traiteront les expositions futures.
3150, rue Jean-Brillant *fas.umontreal.ca*

07 - LA TOUR DE L'UNIVERSITÉ

Haute de 22 étages (200 mètres), la tour centrale du pavillon Roger Gaudry est devenue depuis sa construction en 1943 un repère important dans la ville. Très peu de gens ont pu se rendre jusqu'en haut de la tour, puisque les étages supérieurs abritaient des instruments de télécommunication (c'était un édifice ultra-moderne pour les années 1940) et qu'il faut emprunter une longue échelle de métal pour accéder au sommet. Dommage que son accès soit si limité : il doit y avoir une vue magnifique sur la ville. C'est au pied de cette tour que s'effectuent les remises de diplômes. 2900, chemin de la Tour

05

08 - MUSÉE EUDORE-DUBEAU

Ce musée est en quelque sorte le cabinet de curiosités de la Faculté de médecine dentaire. On y trouve des traités anciens et des instruments, certains effrayants, qui nous rappellent que l'expression « mentir comme un arracheur de dents » ne vient pas de nulle part. Les « arracheurs de dents » ont bel et bien existé, et le musée Eudore-Dubeau nous montre quels outils ils utilisaient. Il y a aussi une turbine dentaire du XIXe siècle que le dentiste ou un assistant activait en pédalant. Bref, une belle collection qui nous plonge dans un passé dont on ne s'ennuie pas forcément. C'est ouvert seulement le mercredi et le jeudi, de 10 à 18 h.
2900, boulevard Édouard-Montpetit, Pavillon Roger-Gaudry – Entrée B-1

09 - LA CLINIQUE DE LA FACULTÉ DE MÉDECINE DENTAIRE

En vous faisant soigner ici, vous contribuez à former la relève. Les apprentis dentistes qui s'occupent de vous sont bien sûr encadrés par des professeurs. Quand le futur dentiste vous a traité, son superviseur vient ensuite vérifier que tout a été bien fait. Ça coûte beaucoup moins cher que dans les cliniques dentaires normales. De nombreux travailleurs autonomes (dont plusieurs collègues journalistes) et des familles viennent donc ici pour se faire soigner sans se ruiner. Il y a presque toujours une liste d'attente, mais soyez sûr qu'on finira par vous appeler. Quelque 20 000 patients passent par ici chaque année.

2900, boulevard Édouard-Montpetit, Pavillon Roger-Gaudry – Entrée B-1 *medent.umontreal.ca*

10 - LE CIMETIÈRE NOTRE-DAME-DES-NEIGES

Ce grand cimetière sur la montagne est une sorte de grand parc vert. Le plus « âgé » des morts inhumés ici est François Thoronhiongo, né en 1590 et mort exactement cent ans plus tard. Le Cimetière Notre-Dame-des-Neiges offre pour 5 $ un *Répertoire des personnages célèbres inhumés au cimetière*, question de vous aider à vous repérer et à localiser, par exemple, le monument de Jean Drapeau ou ceux d'Émile Nelligan et de Maurice Richard.

4601, chemin de la Côte-des-Neiges

Édouard-Montpetit

INAUGURATION janvier **1988**

Sans doute est-ce (après Jolicoeur, sur la ligne verte) l'une des stations qui comporte le moins de commerces à proximité. Il y a certes un restaurant, le Percé, d'autant plus mythique qu'il a si peu évolué depuis 1974 que les gens qui ont fait leurs études dans les environs y reviennent avec l'impression de reculer dans le temps. Les seuls cafés des environs sont étudiants. Les Montréalais se trompent en croyant que le Cepsum est réservé aux étudiants: il est ouvert au grand public. Même la clinique de kinésiologie, où des étudiants dans cette discipline vous aident à vous remettre en forme et à utiliser l'exercice physique pour lutter contre les maux qui vous accablent, ou simplement pour garder la santé, est ouverte au public. Mieux encore, cette clinique aimerait recevoir davantage de clients. Les tarifs du Cepsum sont extrêmement compétitifs, mais, si l'argent n'est pas un problème pour vous, il y a un très beau club sportif, Le Sanctuaire, à cinq minutes de la station. Le mont Royal est tout près et, si vous cheminez cinq minutes sur le boulevard Mont-Royal, vous arrivez au portail du sentier principal menant à tous les autres sentiers de la montagne.

FRÉQUENTATION
4 730 525

3500, boulevard des Trinitaires

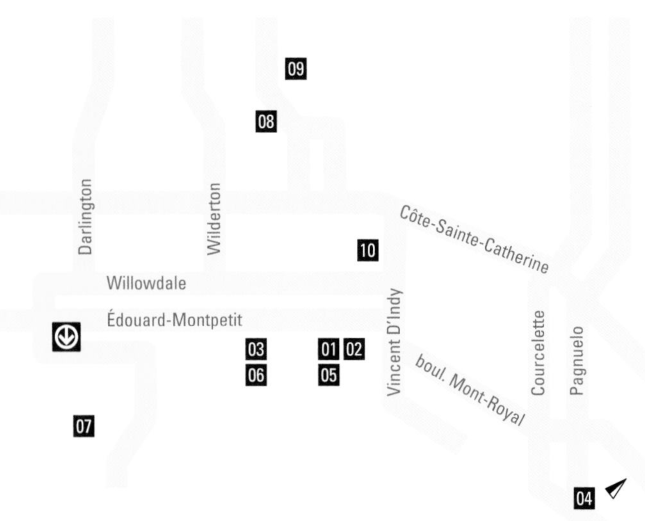

01 - LE CEPSUM

C'est un héritage architectural des Jeux olympiques de 1976 et le plus grand centre sportif du Québec. Énumérer les sports praticables ici serait long. Dans la salle omnisports, il y a des terrains de tennis, un *green* de pratique et une allée de golf pour exercer son élan, une piste de course et de grandes parois d'escalade. Bien sûr, il y a une patinoire (avec des estrades pouvant accueillir 2500 personnes), une piscine (de format olympique, bien sûr) et un stade de football avec plus de 5000 places. Ce grand centre est ouvert à tous. Ce n'est pas gratuit, mais moins cher que dans plusieurs gyms privés, et c'est directement à côté d'un métro.
2100, boulevard Édouard-Montpetit

02 - CAFÉKINE

Tout bon centre d'entraînement comporte un café ou un bar à jus où les gens peuvent se détendre après l'exercice. C'est bien sûr le cas du Cepsum. Voilà peut-être le seul café que j'ai visité autour des métros où tout le monde (sauf moi) ressemblait à un athlète professionnel. Il faut dire qu'il y avait plusieurs habits marqués « Carabins » – le nom des équipes sportives de compétition de l'université. 2100, boulevard Édouard-Montpetit (à côté du bureau de service à la clientèle du Cepsum)

03 - LE CENTRE D'ESSAI ET CINÉ-CAMPUS

Le Centre d'essai possède une belle salle où se produisent les troupes de théâtre, de danse et de chant de l'université. Tous les mardis et mercredis d'automne, Ciné-Campus projette de bons films à seulement 5$. Je n'ai jamais eu l'occasion d'assister à un spectacle ou à une projection dans la salle du Centre d'essai, mais elle est censée être à la fine pointe de la technologie.
2332, Édouard-Montpetit, 6e étage

04 - LE CHEMIN DE CEINTURE DU MONT ROYAL

Tout près de la station, il y a une belle entrée sur le mont Royal. En fait, la station Édouard-Montpetit est la plus proche de la montagne. Certes, la station Université-de-Montréal est à flanc de montagne, mais les barrières qui ceignent le cimetière Notre-Dame-des-Neiges empêchent d'y accéder facilement (même s'il y a des brèches dans la clôture…) et isolent le campus du reste du mont Royal. À McGill, on peut aller à la montagne en cinq minutes ; à l'Université de Montréal, il faut faire un long détour… sauf si on part des édifices près du métro Édouard-Montpetit. Boulevard du Mont-Royal (entre Maplewood et Pagnuelo)

05 - CLINIQUE DE KINÉSIOLOGIE

Vous voulez vous remettre en forme, mais quelque chose vous en empêche, par exemple une douleur aux genoux, au dos ou une enflure chronique de la cheville ? Eh bien, les kinésiologues ont pour mission de vous aider à retrouver la forme malgré vos limites, en tenant compte de celles-ci, mais sans abdiquer devant elles. Myalgie, diabète, hypertension, pertes d'équilibre, obésité, fatigue chronique ; ne laissez pas ces ennuis vous enfermer dans une logique d'inaction néfaste. Les kinésiologues évaluent votre état de santé, à l'occasion d'un examen qui peut durer une heure et coûter de 50 $ à 75 $, puis ils établissent un plan d'intervention en vous suggérant des activités susceptibles de vous revigorer. Non seulement vous vous ferez du bien en utilisant les services de la Clinique de kinésiologie de l'Université de Montréal, mais vous contribuerez à former la relève.

2100, boulevard Édouard-Montpetit

06 - CISM (89,3 FM)

La radio étudiante de l'Université de Montréal existe depuis 1985. CISM signifie « Communication Information Sur la Montagne ». Pas obligé d'être un étudiant de l'Université de Montréal pour suggérer un projet d'émission. La procédure (expliquée sur cism893.ca) est assez simple : vous n'avez qu'à soumettre un démo de cinq minutes. Parmi les personnalités connues qui ont fait leurs premières armes à CISM (certains continuent d'ailleurs d'y collaborer bénévolement) : Dave Ouellet (alias MC Gilles), Véronique Cloutier, Sébastien Benoît et Patrice Roy. CISM diffuse 24 heures sur 24 à la fréquence 89,3 FM.

2332, boulevard Édouard-Montpetit,
bureau C-1509

07 - LA RETENUE

L'édifice le plus proche en sortant de la station est celui du pavillon Marie-Victorin. Si vous y entrez, que vous traversez le Stonehenge de piliers rouges dans le lobby pour emprunter le corridor à droite, vous arriverez en quelques secondes à un café étudiant : La Retenue. Comme ce nom à connotation scolaire l'indique, il s'agit du café des étudiants en éducation. Pendant ma visite, le café faisait peau neuve afin d'ouvrir, entièrement rénové, à la rentrée 2015. C'est fermé de juillet à la mi-août. Aucune nourriture vendue ici n'est faite sur place. Tout est fourni par des traiteurs. Il y a le fameux restaurant végétalien Aux Vivres qui fournit des salades et des roulés. Le traiteur François Roy offre des quiches et des plats qui restent dans un réchaud toute la journée. Il y a une trentaine de places. Le café est à 1 $ la tasse, mais il n'y a pas de machine à espresso.

2900, boulevard Édouard-Montpetit,
Pavillon Marie-Victorin – Local C-219

08 - PARC MARIE-GÉRIN-LAJOIE

Ce magnifique petit parc arborisé, de forme triangulaire, est une sorte de sous-bois urbain, parfait pour s'installer et lire sur un banc pendant la belle saison. Certains parcs ont des terrains de jeux et des modules ; celui-ci, presque entièrement à l'ombre sous le vaste parasol des feuillages, offre une quiétude que l'on retrouve rarement ailleurs.

07

48
+23
71
a²+b²=
c²
devoirs
La Retenue
p.12
p.23
vocabulaire
a b c d e f g
h i j k l m n o p q r
s t u v w x y z

08

09 - LE SANCTUAIRE : CLUB SPORTIF

En se plaçant devant l'édifice du club sportif Le Sanctuaire, on est à peu près certain de voir sortir du stationnement de belles voitures de luxe. Les quelque 4500 membres du club font partie de la classe moyenne supérieure (et au-delà). Naïvement, je pensais que Le Sanctuaire en imposerait par son faste, à la manière d'une église. Au contraire, l'endroit semble relativement petit puisque les quelque 160 000 pieds carrés du club sont situés sous la terre. Un abonnement pour adulte (sans le tennis) coûte 177 $ par mois. C'est plus cher que le gym ordinaire, mais ce n'est pas exorbitant – des milliers de jeunes Québécois paient ce genre de prix pour leur abonnement à un club de crossfit.

6105, avenue du Boisé

10 - LE RESTAURANT PERCÉ

C'est le seul restaurant à presque un kilomètre à la ronde. Un droit acquis en 1974, à l'occasion de la construction de la tour d'habitations où il est situé, lui donne ce privilège – c'est ce que m'explique George Stamadianos, 48 ans, l'actuel proprio et neveu des fondateurs. Le Percé est donc le seul restaurant de ce coin hyper-résidentiel et il est plein d'étudiants et de professeurs. Pas de concurrence à proximité : combien de restaurants à Montréal ont cet extraordinaire avantage ? Le décalage entre ce delicatessen à la mode des années 1970 et le quartier, l'un des plus huppés de l'île, est frappant. « Jacques Parizeau a longtemps été un client ici dans les années 1980 et 1990, et il prenait un sandwich jambon fromage et une petite bière », raconte M Stamadianos en indiquant du doigt l'église Saint-Germain, directement en face de son restaurant, où les funérailles de l'homme d'État ont eu lieu.

9, avenue Vincent-D'Indy

09

Outremont

INAUGURATION janvier **1988**

C'est une des stations les mieux situées: non seulement le quartier est beau et relativement tranquille, mais il y a énormément de commerces et de restaurants intéressants. surtout si on va vers le Mile-End. L'avenue Van Horne, sur laquelle donne la station, ne manque pas de bonnes adresses, mais la rue Bernard, plus au sud, est nettement plus effervescente.

FRÉQUENTATION
1 361 370

1400, avenue Van Horne

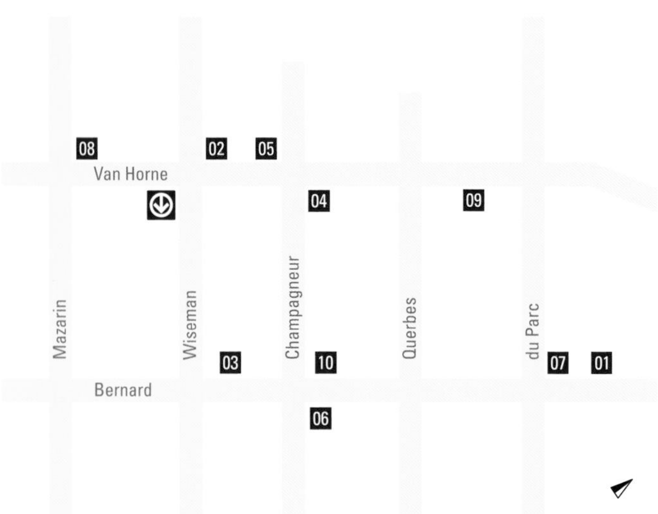

01 - DRAWN & QUARTERLY

Fondée en 1990, Drawn & Quarterly est une librairie et une maison d'édition de livres et de bandes dessinées en anglais. Plusieurs artistes québécois réputés sont publiés en traduction anglaise chez cet éditeur qui sert ainsi de trait d'union entre les auteurs francophones et le monde anglophone. C'est amusant de voir la série des *Paul* de Michel Rabagliati ou les albums de Guy Delisle rebaptisés *Paul has a summer job* ou *Pyongyang : A Journey in North Korea*. Un bel endroit à l'esprit vieillot et pittoresque où bouquiner. 211, rue Bernard Ouest

02 - L'ÉPICERIE DES FRÈRES YOUNG

Cette épicerie, c'est peut-être la locomotive cachée des commerces du coin. Elle est aimée et elle attire énormément de gens du quartier qui y font leurs emplettes tous les jours, sauf le dimanche parce que c'est fermé. En fermant le dimanche, l'épicerie Frères Young se trouve à priver sa portion de la rue Van Horne de son affluence des autres jours. En conséquence, plusieurs autres commerces et cafés du coin ferment aussi dans un effet d'entraînement. Le contraste est frappant entre l'avenue Van Horne à moitié endormie le dimanche et la rue Bernard qui grouille de vie ce jour-là. 1345, avenue Van Horne

03 - LE BILBOQUET : GLACIER ARTISANAL

C'est le glacier artisanal qui a lancé, voilà une trentaine d'années, la vague qui a révolutionné la fabrication de notre crème glacée. J'ai failli me dire : « Ça va faire, Le Bilboquet ! Je n'en parle pas cette année. » Mais en voyant sa devanture au loin, mon cœur s'est attendri… Chose paradoxale : le bar laitier s'est muni d'une machine à crème glacée molle qui, à en croire les employés, sert aussi à faire du « sorbet mou ». Le Bilboquet ferme seulement deux mois et demi par année, de janvier à la mi-mars, date à laquelle la tire d'érable et la hâte de voir l'arrivée du printemps attire les clients. En décembre, c'est le moment des bûches de Noël à la crème glacée. 1311, rue Bernard Ouest

04 - LES FILLETTES

Les jeunes cuisiniers derrière le camion de bouffe de rue Pas de cochon dans mon salon ont repris le local du défunt bistro français Paris-Beurre pour y ouvrir ce restaurant en mai 2015. Je n'ai pas eu l'occasion d'y manger moi-même, mais on m'en a dit grand bien. Malgré le raffinement du menu, aucun des plats principaux n'excède 20$, ce qui constitue un rapport qualité-prix dur à battre (surtout à Outremont). Pendant la belle saison, la terrasse (sur la photo) vaut le détour. Le nom *fillette* réfère à un petit format de carafe de vin qui correspond à peu près à deux verres. 1226, avenue Van Horne

05 - MAMIE CLAFOUTIS

Il existe cinq succursales de Mamie Clafoutis au moment où j'écris ce texte, peut-être plus au moment où vous me lisez. Mais la « Mamie » originelle, celle qui a donné naissance aux autres, c'est celle-ci. Il suffit de mettre les pieds dans la boutique pour comprendre pourquoi cette boulangerie-pâtisserie-café-traiteur connaît un pareil succès. C'est beau et ça sent bon. Difficile de regarder un des produits offerts sans avoir envie de le manger. Parmi les bons vendeurs, il y a les ficelles (ou mini-baguettes) fromage bleu, chèvre-tomates et chorizo-mozzarelle. Au deuxième étage, il y a un salon où l'on peut boire tranquillement son café. Les jeunes employés sont dynamiques et sympathiques.
1291, avenue Van Horne

06 - NO 900 : PIZZERIA NAPOLITAINE

Ce restaurant est facile à trouver : il est dans le Théâtre Outremont. Je ne crois pas avoir déjà mangé de l'aussi bonne pizza. J'ai goûté à l'une des sortes les plus populaires : pancetta épicée, figues, chèvre et roquette (17 $). Le nom du restaurant réfère à la chaleur du four (900 degrés Fahrenheit) et au temps de cuisson (90 secondes). La formule est tellement bonne que je ne serais pas étonné de la voir se propager, sous forme de succursales ou de franchises, un peu partout au Québec. Oh ! J'allais oublier de vous dire qu'il y a aussi un camion de bouffe de rue No 900. 1248, rue Bernard Ouest

07 - NOUVEAU PALAIS

Nouveau Palais n'est pas un endroit banal. Le nom et l'apparence des lieux datent d'il y a belle lurette et les nouveaux proprios (depuis 2010) n'ont pas rénové. Ça ressemble à un bouiboui populaire archi-quétaine des années 1950. Combien de gens passent tout droit en jugeant la devanture vieillotte et délabrée, sans se douter que c'est un lieu à la mode ? Derniers ajouts à la déco : une tête de cerf et un renard empaillé, ainsi que de faux tonneaux de bière, probablement en plastique, qui sortent d'une muraille lumineuse rouge au-dessus du bar. L'espèce de grosse « patente » qui ressemble à un réfrigérateur en plastique au fond ? C'est le climatiseur qui donne l'impression d'être contemporain de l'invention de la télévision. Le menu, par contre, s'est raffiné. Le café ? Il est bon (chose extrêmement rare dans les restaurants). Même si le menu de déjeuner comporte un traditionnel œuf bacon abordable, c'est le burger Triple B qui, même à l'heure du brunch, est le plat le plus populaire. Le restaurant est le seul que je connaisse à avoir pas moins de quatre menus distincts pour le matin, le midi, le soir et la nuit. Le jeudi, le vendredi et le samedi, ça ferme à 3 h. Ah oui. J'oubliais : ce restaurant est aussi un bar, qui invite des DJ les soirs d'affluence. Il y a aussi un DJ pour le brunch du samedi.

281, rue Bernard Ouest

08 - ALAMBIKA : ACCESSOIRES D'ALCOOL

À Montréal, tout barman digne de ce nom et soucieux de son art connaît cette boutique d'accessoires d'alcool, de sirops et de toniques artisanaux pour cocktails. Le propriétaire Jean-Sébastien Michel a un parcours professionnel insolite : étudiant en science politique et criminologie, c'est son intérêt pour le phénomène de la prohibition aux États-Unis qui lui a fait découvrir la culture gastronomique extrêmement raffinée des cocktails au XIXe siècle et au début du XXe. En discréditant la profession de barman aux États-Unis, la Prohibition a enrayé la transmission par compagnonnage de cet art à la prochaine génération et une sorte d'âge des ténèbres du cocktail s'en est suivi pendant presque un siècle. Les premiers produits artisanaux haut de gamme québécois pour cocktails (sirops et toniques) sont arrivés sur le marché seulement à l'automne 2013. M. Michel importe aussi des produits haut de gamme des États-Unis, notamment du concentré d'huile de pacane rôtie – délicieux autant à sentir qu'à goûter. Il vend aussi du sirop d'érable vieilli en fût de Bourbon par la compagnie 1769. L'essentiel de sa clientèle est constituée de bars et de restaurants, dont ceux du Château Frontenac et du Reine-Élizabeth (qui se sont eux aussi fait emporter par la révolution qui a rehaussé la « barmanie » à son niveau d'avant la Prohibition). Il y a toutes sortes de curiosités en boutique, dont des verres-pipes (pour le cognac et le porto) et des fontaines à absinthe.

1515, avenue Van Horne

09 - CAFFE DELLA PACE

Ce café-restaurant végétarien, qui a vu le jour en juin 2015, est le cadet des bonnes adresses de la station Outremont. La totalité de ce qui est vendu ici est concocté par le jeune propriétaire et cuisinier (diplômé du Collège LaSalle) Giacomo Cymbalist, 26 ans. La semaine, les travailleurs des environs forment l'essentiel de sa clientèle. Le samedi, c'est fermé et le dimanche, journée tranquille, vous allez trouver M. Cymbolist en train de préparer sa semaine culinaire en « popotant » derrière son comptoir. Quatre larges fauteuils en osier offrent des sièges confortables pour ceux qui veulent lire. Les étudiants et travailleurs autonomes sont les bienvenus avec leurs portables et leurs livres. « La grosse majorité de mes clients achètent des choses pour emporter, alors ce n'est pas grave si des places sont occupées, ça fait juste de la compagnie », explique M. Cymbalist. Le café servi est du Illy, dans la plus pure tradition italienne.

1002, avenue Van Horne

10 - INSTITUT D'HYPNOSE APPLIQUÉE DE MONTRÉAL

Vous ne pourrez pas me reprocher de ne pas vous donner d'adresses originales ! Voici donc l'Institut d'hypnose appliquée de Montréal. Sur la photo, c'est moi (sous hypnose) il y a trois ans, dans le cadre d'un reportage sur l'« hypnograstroplastie », une imaginaire opération bariatrique (réduction de l'estomac) entièrement suggérée par hypnose et censée couper l'appétit. « Je fais rarement ce genre de séances ces derniers temps parce que ça implique un suivi à long terme pendant plusieurs mois, dit l'hypnotiseur Gabriel Politis (qui a bien sûr une voix grave et caverneuse). Les principaux troubles avec lesquels j'aide mes clients sont la gestion du stress, de la douleur et de l'insomnie. » Un autre programme populaire pour M. Politis est celui qui vise à aider à cesser de fumer. Soyez avertis, ce n'est pas donné : une séance coûte 200 $ (elle peut durer de 90 minutes à deux heures, voire davantage).

1217, rue Bernard Ouest

10

Acadie

INAUGURATION mars **1988**

Traverser l'une des portes grillagées qui permet de passer de Parc-Extension à Ville-Mont-Royal, ça donne l'impression d'utiliser un « télé-porteur », comme dans *Star-Trek*: une seconde on est dans un quartier bruyant, sale, bigarré et grouillant de vie, et la suivante on se retrouve dans une cité-jardin où le nombre d'arbres excède celui des habitants. En sortant de la station, en allant sur la rue Beaumont vers le centre Rockland, on se retrouve devant un immense supermarché Métro qui offre des produits introuvables ailleurs à Montréal. Mais si, en sortant de la station, on chemine plutôt sur Beaumont en direction de l'avenue du Parc, on croise rapidement un célèbre (et presque patrimonial) magasin de fourniture scolaire. À côté de là, un boulanger et traiteur libanais bien connu à Montréal a ses fourneaux et quelques tables où manger. Un peu plus loin, le Conservatoire Lassalle, une institution qui a joué un rôle important dans l'évolution culturelle du Québec au XXe siècle, occupe des locaux flambants neufs. Mais c'est un peu plus au nord de la station, sur Jean-Talon, que se concentrent les 1001 restaurants, bouibouis, boutiques et bric-à-brac qui font le charme de ce quartier.

FRÉQUENTATION
1 168 520

6900, boulevard de l'Acadie
999, avenue Beaumont

01 - CENTRE ROCKLAND (ET LE CHEMIN POUR Y ALLER)

Bâti en 1959, c'est le premier grand centre commercial de Montréal. La station Acadie permet de s'y rendre à pieds en une vingtaine de minutes, mais attention : ne circulez pas sur le boulevard Acadie, c'est déprimant ; un trafic quasi permanent et de grands édifices peu inspirants enlaidissent le chemin. Il y a heureusement une autre route, un peu cachée, mais qui vaut la peine. Prenez la route de ceinture du quartier Ville-Mont-Royal appelée Selwood. Vous y serez séparés des rigueurs urbaines du boulevard par une sorte de buisson-tampon qui clôture (pour l'abriter) le quartier riche : un morceau de banlieue enclavée. Comme vous voyez sur la photo, c'est plus agréable de cheminer ici que de l'autre côté de la haie.
2305, chemin Rockland

01

02 - LA CLINIQUE DE FERTILITÉ PROCREA

Depuis son ouverture en 1990, cette clinique de fertilité se targue d'avoir permis la naissance de milliers de bébés. Elle a ouvert des succursales à Québec, à Longueuil, à Granby, à Vaughan et à Newmarket (en Ontario), ainsi qu'à Winnipeg. C'est paradoxal, mais en sortant de la clinique Procrea, on tombe nez à nez avec un grand salon funéraire Urgel Bourgie, ce qui donne à réfléchir. Il y a ici face à face deux industries diamétralement opposées: l'une qui donne la vie, l'autre qui s'occupe des morts. 1361, avenue Beaumont

03 - BRAULT ET BOUTHILLIER

C'est le magasin scolaire québécois par excellence. Il existe depuis 1944 et gère son gigantesque stock dans un immense édifice-entrepôt. La boutique ouverte au public est située au 2e étage. En plus de tout ce qu'il y a de possible et imaginable comme matériel scolaire, on y retrouve des jouets, notamment des Legos et des Playmobil, et un grand nombre de jeux éducatifs. Certains jouets ont une vocation thérapeutique. Par exemple, on appelle des étranges toutous des « animaux lourds ». Pesants et mous, ils servent à calmer les écoliers turbulents. Prenez un enfant d'une fébrilité incontrôlable qui se dandine sur sa chaise et donnez-lui un animal lourd: apparemment, cela l'apaise (parce que la lourdeur du toutou a quelque chose de réconfortant et qu'il peut le mettre sur son cou ou le poser sur ses jambes) et l'aide à demeurer concentré. 700, avenue Beaumont

04 - BOMBAY MAHAL

Le décor très quelconque de cet « apportez votre vin » indien contraste avec la succulence de ses *thalis*. La grande popularité du Bombay Mahal, pourtant moins bien coté que plusieurs de ses concurrents du quartier, est un mystère. Néanmoins, tous les soirs depuis 17 ans, ça grouille de clients joviaux et bruyants. Avertissement : s'exprimer en français avec le personnel requiert une patience infinie.

1001, rue Jean-Talon Ouest

05 - LE RESTAURANT MALHI

Ce resto est à quinze minutes de marche au nord du métro (ou à cinq minutes de Bixi), mais il vaut le détour. Je connais des gens dont c'est le restaurant indien préféré. Sa particularité, c'est de penser davantage en terme de « popote » qu'en terme de gastronomie. Le patriarche des lieux (M. Malhi, sur la photo avec sa femme et ses filles) m'a expliqué que le concept de son restaurant familial, c'est de tout préparer comme si c'était pour la maison (« de la cuisine de maman ») et d'éviter de « faire du restaurant ». Je dirais que cette formule exprime assez bien ce que j›ai goûté : de la cuisine familiale. Malgré son excentrement, ce restaurant ne manque pas de clients, en raison du bouche-à-oreille. « Quand des clients arrivent et que c'est plein, je les fais patienter en leur servant à boire et à manger en attendant qu'une table se libère », dit M. Malhi.

880, rue Jarry Ouest

06 - ACADÉMIE DE MUSIQUE PIERRE-LAPORTE

On dirait une école privée, avec son uniforme obligatoire et son taux de réussite scolaire de 95 %, mais c'est une école publique. L'une des mieux cotées au Québec. Son programme musical, qui existe depuis le début des années 1980, en a inspiré plusieurs autres. Les environs de l'école semblent presque trop parfaits : des parcs, des parcs… On est à Ville-Mont-Royal après tout. Une académie de musique Pierre Laporte rattachée à l'école est ouverte à tous. Il y a notamment des séances d'initiation à la musique destinée aux 4-5 ans et aux 5-6 ans. 1101, chemin Rockland
academiemusiquepierrelaporte.com

07 - CONSERVATOIRE LASSALLE

Fondé en 1907, le Conservatoire Lassalle a une longue feuille de route. Aujourd'hui, c'est un cégep privé. Sa spécialité, par tradition, c'est l'art de la parole. Il faut dire que l'institution a vu le jour au début du siècle dernier pour rehausser le niveau langagier de ses étudiants dans l'espoir de créer, par contagion, une amélioration générale du français au Québec. Et ça a réussi ! Le Conservatoire forme autant des journalistes ou des animateurs que des acteurs. La liste des personnalités médiatiques qui sont passées par ici est impressionnante : Gratien Gélinas, Gino Chouinard, Janine Sutto, Geneviève Borne, Camilien Houde, Renée Claude. Le Conservatoire a ses locaux sur la rue Beaumont depuis 2014 seulement : avec l'effervescence du quartier Mile-Ex tout près de là, c'est un bel emplacement.
550, avenue Beaumont

08 - MAMA AFRICA

Une amie d'origine haïtienne est une cliente régulière de ce salon de coiffure spécialisé dans les rallonges et les traitements capillaires. Ce qu'il y a de particulier, dans ce salon, c'est qu'on ne vient pas seulement pour s'y faire coiffer. Il y a une étape préliminaire, bien souvent, qui est celle d'acheter des cheveux. Il y a plusieurs rayons de cheveux emballés (pour la plupart des vrais) que la cliente peut se procurer. J'ai vu un paquet de vrais cheveux noir et lisse pour 95 $. La coiffure consiste ensuite à rattacher, avec art, ces cheveux sur la tête de la cliente, de manière à ce qu'ils semblent être les siens. Le résultat est étonnant et indétectable.
917, rue Jean-Talon Ouest

09 - LE MÉTRO RACICOT VILLE-MONT-ROYAL

Quand il y a des aubaines spectaculaires sur le poulet, les gens de Parc-Extension viennent ici et remplissent leurs chariots au maximum, mais la plupart du temps, la clientèle provient de Ville-Mont-Royal. Comme elle est aisée, elle ne rechigne pas à payer plus cher pour des produits de qualité. Dans ce gigantesque supermarché, il y a donc de 2000 à 3000 produits que l'on ne retrouve pas dans les autres Métro, selon Yoland Richard, le gérant. « C'est vrai dans tous les départements que nous avons des produits en plus. Notre section des céréales comporte au moins vingt marques normalement introuvables dans les supermarchés. Nous avons même de la viande vieillie, un mets spécialisé haut de gamme. Il faut satisfaire aux exigences des gens de Ville-Mont-Royal. Certains de nos clients viennent de loin parce qu'ils ne trouvent pas les produits qu'ils aiment ailleurs qu'ici ». Le Métro Racicot est en quelque sorte un hybride entre le supermarché ordinaire et l'épicerie haut de gamme comme Les 5 Saisons à Outremont et à Westmount. 1280, avenue Beaumont

10 - PALMYRA : FUSION MÉDITERRANÉENNE

On retrouve leurs produits chez Métro, IGA et Rachelle-Béry, mais c'est ici qu'ils sont faits, et donc ici qu'ils sont le plus frais. La boulangerie libanaise Palmyra existe depuis 1985. Son mets vedette porte un joli nom : pitawichhh. Il s'agit d'un pita garni que l'on replie – pour en faire un sandwich – avant de le griller dans un chauffe-panini. Pourquoi trois « h » à la fin du mot ? Juste parce que c'est amusant. Il y a le pitawichhh végétarien, aux poivrons rouges, aux tomates, aux courgettes, aux aubergines, au cheddar, au persil, etc. Les pitawichhhs congelés sont vendus à moitié prix. Frais, ils coûtent 3,50 $. 650, rue Beaumont

Parc

INAUGURATION juin **1987**

Lorsqu'un Montréalais entend parler de la station Parc, à l'instar du célèbre chien de Pavlov, il se met à saliver. Réputé pour ses restaurants indiens « apportez votre vin », ses fruiteries et bazars sri-lankais et ses pâtisseries grecques ou turques, le quartier de Parc-Extension propose une scène gastronomique hyperactive et éclatée.

FRÉQUENTATION
2 567 111

7245, rue Hutchison

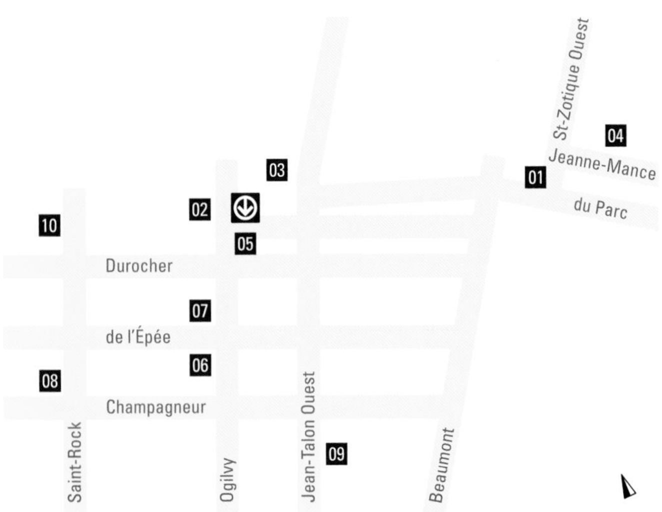

01 - MANITOBA : BISTRO FORESTIER

C'est le seul restaurant en son genre au Québec. Ici les herbes et les plantes en vedette au menu n'ont pas été cultivées. La plupart ne sont pas même « cultivables »: elles refusent de croître dans un potager. Mais elles poussent naturellement dans la forêt ou sur le bord du fleuve, voire *dans* le fleuve (algues). Des cueilleurs professionnels les récoltent et rapportent leur « moisson » au restaurant Manitoba qui pense ses plats en fonction de ces produits indigènes que notre gastronomie a mystérieusement ignorés jusqu'à maintenant. « Ces plantes forestières se retrouvent au menu de restaurants comme Toqué ! ou le Pied de cochon dans certains plats, mais nous voulions en faire notre vocation », explique Simon Cantin, un des proprios. « Même dans les plates-bandes de la Ville de Montréal, il y a des plantes comestibles qui passent pour de la mauvaise herbe et que les cueilleurs ramassent avant que les cols bleus les arrachent pour les mettre aux vidanges », dit Elisabeth Cardin, l'autre propriétaire, elle-même cueilleuse. Choux gras, marguerites, oxalides, livèche, pousses d'épinettes, allaire, etc. Un des mets au menu: le saumon infusé à l'ortie, purée de panais, livèche et vinaigrette à la livèche. 271, rue Saint-Zotique Ouest

02 -
LA GARE DU PARC

La gare du Parc crache et ravale un flot impressionnant de banlieusards pendant les heures de pointe. Aux passages des trains de la ligne Saint-Jérôme–Montréal, de nombreux autobus « express » effectuent le trajet vers le centre-ville. Résultat: une foule immense transite par ici sans profiter des lieux suggérés par cette chronique. N'est-ce pas triste ? 300, avenue Ogilvy

03 -
PROVIGO LE MARCHÉ JEAN-TALON

Ce supermarché ultra-spacieux (il pourrait probablement contenir toutes les épiceries de l'avenue du Mont-Royal mises ensemble) séduit de nombreux Montréalais douillets grâce à son stationnement souterrain gratuit, fort commode en cas de neige ou de pluie. Le prix des aliments bio y est réputé nettement plus bas qu'ailleurs. 375, rue Jean-Talon Ouest

04 -
LE RESTAURANT MILE-EX

Le chef Grégory Paul concocte des hot-dogs merguez et calmar tellement délicieux et il édifie des hamburgers si ridiculement épais (au moins trois fois plus hauts que larges) que le succès de son restaurant fut instantané. Heureusement que l'endroit est peu accessible (à 10 minutes de marche, la station Parc est la plus proche), sinon, il y aurait une file d'attente perpétuelle. 6631, rue Jeanne-Mance

05 -
LES COSTUMES JOHNNY BROWN

C'est l'une des plus anciennes boutiques de costumes-déguisements-perruques à Montréal. Depuis 1934, l'atelier fabrique de coquets tutus pour les ballerines du Québec. Autant les troupes de ballet, d'opéra ou de théâtre que les particuliers, notamment pour l'Halloween, s'approvisionnent ici. 7300, rue Hutchison

06 - LES JOUETS LOL

Cette belle boutique de jouets offre le nec plus ultra des jeux éducatifs et thérapeutiques. Sa vitrine bien décorée et fréquemment renouvelée, digne d'un commerce de l'avenue Laurier, rehausse le *standing* de ce quartier aux devantures trop souvent délabrées. 653, avenue Ogilvy

07 - LE MARCHÉ GHANACAN

Mettre les pieds ici, c'est comme sortir du Québec pour se retrouver dans un commerce authentiquement africain. Fréquenté presque exclusivement par des ressortissants du continent noir, le magasin offre des produits importés (ou fidèlement inspirés dans leur confection) de l'Afrique ou des Caraïbes quasiment introuvables ailleurs à Montréal. 549, avenue Ogilvy

08 - LA PÂTISSERIE TURQUE EFES

Certains amateurs de pâtisserie turque soutiennent que c'est ici que l'on trouve les meilleurs baklavas à Montréal. Au moins 10 autres établissements de la ville revendiquent cet honneur, mais qui sommes-nous pour trancher une question aussi litigieuse ? L'important, c'est de tous les goûter ! 689, rue Saint-Roch

09 - LE VIDÉOCLUB MANORANJAN

Pour tout ce qui touche au cinéma de Bollywood, Jatinder Bhandhari est un puits de science. Ce boulimique de films musicaux indiens tient une boutique de DVD au fond de la fruiterie sri-lankaise Priyanza. Ses activités ayant ralenti en raison de la popularité d'Internet, son vidéoclub n'ouvre plus désormais que le samedi et le dimanche.
808, rue Jean-Talon Ouest

10 - LE CENTRE DE FRANCISATION WILLIAM-HINGSTON

Dans cette école aussi méconnue qu'indispensable, des milliers de néo-Québécois s'initient aux rudiments du français et aux réalités de leur pays d'accueil afin de pouvoir espérer y trouver le bonheur. Une institution essentielle.
415, rue Saint-Roch

● De Castelnau

INAUGURATION juin **1988**

C'est l'autre station de métro qui dessert le marché Jean-Talon. En sortant de l'édicule, si vous allez vers le nord, vous ne trouverez pas grand-chose, sinon des immeubles à condos. Par contre, si vous suivez Saint-Laurent vers le sud, vous ne tarderez pas à rencontrer des adresses intéressantes, notamment dans la Petite-Italie. Sur Jean-Talon à l'ouest, il y a un dépanneur réputé pour ses soupes et une brasserie dont le restaurant accommode les « mange-tard ».

FRÉQUENTATION
1 376 095

7300, boulevard Saint-Laurent
7333, boulevard Saint-Laurent

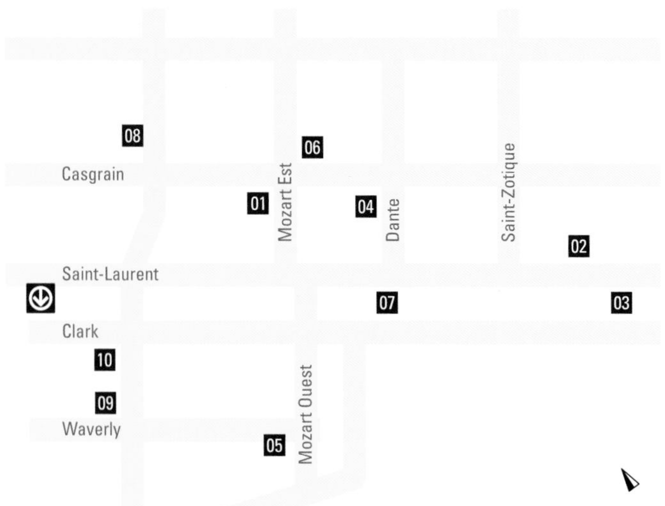

01 - JOE LA CROÛTE

Joe, c'est pour Jobin, le nom du proprio-boulanger, Daniel. Sa petite boulangerie dont la vitrine donne sur le marché Jean-Talon a une excellente réputation : selon un ami enthousiaste, il s'agit de « la meilleure boulangerie de l'univers », ce qui n'est pas peu dire… M. Jobin s'est initié pendant plus d'un an en Provence à l'art de pétrir le pain à la manière de Benoît Fradette, qui a fondé Le Fromentier. Attention : il arrive que la boutique ferme faute de pain, parce que tout le stock du jour a été vendu. Mieux vaut passer tôt, alors qu'il reste de tout ; ça ouvre dès 6 h 30. Pour les célibataires, sachez que plusieurs des pains sont offerts au poids, de sorte que vous pouvez en acheter de petites portions. Pour savoir quels pains sont offerts tel ou tel jour, consultez le site : joelacroute.com. Quant à moi, je me promets d'essayer le « pain-beigne » appelé le Jonuts, un nouveau produit du printemps 2015 (sur la photo).
7024, avenue Casgrain

02 - VICES & VERSA

Ouvert en 2004, ce bar très fréquenté offre une vaste gamme de bières artisanales. Elles sont listées sur de grandes ardoises que les serveurs connaissent par cœur. Les repas offerts sur place sont abordables et savoureux. Pendant la belle saison, la terrasse vaut le détour. Puisque ça dure depuis plus de 10 ans et que ça ne semble pas vouloir ralentir, on peut dire que l'endroit est devenu une institution. Longue vie au Vices & Versa !
6631, boulevard Saint-Laurent

03 - EX VOTO

Avoir bon goût, ça peut être une profession. C'est le cas de Raphaëlle T. Benardia, la propriétaire de la friperie rétro Ex Voto. Elle sélectionne de jolis morceaux de vêtements, qu'elle répare ou altère parfois. Mes amies adeptes de cette boutique me disent que les employés y sont de bon conseil et sympathiques. Ex Voto vend également des souliers et des bottes usagés restaurés. Vous trouverez aussi des jouets de bois artisanaux fabriqués par David Lafrance.
6534, boulevard Saint-Laurent

04 - QUINCAILLERIE DANTE

Propriété de la famille Faita, dont le plus illustre rejeton est le cuisinier vedette et restaurateur à succès Stefano Faita, la quincaillerie Dante est unique en son genre. Une apparente schizophrénie vocationnelle fait que ce commerce se spécialise à la fois dans les instruments de cuisines et... les armes à feu. Pour la chasse, bien sûr. Bref, ici, non seulement vous trouvez de quoi faire cuire votre fricassée à l'orignal, mais aussi de quoi abattre ladite bête empanachée. Les fusils sont dans une section réservée, au fond de la boutique, qui, pour le reste, offre de beaux instruments de cuisine, à des prix raisonnables. J'aime emmener des Français ici pour le plaisir de lire l'étonnement sur leur visage devant cette insolite alliance entre la marmite et la carabine. 6851, rue Saint-Dominique

01

05 - LE PICK UP DÉPANNEUR

Les vieux restaurants populaires qui ferment à défaut de clientèle ont habituellement commis l'erreur de ne pas renouveler leur menu depuis belle lurette. Ici les lieux donnent l'impression d'avoir à peine changé depuis les années 1950, mais de jeunes restaurateurs ont repris la cuisine en main. Ce dépanneur casse-croûte offre des repas simples, comme des sandwichs à l'effiloché de porc et des grilled cheese, prisés d'une clientèle composée autant d'artistes « hipsters » que de résidants. Aux dernières nouvelles, les anciens proprios logeaient toujours à l'étage. Quand quelqu'un me parle du quartier Mile Ex, je pense aussitôt au Pick Up Dépanneur.
7032, rue Waverly

06 - NICOLA TRAVAGLINI

Ce restaurant italien (de la région des Abruzzes) ouvert en 2012 sort du lot. Il s'agit autant d'une boutique de produits fins importés d'Italie que d'une cafétéria-restaurant. Il y a même une charcuterie et un comptoir de boulangerie. Vous pouvez choisir des repas préparés, mais il y a aussi un cuisinier sur place, Joe, qui discute avec les clients pour savoir ce qu'ils veulent manger. « Le menu ici est infini », dit Nicola Travaglini, le proprio. Cela signifie que, selon vos désirs, le chef pourra improviser et préparer, par exemple, des pâtes à tel ou tel type de fruits de mer. « Ici les gens se parlent. Le chef parle aux clients. Les clients se parlent entre eux. Ce n'est pas une liste à cocher sur un menu que la cuisine exécute comme un robot. Connais-tu beaucoup d'autres restaurants à Montréal qui ont de l'huile à plus de 50 $ le litre sur les tables ? » La femme du patron, Paola Travaglini, et le chanteur Alexandre Beaulieu interprètent parfois des airs d'opéra (italien, bien sûr) pour les convives. Un établissement peu banal. 152, avenue Mozart Est

07 - LES ÉPICES ANATOL

Quelle expérience olfactive ! Imaginez quelque 600 épices en vrac dans un même local. Imaginez l'odeur. À moins d'avoir le nez capricieux, c'est très agréable d'acheter ses épices chez Anatol en raison, bien sûr, du parfum ambiant. Pourquoi n'y a-t-il pas davantage de commerces de ce genre ? Mystère. Il y a pourtant de la magie dans le fait d'offrir exclusivement des épices, rien d'autre, dans une boutique à laquelle on ne peut penser sans qu'aussitôt un souvenir olfactif surgisse. Faites plaisir à votre nez – venez y faire un tour. Fondé en 1950, Anatol est une institution de la Petite-Italie. 6822, boulevard Saint-Laurent

07

08 - DUMOULIN BICYCLETTES

C'est le contraire du Canadian Tire ou du Walmart. On ne vient pas ici pour les rabais, mais pour la qualité. Les employés savent de quoi ils parlent. Les actuels propriétaires, Étienne et Jean, sont d'anciens employés de la boutique, qui existe depuis 1952. Il y a un nombre étonnant de vélos pliables, que vous pouvez replier et transporter avec vous comme une valise (pour éviter qu'ils soient la proie des nombreux et prolifiques voleurs de vélos de Montréal). Il y a aussi des vélos faits à la main, comme ce Pashley à 2000$ (sur la photo). Le vélo à Montréal s'impose de plus en plus comme un moyen de transport, et c'est cette vision pratico-pratique que l'on cultive chez Dumoulin. Chose qui ne gâche rien: la boutique est belle. 173, rue Jean-Talon Est

09 - MARCHÉ SOUPSON

Comment qualifier ce commerce ? Je dirais : dépanneur gastronomique. On y trouve de tout, comme au dépanneur, mais aussi des légumes frais, presque tous biologiques. À en juger par ce que mes amis m'en disaient, je croyais qu'il s'agissait d'un restaurant. En effet, il y a une cuisine qui prépare des plats, que l'on peut emporter ou manger sur place à une table de pique-nique. Beaucoup de gens du quartier sont des adeptes de la bonne soupe dont la recette change chaque jour, bien que toujours végétarienne et préparée avec des légumes de saison du marché Jean-Talon. Dans des fontaines à Kool-Aid, il y a des infusions faites maison : j'ai essayé celle au gingembre – délicieuse, quoique très poivrée. Si je vivais près du Marché Soupson, j'en serais certainement un client régulier. 149, rue Jean-Talon Ouest

10 - LA BRASSERIE HARRICANA

L'histoire commence à Amos. Oui, oui, en Abitibi. Les parents de Marie-Pier Veilleux, la propriétaire, y tenaient dans les années 1970 une taverne appelée *Harricana*, du nom de la rivière qui traverse la ville. Certains éléments de mobilier de cet ancien bar abitibien ont été recyclés et intégrés à la brasserie montréalaise, qui a ouvert ses portes en décembre 2014 et qui est également un restaurant à part entière avec un menu très varié. Le local a été entièrement rénové et le décor est beau. Épuré. Lumineux. Il y a de l'air et de l'espace, et beaucoup de bois. Le chef brasseur Mathieu Garceau-Tremblay s'assure que la carte des bières soit bien garnie et à même de satisfaire les connaisseurs. Chose à souligner : la cuisine est ouverte jusqu'à 2 h du matin. « La cuisine a très exactement les mêmes heures d'ouverture que le bar », dit Mme Veilleux. L'endroit accueille les amateurs de jeux de société.
95, rue Jean-Talon Ouest

Jean-Talon

INAUGURATION octobre **1966**

Le premier intendant de la Nouvelle-France, Jean Talon (1626-1694), qui incarnait l'autorité du Roi Soleil au Canada, aurait été fort étonné d'apprendre que son nom allait un jour être donné à une grande rue « très au nord » de l'île de Montréal, à un grand marché public (bien-aimé des Montréalais) et… à une station de métro ! Plus étonnant : Talon aurait eu du mal à croire que des Italiens allaient établir leur quartier historique dans les parages. Lui qui voulait à tout prix peupler la colonie et y installer des habitants, il pourrait se promener dans le Montréal actuel en se disant : « Mission accomplie ! » À l'est de la station Jean-Talon, il y a l'extrémité nord de la Plaza Saint-Hubert, qui ne paie pas forcément de mine en comparaison avec sa portion sud… Mais plus au nord sur la rue Saint-Hubert, il y a de nombreux et parfois fameux magasins de tissu – avis aux amateurs de couture. À quelques minutes de marche à l'ouest, il y a le marché ; un peu au nord dudit marché, la rue de Castelnau, sur deux cents mètres, offre une concentration impressionnante de commerces intéressants (dont quatre se retrouve dans cette liste) – ce n'est pas juste pour le reste de la ville !

FRÉQUENTATION
4 976 978

7100, rue Berri
430, rue Jean-Talon Est
522, rue Jean-Talon Est
780, rue Jean-Talon Est

01 - LES GIVRÉS

Les trois artisans-glaciers qui révolutionnent la gastronomie glacée avec leurs produits haut de gamme ont depuis le printemps 2015 une succursale dans Villeray. Ils font tout par eux-mêmes. Même leurs cornets ! Et ils ne manquent pas d'imagination : il y a de la glace à la tarte aux pommes, à la guimauve grillée (saveur Feu de camp), aux bananes et brownie (saveur République de banane), etc. Les Givrés sont aux années 2010 ce que Le Bilboquet fut aux années 1980. Avertissement : quand on s'habitue à la crème glacée haut de gamme, c'est difficile de retourner au Dairy Queen. 334, rue de Castelnau Est

02 - MONSIEUR MACHINE À COUDRE

Jadis, les réparateurs de machines à coudre étaient légion. Les années 1990 et 2000 ont été fatales pour l'immense majorité d'entre eux. Alfonse Silveira, qui a ouvert sa boutique en 1981, a survécu aux années de vaches maigres. Aujourd'hui, il y a de plus en plus de jeunes pour acheter ses machines ou requérir ses services de réparateur. Il y a même une demande pour les antiques machines à pédales, encore utilisées à Haïti, notamment, parce qu'elles n'exigent pas d'électricité. Le fils de M. Silveira, Paul, a repris le commerce familial. Cette profession qui semblait vouée à l'extinction a donc un avenir devant elle. 7341, rue Saint-Hubert

03 - RUBANS BOUTONS

Cette adresse sort de l'ordinaire. Sa vocation est double : Richard Letendre (sur la photo) y tient une boutique de boutons et de rubans (d'une extraordinaire variété) et la comédienne Lori Hazine Poisson y dirige un petit laboratoire théâtral, Effet V, pouvant accueillir 25 spectateurs. Un commerce atypique. Les amoureux de la couture et du théâtre y trouvent également leur compte.
7363, rue Saint-Hubert

04 - POUBELLES DE BEAUX LÉGUMES

À la fermeture du marché Jean-Talon, des légumes encore parfaitement propres à la consommation, mais légèrement trop amochés pour la vente dans les étals, se retrouvent dans les poubelles. Cette photo montre une boîte pleine de succulents légumes récupérés dans un bac par une jeune femme. Certains trouvent scandaleux que des « déchétariens » se servent dans les vidages ; n'est-il pas plutôt aberrant que des aliments sains se fassent jeter aux ordures de la sorte ? Tant mieux si certains les récupèrent. Marché Jean-Talon (7070, avenue Henri-Julien)

05 - COCHON TOUT ROND

On peut associer ces produits de luxe – jambon cru, saucisson et charcuterie – au gastronome et homme de télévision Daniel Pinard, qui en raffole, et aux Îles-de-la-Madeleine, où elles sont produites. Pour étonner vos invités, essayez la terrine à l'Écume, faite de bière artisanale des Îles et de persil de mer. Ça sort de l'ordinaire.
7070, avenue Henri-Julien

06 - CAFÉ LARUE & FILS

Ce café s'appelait à l'origine Della Via, ce qui veut dire « de la rue », alors ses jeunes propriétaires, pour conserver son aspect familier, l'ont rebaptisé Larue & fils. C'est un modèle qui pourrait servir d'exemple à d'éventuels entrepreneurs : voilà de quoi doit avoir l'air un café de quartier ! Tout est simple et beau. Les tables accommodent les étudiants et les travailleurs autonomes. Fidèle à la torréfaction à l'italienne, Larue & fils sert des cafés qui ont un goût prononcé. 244, rue de Castelnau

07 - LA RÉCOLTE : ESPACE LOCAL

Les trois jeunes proprios de ce restaurant-traiteur se targuent d'utiliser exclusivement des produits locaux, de saison ou empotés (par leurs propres soins). Le menu change donc de semaine en semaine. Et ils sont sérieux. Ne songez pas à demander un jus d'orange ici : les oranges poussent-elles au Québec ? Non ! Donc il n'y en a pas au menu. Même chose pour les citrons. Ce handicap oblige la cuisine et le bar à se montrer imaginatifs. Pendant le brunch, la Récolte offre donc des mimosas au cidre de pomme et au jus de rhubarbe – un délice ! C'est une adresse à retenir. Je connais plusieurs personnes qui y mangent souvent… et j'attends encore le commentaire négatif. Les heures d'ouverture sont assez limitées. Lorsque le restaurant est fermé, l'équipe est sur place, prépare ses conserves pour l'hiver ou cuisine pour un de ses contrats de traiteur. Très sympathique. 764, rue Bélanger

08 - GARÇON FLEUR – BOUQUET SAUVAGE

Raphaël Gaspard veut réinventer la fleuristerie en offrant seulement des bouquets de fleurs ou de plantes indigènes du Québec. Autrement dit : il n'importe rien. Comment fait-il l'hiver ? Il utilise du sapinage, du cèdre, de la mousse, de l'écorce, etc. Bref, il utilise les plantes de saison. Ses bouquets durent en moyenne deux semaines parce qu'il les vend un peu avant leur éclosion : le but n'est pas qu'ils soient beaux sur place pour celui qui les achète, mais, plus tard, le plus longtemps possible, pour celle qui les reçoit. L'essentiel des transactions se fait par l'entremise du site garconfleur.com, mais M. Gaspard a depuis mai 2015 une adresse sur la rue de Castelnau. 337, rue de Castelnau Est

09 - ILS EN FUMENT DU BON

Félipé St-Laurent, artiste saucissier – surnommé le *Pimp* de la saucisse –, se permet n'importe quoi – ou presque. Ses créations sont faites de viande fraîche, ce qui est rare puisque la saucisse est normalement un moyen pour les bouchers de « passer leur stock moins frais ». Les recettes de Ils en fument du bon évoluent au fil du temps. Ses meilleurs vendeurs contiennent du bacon et du fromage cheddar ou en grains. Ses saucisses au Kraft Dinner exigent du consommateur une grande ouverture d'esprit : elles contiennent vraiment les petites nouilles et la poudre orangée de Kraft. Pour ma part, je raffole des saucisses « gin et panais » (où le gin dans la saucisse, du Piger Henricus, un alcool québécois, est lui-même déjà parfumé au panais) et « pâté chinois » – à déguster avec du ketchup, bien sûr.
176, rue Jean-Talon Est

10 - L'ENCHANTEUR

Ce qui devait être au départ (en 1996) une sorte de café casse-croûte est devenu petit à petit un bistro en bonne et due forme avec plus de 25 employés. En écoutant ce que réclamaient les clients et en mettant en pratique les bonnes idées qui venaient du personnel et les suggestions des chefs, L'Enchanteur a évolué. L'endroit est plus vaste qu'il en a l'air et est très achalandé. C'est un peu le quartier général de plusieurs associations de Villeray. La clientèle est fidèle. Il y a près d'une quinzaine de chaises hautes pour accommoder les nombreuses familles. À noter au menu : le Jus de l'Enchanteur (à l'hibiscus et au gingembre). Une adresse incontournable. 7331, avenue Henri-Julien

Fabre

INAUGURATION juin **1986**

Il y a presque toujours une file devant la station Fabre à l'arrêt de l'autobus 45, une des lignes les plus achalandées de Montréal. Au nord de la station, le quartier est très résidentiel ; sur Jean-Talon juste à l'est de la station, il y a bien des cafés et des bars, mais aucun que je classerais dans les « bonnes adresses ». Il y a cependant un nouveau venu : Dilallo, le fameux restaurant familial à « hamburger inversé », dont la succursale originelle est située près du métro Monk, a ouvert ses portes en 2014. Mais au lieu de renouveler son coin de rue, c'est plutôt lui qui a pris le « pli » du quartier en offrant des machines de loterie vidéo... À part le théâtre Aux Écuries qui rue dans les brancards dans son quartier dortoir, c'est plus au sud, sur les rues parallèles à Jean-Talon, que l'effervescence a lieu et qu'on retrouve de beaux commerces.

FRÉQUENTATION
2 311 396

1480, rue Jean-Talon Est
1737, rue Jean-Talon Est

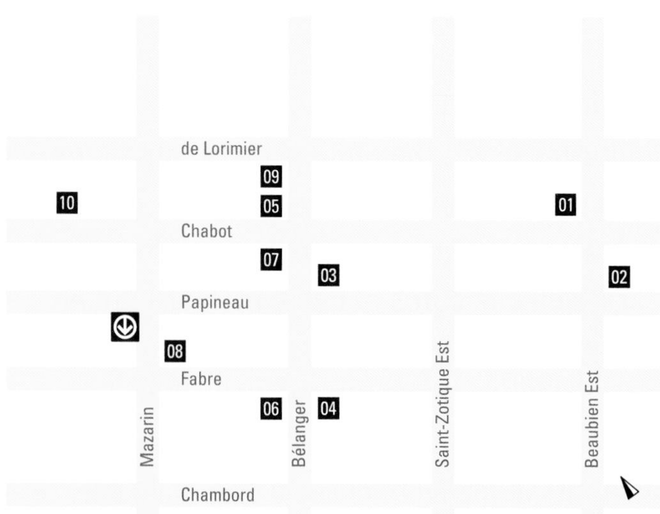

01 - LE CAFÉ DU ROMANCIER

Devinez pourquoi ce café, qui a ouvert ses portes en septembre 2014, se nomme ainsi. Son propriétaire, Mario Girard, alias Marie Auger, a publié plusieurs romans, dont *Le ventre en tête* en 1996, un succès critique. Parmi les centaines de commerces que j'ai visités pour trouver des bonnes adresses près des métros, celle-ci est probablement la plus extrêmement simple. Le café de Mario Girard sert... du café. Juste du café. À manger: des biscottes. Rien d'autre. Et Mario Girard a pour seul employé: lui-même. Vous ne serez pas étonnés d'apprendre que les tables du Café du romancier conviennent parfaitement à l'étude ou à l'écriture. Ainsi, ce café porte doublement bien son nom.
1991, rue Beaubien Est

02 - CHEZ RÉGINE : LES DÉJEUNERS

Classique instantané, ce restaurant à déjeuners raffinés ouvert en 2013 est victime de son succès. Je n'y suis jamais allé. Pourquoi ? Parce qu'il y a trop de monde ! Ça fait la file sur le trottoir. Pendant l'hiver, le personnel offre du thé et des couvertures aux patients clients qui gèlent dehors en attendant d'avoir une place. « Ce sont les petites attentions que nous apportons à notre cuisine et à notre service, pour que manger ici soit une expérience mémorable, qui expliquent notre popularité », dit le gérant, Charles Deschamps.
1840, rue Beaubien Est

03 - VERRERIE D'ART CLASSIQUE

Quel beau commerce ! Son domaine : le vitrail. Pas banal, n'est-ce pas ? Résumons un peu l'histoire des vitraux qui enjolivent certaines portes et fenêtres à Montréal. Au début du XXe siècle, de grandes usines à vitraux offraient des verreries colorées pour trois fois rien. Cette relative démocratisation du vitrail explique pourquoi presque tous les immeubles des années 1920 à Montréal en comportent. Mais ces vitraux, il faut les réparer ou les restaurer. Qui plus est, même si le vitrail coûte beaucoup plus cher qu'il y a cent ans, il demeure très en demande. Plusieurs artistes dans l'âme viennent suivre des cours d'initiation au vitrail ici. Le cours a lieu le mardi de 19 h à 22 h et se donne pendant quatre semaines (170 $, taxes incluses). La boutique vend tout ce qu'il faut pour faire du vitrail chez soi.
1871, rue Bélanger

04 - CAFÉ SOUCOUPE

« Ancienne écurie devenue un ancien garage devenu un ancien petit restaurant devenu une ancienne boutique d'antiquités devenue un ancien salon de coiffure, le local du café Soucoupe, dans la Petite Patrie, compte bien des vies à son actif », écrivais-je au sujet de ce café dans un article quelques mois après son ouverture. L'endroit a un cachet « maison de poupée » tellement il est exigu. Et il ferme très tôt (16 h) – je me suis quelques fois cogné le nez à la porte. Une belle adresse. Je ne connais pas un autre café à Montréal qui ressemble à cela.
6910, rue Fabre

01

05

05 - MAGAZOO

Le lézard, le serpent, le scorpion et l'araignée sont généralement de grands malaimés. L'araignée inspire une peur instinctive à l'enfant et la Bible prête les traits du serpent à Satan. Mais il faut de tout pour faire le monde et les amoureux de ces bestioles trouvent chez Magazoo (depuis 1994) de très jolies mygales, tarentules, scorpions, geckos, etc. pour égayer leur quotidien. Magazoo vend aussi les bocaux et le nécessaire pour les équiper. Il y a par exemple de l'écorce exotique, épaisse et poreuse, pour permettre aux lézards de grimper et de s'agripper. Si vous comptez acheter une bibitte rampante ou à huit pattes pour la première fois, prévoyez au moins une heure : le personnel de Magazoo s'assurera que vous sachiez comment en prendre soin.
1951, rue Bélanger

06 - KITSCHY KOO : BOUTIQUE VINTAGE

Il y a des vieilleries que l'on jette et d'autres que l'on achète. Parfois, il suffit que le temps passe pour qu'un objet atrocement laid ou quétaine se charge d'un charme nouveau ou d'une valeur comique. Les décorateurs à l'affût d'éléments rétro trouveront chez Kitschy Koo de quoi surprendre leurs clients. La boutique vend de tout : de vieux exemplaires de magazines, par exemple un *Paris Match* dont la une est consacrée au mariage de Charles et Diana ; de la vaisselle rétro, de vieux livres, des vêtements, etc. Voilà le genre d'endroit où l'on ne s'ennuie jamais en furetant dans les allées. 1465, rue Bélanger

07 - CHEZ CHOSE

Ce restaurant bien-aimé de ses habitués a quitté le Plateau en 2014 pour s'installer à Villeray. C'est mission accomplie, puisque l'ancienne clientèle a suivi. Le menu se renouvelle souvent, mais il y a un invariant: la populaire salade « party de champignons » (comme sur la photo) qui vient avec un œuf parfait (cuit à exactement 63 degré Celcius) et des copeaux de fromage Zachary Cloutier. La chef Marie-France Desrosiers aime honorer le terroir québécois et elle ne triche pas sur la qualité des produits. Par exemple, en parlant de ses sauces, elle dira: « Plutôt mourir et fermer le restaurant que d'utiliser de la pou-poudre ». Ça a le mérite d'être clair. 1879, rue Bélanger

08 - MAGIE SPECTRAM

Sa devanture fait un peu pitié, mais c'est une institution incontournable dans le monde québécois de la magie. Les magiciens Alain Choquette, Luc Langevin et Vincent C sont des clients. Magie Spectram s'adresse aux professionnels. Il y a des conférences de formation ou de perfectionnement. Des « encans magiques » ont lieu à l'occasion pour vendre, acheter ou échanger du matériel. Il y a également une école de magie, appelée MagieStrale, pour les 12 ans et plus. Le proprio et magicien Sylvain Émond offre aussi une vaste gamme de produits de farces et attrapes.
1592, rue Jean-Talon Est

09 - MARCHÉ PHILATÉLIQUE DE MONTRÉAL

Voici un commerce ultra-spécialisé pour les mordus de timbres. Dieu seul sait combien de centaines de milliers de timbres-poste canadiens et étrangers et de pièces de monnaie de collection il y a dans ces murs ! Il y a même un livre d'histoire du Canada illustré par des timbres–poste. On y trouve aussi des billets de banque périmés, comme ceux d'un et de deux dollars. Bref, si la philatélie vous intéresse, voici l'adresse qu'il vous faut.
2005, rue Bélanger

10 - THÉÂTRE AUX ÉCURIES

Ce jeune théâtre (issu de la réunion de sept troupes différentes) est peu connu, mais il a un bel avenir devant lui. Sa principale gageure : miser sur la relève, offrir un lieu de travail aux jeunes dramaturges et acteurs, servir de « laboratoire de création ». Ça ne chôme pas par ici. La programmation est éclectique et bouillonnante. 7285, rue Chabot

D'Iberville

INAUGURATION juin **1986**

La station de métro D'Iberville est entourée d'une foule d'adresses à découvrir, que ce soit pour un déjeuner en amoureux, un dîner entre amis ou tout simplement pour relaxer devant un bon café ou déguster une crème glacée dans un parc.

FRÉQUENTATION
1 277 234

2400, rue Jean-Talon Est
7151, rue D'Iberville

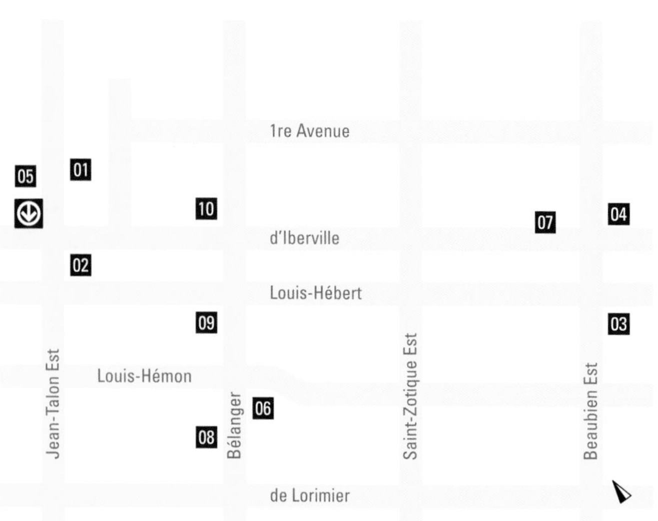

01 - CRÉMERIE-CAFÉ TROPICALE

Dirigée par deux frères colombiens, cette adresse est l'une des seules à proposer des glaces typiquement colombiennes à Montréal. L'objectif des propriétaires est de faire découvrir les spécialités de leur terre natale aux Québécois. Ainsi, on retrouve des plats colombiens typiques du côté café (*mepanadas* et *arepas*) et des desserts succulents du côté crémerie (*cholados*). 2566, rue Jean-Talon Est

02 - LE PETIT COIN DU MEXIQUE

Tacos, enchiladas et guacamole : le Petit coin du Mexique cuisine avec les saveurs mexicaines les plus authentiques. Situé à quelques pas du métro, ce restaurant jouit d'une réputation qui ne cesse de s'accroître. Il s'agit d'ailleurs d'un des rares endroits où l'on peut déguster des tacos *al pastor* (tacos de porc mariné garnis d'ananas, d'oignon et de coriandre). Un vrai délice ! 2474, rue Jean-Talon Est

03 - LE CINÉMA BEAUBIEN

Ce cinéma de quartier se distingue des autres salles non seulement par son offre cinématographique, qui comprend principalement des films d'auteurs (sans exclure le cinéma commercial québécois), mais aussi par son modèle de gestion qui est celui d'une entreprise d'économie sociale, au service de la communauté. 2396, rue Beaubien Est

04 - LA GRAND-MÈRE POULE

Tout juste en face du parc Molson, la Grand-Mère Poule propose un menu déjeuner et dîner à faire saliver, et ce, sept jours sur sept. Avec son décor champêtre, le restaurant attire les foules, qui sont prêtes à faire la file (été comme hiver) pour goûter aux classiques œufs bénédictine ou encore aux délicieux röstis. 2500, rue Beaubien Est

05 - BOULANGERIE PÂTISSERIE LA CONCA D'ORO

Reconnue pour ses cannoli et son tiramisu, la Boulangerie Pâtisserie La Conca d'Oro propose une foule de délices pour se sucrer le bec, en plus d'excellents pains. Il s'agit également d'une adresse recherchée pour ses gâteaux personnalisés: surprenants et succulents ! 2549, rue Jean-Talon Est

06 - LE CEP ET LE HOUBLON

Parfait petit bar de quartier, Le Cep et le Houblon a pignon sur rue dans Rosemont depuis déjà cinq ans. Le propriétaire a voulu recréer une ambiance de type troquet français, marié à la convivialité du pub anglais, ce que les gens du quartier semblent apprécier. Qu'on s'y retrouve seul ou entre amis, l'endroit promet de belles soirées autour d'une bonne pinte de houblon bien brassé. 2280, rue Bélanger

03

07

07 - LE PARC MOLSON

Le parc Molson est sans doute l'un des parcs les plus animés de la ville. Avec ses bancs invitants, son terrain de jeu pour enfants et sa rotonde, il est très populaire auprès des familles du quartier. Été comme hiver, plusieurs activités y sont organisées, ce qui en fait un véritable lieu de rassemblement. Angle des rues D'Iberville et Beaubien Est

08 - CHEZ ROBERTO

Le meilleur de l'Italie se trouve définitivement chez Roberto. Établi dans le quartier depuis 1986, cet établissement familial contient une épicerie fine italienne, ainsi qu'un café-crèmerie. Une trentaine de saveurs de *gelato* y sont proposées. À l'étage, le restaurant offre un menu typiquement italien avec une grande variété de pâtes fraîches.
2221, rue Bélanger

09 - LES DEUX FOURS

Envie de découvrir de nouvelles saveurs ? Le restaurant Les deux fours propose des plats d'inspiration péruvienne et italienne à des prix fort intéressants. Optez pour le poulet braisé à la péruvienne, pour les pâtes, les grillades ou les *calzones*: vous ne serez pas déçus. 2379, rue Bélanger

10 - CARREFOUR DE LA CHAUSSURE

Pieds larges, pieds étroits, pieds forts, orteils en marteau, chevilles fines, pieds sensibles, problème de transpiration, corrections orthopédiques... Ici, chacun trouve chaussure à son pied, et ce, dans la longueur, la profondeur et la largeur qu'il lui faut. Chaussures disponibles pour enfants, adolescents, adultes et personnes âgées. 2501, rue Bélanger

Saint-Michel

INAUGURATION juin **1986**

Comme toutes les stations terminales du métro, celle de Saint-Michel, dans le quartier du même nom, n'est généralement pas une destination (comme le sont par exemple les métros Mont-Royal ou Peel), mais un lieu de transit achalandé. L'énorme majorité des usagers ne restent pas dans les parages; ils prennent l'autobus pour aller plus au nord ou vers l'est. C'est dommage parce que les abords de la station sont un des endroits à Montréal où le ratio de restaurants par commerces est le plus élevé et où le rapport qualité-prix est le meilleur. Difficile de marcher dans le Petit-Maghreb sans s'arrêter pour humer le fumet d'un des innombrables restaurants à grillades. Des boucheries, pâtisseries et salons de thé, il y en a presque trop; l'offre excède la demande. À cela, il y a un avantage: les bas prix. Le gourmet en a ici pour son argent. Au nord de Crémazie, il y a le Cirque du Soleil et l'École nationale de cirque, qui ont établi leurs édifices principaux dans le quartier, ainsi que des clubs de boxe et d'arts martiaux mixtes bien connus qui attirent des gens de partout à Montréal et même des banlieues.

FRÉQUENTATION
4 481 974

7270, boulevard Saint-Michel
7325, boulevard Saint-Michel

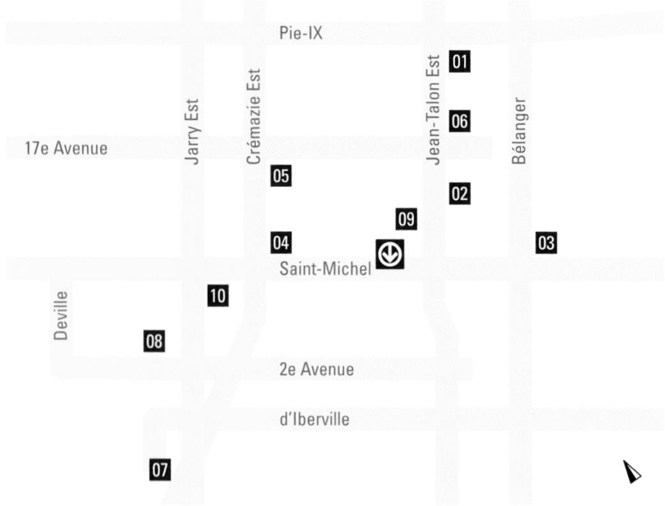

01 - CLINIQUE DE LA CASSEROLE DELMAR

C'est un métier en voie de disparition. Pourtant, prenez une casserole qui vaut 450$ et que l'usure a transformée en vieille affaire qui traîne au fond d'un placard au chalet. Que faire avec? La jeter? Pour une vingtaine de dollars, Michel Couture vous la remet à neuf: soudure, polissage, étamage. C'est étonnant la quantité de vieilles batteries de cuisine usées et abîmées qui « dorment » dans les maisons sans servir, mais sans aller aux vidanges non plus. Pourquoi ne pas leur donner une nouvelle vie? Dans cette boutique vous trouverez des instruments de cuisine haut de gamme, notamment de la marque Le Creuset. Certains antiquaires rusés achètent des batteries de cuisine anciennes qu'ils font revamper ici... avant de vous les revendre au prix fort dans leurs boutiques. 4048, rue Jean-Talon Est

03

02 - BOUCHERIE WALIMA

Ici les bouchers sont des gaillards sympathiques. Des épices sont offertes en vrac et parfument l'établissement. La spécialité : le poulet barbecue entier pour 9$. Authentiquement maghrébin, ce commerce a du charme et du cachet. L'affichage extérieur ne pèche pas excès de subtilité, mais c'est efficace. 3550, rue Jean-Talon Est

03 - CLUB DE BOXE CHAMPIONS

Ce club, propriété de l'ancien boxeur et promoteur George Cherry, est une institution. Ici non seulement les statuts sociaux, les âges et les ethnies se mélangent harmonieusement, mais des professionnels viennent s'y entraîner en même temps que les amateurs. Tout le monde sur un pied d'égalité. C'est un local à l'ancienne : exigu, aux murs ornés de vieilles affiches (bien sûr) et au vestiaire rudimentaire : une douche devant une rangée de vieux casiers métalliques. Parce qu'il y a aussi des boxeuses, quoique moins nombreuses, un petit vestiaire à part leur est réservé.
Feu Arturo Gatti s'est entraîné ici. Éric Lucas aussi. Et même George St-Pierre. L'abonnement est de 50$ par mois. Pour une séance d'initiation, c'est gratuit. 3270, rue Bélanger

04 - POISSONNERIE MÉDITERRANÉENNE

Quelle bonne idée ! Cette poissonnerie-restaurant vous offre des produits fraîchement cuisinés à apporter chez vous ou pour manger sur place. La plupart des plats – de sole, de saumon, de crevettes, de merlan, de tilapia, de vivaneau, de loup de mer, etc. – se préparent en moins de cinq minutes. Le grill à poisson fonctionne en permanence. Certaines familles achètent des saumons entiers qu'ils font apprêter et cuire sur place. Ce commerce assume bien son aspect restaurant de bord de route : sans charme particulier, mais propre et très bien éclairé. Mieux : la Poissonnerie méditerranéenne accepte les commandes et en fait la livraison, gratuitement. Ouvert 7 jours sur 7, de 8 h à 22 h. 7735, boulevard Saint-Michel

05 - ACADÉMIE NESS MARTIAL ET ALI ET LES PRINCES DE LA RUE

Je ne peux pas ne pas mentionner cette école d'arts martiaux mixtes qui se donne pour vocation, avec l'organisme Ali et les Princes de la rue, de remettre sur la bonne voie des jeunes du quartier tentés par les gangs. Le fondateur du gymnase Ness Martial, Ali Nestor Charles, a lui-même échappé à une destinée criminelle en mettant les gants et en montant sur le ring. C'est un beau grand gymnase équipé d'un ring de boxe traditionnel et d'une cage octogonale pour le « combat ultime ». 3700, boulevard Crémazie Est

06 - LA TABLE FLEURIE D'ALGÉRIE

Les pâtisseries algériennes confectionnées ici sont réputées et attirent des gens de partout. Pendant ma visite, une cliente passait une commande gigantesque de ces friandises, notamment des cornets aux amandes et aux pistaches, pour un événement le lendemain. Chose à savoir : il y a un coquet salon de thé, un peu kitsch avec ses palmiers, à l'étage ; ses tables sont parfaites pour les groupes d'amis. Seulement 3$ pour le thé à la menthe ; le même prix pour les pâtisseries. Une bonne adresse à retenir (c'est si facile de passer devant sans le remarquer). 3704, rue Jean-Talon Est

07 - TOHU, CITÉ DES ARTS DU CIRQUE

Le Cirque du Soleil n'a pas de spectacle permanent à Montréal, mais il y a la Tohu ! Dans un sens, c'est mieux. Le meilleur du cirque du monde entier est susceptible de se produire ici, incluant un grand nombre d'artistes québécois. La programmation est extrêmement variée : ça va du spectacle de cirque à proprement parler au tournoi d'improvisation de la LNI (Coupe Tohu), au festival du mini-cheval (pour les enfants) à des activités axées sur la préservation de l'environnement. Les finissants de l'École nationale de cirque se produisent souvent ici pour leur spectacle de fin d'année. 2345, rue Jarry Est *tohu.ca*

08 - ÉCOLE NATIONALE DE CIRQUE

Croyez-le ou non, cet énorme édifice ultra-moderne, c'est l'École nationale de cirque. L'établissement, de niveau secondaire et collégial, forme la relève du cirque. La formation se veut polyvalente et forme les étudiants aux cinq arts du cirque : les acrobaties aériennes (trapèze, corde volante), l'équilibrisme (fil de fer), les acrobaties au sol, la jonglerie et l'art clownesque. Environ 95 % des diplômés trouvent un emploi. Beaucoup d'étudiants étrangers viennent au Québec pour y fréquenter cette école unique en son genre. C'est incroyable le chemin parcouru depuis sa création en 1981 dans les locaux du Centre Père Sablon… avant même que ne soit créé le Cirque du Soleil, qui a maintenant ses bureaux directement devant l'école. 8181, 2e Avenue

09 - CAFÉ SAFIR

Des groupes d'hommes attablés devant un thé ou un café discutent avec animation. D'autres sont obnubilés par un match de soccer à la télévision. On se croirait dans un établissement marocain, algérien ou tunisien, mais un seul coup d'œil à la rue Jean-Talon, surtout l'hiver, suffit à nous détromper. Bienvenue au Café Safir ! Vous avez un creux ? Demandez un sandwich, à la merguez ou au poulet épicé. Comme partout dans le Petit-Maghreb, les prix sont extrêmement raisonnables. Et ça sent très bon dès que vous posez le pied dans l'établissement. 3413, rue Jean-Talon Est

10 - RESTAURANT PORTUGAIS O CANTINHO

On aime à dire que c'est la beauté intérieure qui compte. Dans ce cas-ci, l'adage est tout à fait approprié. Dans un piteux édifice en tôle ondulée de la rue Jarry qui ressemble à un entrepôt se trouve un restaurant très prisé par les habitants du quartier. Vous pourriez passer souvent devant cette adresse sans vous y arrêter ; elle est pourtant réputée. Je connais quelqu'un qui soutient que c'est le meilleur restaurant à grillades portugaises de Montréal. Une opinion certainement exagérée, mais qui en dit long sur l'amour que certains vouent à cet endroit dont l'intérieur contraste si fort avec l'extérieur. 3204, rue Jarry Est

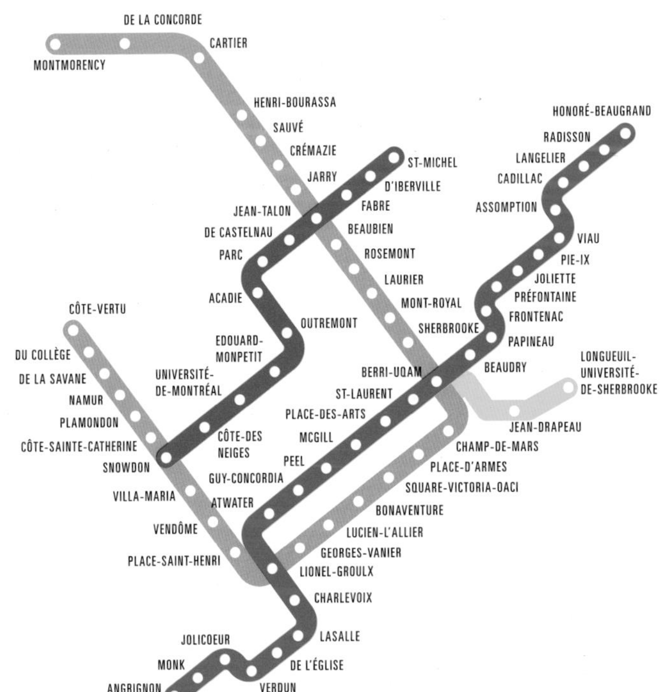
DE LA CONCORDE
CARTIER
MONTMORENCY
HENRI-BOURASSA
SAUVÉ
CRÉMAZIE
JARRY
ST-MICHEL
D'IBERVILLE
FABRE
JEAN-TALON
DE CASTELNAU
BEAUBIEN
PARC
ROSEMONT
LAURIER
ACADIE
MONT-ROYAL
SHERBROOKE
OUTREMONT
EDOUARD-MONPETIT
UNIVERSITÉ-DE-MONTRÉAL
BERRI-UQAM
ST-LAURENT
PLACE-DES-ARTS
MCGILL
PEEL
CÔTE-DES NEIGES
GUY-CONCORDIA
ATWATER
HONORÉ-BEAUGRAND
RADISSON
LANGELIER
CADILLAC
ASSOMPTION
VIAU
PIE-IX
JOLIETTE
PRÉFONTAINE
FRONTENAC
PAPINEAU
BEAUDRY
LONGUEUIL-UNIVERSITÉ-DE-SHERBROOKE
JEAN-DRAPEAU
CHAMP-DE-MARS
PLACE-D'ARMES
SQUARE-VICTORIA-OACI
BONAVENTURE
LUCIEN-L'ALLIER
GEORGES-VANIER
LIONEL-GROULX
CHARLEVOIX
LASALLE
DE L'ÉGLISE
VERDUN
JOLICOEUR
MONK
ANGRIGNON
CÔTE-VERTU
DU COLLÈGE
DE LA SAVANE
NAMUR
PLAMONDON
CÔTE-SAINTE-CATHERINE
SNOWDON
VILLA-MARIA
VENDÔME
PLACE-SAINT-HENRI

Cet ouvrage a été achevé d'imprimer au Québec sur les presses
de Marquis Imprimeur le trente mars deux mille seize
pour le compte des Éditions du Journal